创新与突破——高职电子商务专业群人才培养体系构建与实践

刘锦峰 著

北京理工大学出版社
BEIJING INSTITUTE OF TECHNOLOGY PRESS

内 容 简 介

为实现高职电子商务专业群高质量建设，不断提高人才培养质量，适应教育现代化、教育国际化和电子商务产业发展的新形势，针对专业设置、产教融合、培养模式、课程体系和教学改革等方面进行了研究，本书分为"专业设置——专业与产业匹配""产教融合——共建与共享统一""培养模式——系统与机制耦合""课程体系——人格与能力融合""教学改革——守正与创新同频"等五个章节，对相关学术研究人员、教育实践者有参考价值。

版权专有　侵权必究

图书在版编目（CIP）数据

创新与突破：高职电子商务专业群人才培养体系构建与实践／刘锦峰著．—北京：北京理工大学出版社，2021.6
ISBN 978-7-5682-9729-5

Ⅰ．①创… Ⅱ．①刘… Ⅲ．①高等职业教育–电子商务–人才培养–研究–中国 Ⅳ．①F713.36

中国版本图书馆 CIP 数据核字（2021）第 068107 号

出版发行／北京理工大学出版社有限责任公司
社　　址／北京市海淀区中关村南大街 5 号
邮　　编／100081
电　　话／(010) 68914775（总编室）
　　　　　(010) 82562903（教材售后服务热线）
　　　　　(010) 68948351（其他图书服务热线）
网　　址／http：//www.bitpress.com.cn
经　　销／全国各地新华书店
印　　刷／三河市华骏印务包装有限公司
开　　本／787 毫米 × 1092 毫米　1/16
印　　张／9.5　　　　　　　　　　　　　　　　　责任编辑／徐艳君
字　　数／210 千字　　　　　　　　　　　　　　　文案编辑／徐艳君
版　　次／2021 年 6 月第 1 版　2021 年 6 月第 1 次印刷　责任校对／周瑞红
定　　价／48.00 元　　　　　　　　　　　　　　　责任印制／李志强

图书出现印装质量问题，请拨打售后服务热线，本社负责调换

前　言

"国家当富强，始基端在商。"从古至今，湘商都是中国经济发展的中坚力量之一。互联网技术应用于全球消费市场，使商业模式发生了根本性改变，电子商务实现买卖全球的市场联动，成为推动新旧动能转换、传统产业转型升级的重要助力器。湘商因势而谋、应势而动、顺势而为，推动湖南电子商务迅猛发展，2018年交易额突破万亿元，成为经济增长突出亮点，湖南电商进入快车道发展阶段。发展电子商务，人才至关重要。未来企业对电商人才的要求与传统培养模式之间的矛盾将会更加凸显，而电商的全渠道、全网络运营，要求在人才结构上重新审视人才的培养模式。

面对教育现代化、教育国际化的潮流和经济社会发展的新形势，面向电子商务技术技能人才需求的结构性转变，本书依托湖南省"十二五"教育科学规划课题——基于学习元的高职微课资源建设研究（XJK015CZY080）、湖南省"十三五"教育科学规划课题——产教融合背景下高职跨境电商"网店+创客"人才培养模式研究（XJK18CZY057）、湖南省社会科学成果评审委员会课题——现代职业教育视野下的跨境电商人才工匠精神培养研究（XSP19YBC094），以及湖南省电子商务一流特色专业群建设等项目，对电子商务专业群开展研究与实践，在分析研究现状和基础理论的基础上，针对专业设置、产教融合、培养模式、课程体系、教学改革等关键性难题，开展了相关研究工作，取得了较好的效果。

本书共分五个章节，具体安排如下：

第一章为"专业设置——专业与产业匹配"，主要分析了高职专业建设与产业发展同频共振、电子商务产业成长路径与发展诉求，以及高职电商专业群建设机遇与挑战，针对人才培养现状进行了反思，提出了人才培养创新策略。

第二章为"产教融合——共建与共享统一"，分析了职业教育产教融合内涵，对高职教育产教融合现状进行了剖析，提出了高职教育产教融合发展建议，并以湖南外贸职业学院跨境电商产业学院为例，进行了实践探讨。

第三章为"培养模式——系统与机制耦合"，研究了人才培养模式改革的内涵和制约因素，提出了人才培养模式改革的根本进路，对湖南外贸职业学院电子商务专业群"一体多元"人才培养模式进行了分析和阐述。

第四章为"课程体系——人格与能力融合"，在分析各类课程与思政课程的同行同向、通识教育与专业教育的有机融合、双创教育与专业教育的价值共创的基础上，提出构建人格与能力深度融合的课程体系，并以湖南外贸职业学院电子商务专业群为例进行了实证研究。

第五章为"教学改革——守正与创新同频"，针对高职院校教学改革愈发重要和紧迫的现实，分析了教学改革的明确价值取向、引导智慧生成、重构学习生态、完善教学条件等关键问题。

在本书出版之际，衷心感谢湖南富冠信息技术股份有限公司、深圳市明道承宇科技有限公司等单位对相关研究课题的资助；感谢长沙市爱巴森网络科技有限公司、广州市匀鹏数码科技有限公司等单位的大力支持；对所有在课题研究过程中付出努力的团队成员，以及帮助过我的老师、同学、朋友表示深深的感谢。同时，本书参考了大量文献，对参考文献著作者表示诚挚的谢意！

著　者

2020.12

目 录

第1章 专业设置——专业与产业匹配 (1)
1.1 高职专业建设与产业发展同频共振 (1)
1.1.1 高职专业建设与产业发展匹配逻辑 (1)
1.1.2 高职专业建设与产业发展匹配的理论框架 (3)
1.1.3 高职专业建设与产业发展匹配的对策建议 (4)
1.2 电子商务产业成长路径与发展诉求 (5)
1.2.1 电商产业的发展现状 (5)
1.2.2 电商产业的发展困境 (7)
1.2.3 电商产业的未来使命 (8)
1.3 高职电商专业群建设的机遇与挑战 (9)
1.3.1 高职电商专业群建设面临新格局 (9)
1.3.2 高职电商专业群建设具有新使命 (10)
1.3.3 高职电商专业群建设接受新任务 (11)
1.4 高职电商专业群人才培养的现状 (12)
1.4.1 培养成效逐步彰显 (12)
1.4.2 培养目标逐步转型 (13)
1.4.3 培养方法不断创新 (13)
1.5 高职电商专业群人才培养的反思 (14)
1.5.1 人才培养特色有待凝练 (14)
1.5.2 人才培养体制期待创新 (15)
1.5.3 人才培养机制亟待确立 (15)
1.6 高职电商专业群的人才培养创新 (16)
1.6.1 促进多元培养进路的有机融合 (16)
1.6.2 促进多种培养方法的深度协同 (17)
1.6.3 促进多重培养空间的密切交互 (17)

第2章 产教融合——共建与共享统一 (18)
2.1 职业教育产教融合内涵分析 (18)
2.1.1 产教融合基本理论 (18)
2.1.2 产教融合内涵分析 (20)

2.1.3　产教融合影响因素 ……………………………………………… (22)
　　2.1.4　产教融合发展模式 ……………………………………………… (25)
　　2.1.5　产教融合组织结构 ……………………………………………… (27)
2.2　高职教育产教融合现状剖析 ……………………………………………… (29)
　　2.2.1　产教融合的发展历程 ……………………………………………… (29)
　　2.2.2　产教融合的建设成效 ……………………………………………… (31)
　　2.2.3　产教融合的现实困境 ……………………………………………… (32)
　　2.2.4　产教融合改革缓慢的原因剖析 …………………………………… (36)
2.3　高职教育产教融合发展建议 ……………………………………………… (37)
　　2.3.1　认知产教融合发展基本原则 ……………………………………… (37)
　　2.3.2　深化产教融合教育教学改革 ……………………………………… (38)
　　2.3.3　完善产教融合发展保障机制 ……………………………………… (42)
　　2.3.4　健全产教融合发展评价标准 ……………………………………… (43)
2.4　跨境电商产业学院建设实践 ……………………………………………… (46)
　　2.4.1　遵循逻辑关系，确定产业学院建设目标 ………………………… (47)
　　2.4.2　重视目标导向，构建产业学院总体框架 ………………………… (48)
　　2.4.3　产教深度融合，推进校企"双元"育人 ………………………… (49)
　　2.4.4　突出质量发展，深化产业学院机制建设 ………………………… (50)

第3章　培养模式——系统与机制耦合 ……………………………………… (52)
3.1　人才培养模式改革的内涵研究 …………………………………………… (52)
　　3.1.1　人才培养模式的研究现状 ………………………………………… (52)
　　3.1.2　人才培养模式的内涵界定 ………………………………………… (53)
3.2　人才培养模式改革的制约因素 …………………………………………… (56)
　　3.2.1　人才培养理念的束缚 ……………………………………………… (56)
　　3.2.2　教育教学制度的羁绊 ……………………………………………… (57)
　　3.2.3　专业建设资源的约束 ……………………………………………… (57)
3.3　人才培养模式改革的根本进路 …………………………………………… (58)
　　3.3.1　树立学生为本的核心理念 ………………………………………… (58)
　　3.3.2　建立多方协商的体制机制 ………………………………………… (59)
　　3.3.3　整合与优化教育教学资源 ………………………………………… (60)
3.4　人才培养模式创新的实践探索 …………………………………………… (61)
　　3.4.1　人才培养模式创新的基本策略 …………………………………… (61)
　　3.4.2　人才培养模式创新的系统架构 …………………………………… (62)
　　3.4.3　人才培养模式创新的运行机制 …………………………………… (68)
　　3.4.4　人才培养模式创新的现实反思 …………………………………… (71)

第4章　课程体系——人格与能力融合 ……………………………………… (74)
4.1　各类课程与思政课程的同行同向 ………………………………………… (74)

4.1.1　同行同向的理论基础 ·· (75)
　　4.1.2　同行同向的主要内涵 ·· (80)
　　4.1.3　同行同向的体系构建 ·· (84)
4.2　通识教育与专业教育的有机融合 ··· (88)
　　4.2.1　有机融合的基本思考 ·· (88)
　　4.2.2　有机融合的问题检视 ·· (93)
　　4.2.3　有机融合的策略建议 ·· (94)
4.3　双创教育与专业教育的价值共创 ··· (96)
　　4.3.1　价值共创的内在逻辑 ·· (96)
　　4.3.2　价值共创的现状分析 ·· (98)
　　4.3.3　价值共创的主要措施 ··· (101)
4.4　电子商务专业群课程体系构建 ·· (102)

第5章　教学改革——守正与创新同频 ·· (106)

5.1　明确价值取向 ··· (106)
5.2　引导智慧生成 ··· (112)
5.3　重构学习生态 ··· (120)
5.4　完善教学条件 ··· (131)

第1章
专业设置——专业与产业匹配

《国家职业教育改革实施方案》指出，要"按照专业设置与产业需求对接、课程内容与职业标准对接、教学过程与生产过程对接的要求，完善中等、高等职业学校设置标准"。高职电子商务专业建设滞后于产业发展的问题，导致了电子商务技术技能人才供给出现了人才数量短缺、质量不够、区域分布不合理等一系列问题。国内学者从专业设置是否匹配区域产业需求、专业结构是否围绕区域产业结构动态调整、专业人才培养模式是否适应区域产业发展等方面进行了大量研究[①]，但是鲜有聚焦电商行业、电子商务类专业设置等方面的研究成果，本章以"发展型式"理论为指导，构建高职专业供给侧与产业发展需求侧的三维框架，论述高职专业建设与跨产业发展的匹配理论框架。在此基础上，分析电商产业发展现状和高职电商专业群建设现状，调研高职电商专业群人才培养现实，反思存在的不足，提出宏观的对策建议。

1.1 高职专业建设与产业发展同频共振

在行业的发展，产业的转移、集群及融合等因素的影响下，劳动力布局、劳动力力量和规模调整已被提出了新的要求。劳动力规模、布局及质量的不合理，将严重制约构建产业的发展，作为高素质技术技能型人才培养的基本单位，高职专业承担着为产业提供人才支撑、技术支撑的重要使命，推动着产业发展。国家与职业教育的发展，决定着高职专业必须与产业发展相匹配。[②] 职业教育的高速高质量发展，职业教育专业群建设与产业发展的匹配框架需要从国家宏观、区域中观及职业院校微观三个方面明晰，从而逐步缩小两者之间的错位。

1.1.1 高职专业建设与产业发展匹配逻辑

供需利益的协调过程可以看成是高职专业建设与产业发展匹配的实质，而双方同时拥有供需双重角色是两者匹配的关键点。霍利斯·钱纳于20世纪50年代提出"发展型式"理论，是产业发展战略和政策分析的重要理论依据和分析工具，对职业教育剖析产业发展需求、分析专业建设战略发展，具有重要借鉴意义。

"发展型式"理论认为，产业结构会发生表1-1所示的"三阶段六层次"的演变；一

---

① 卜树坡，刘勇，陈晓磊. 高职院校专业设置与苏州区域产业需求对接研究 [J]. 机械职业教育，2020 (1)：29-32.
② 陈超群. 契合区域产业经济发展的一流特色专业群建设推进策略研究——以湖南省为例 [J]. 职业技术教育，2020，41 (20)：25-30.

产业劳动力就业占比下降、二产业与三产业占比增长都会受产业结构变化影响；产业结构与就业结构是否对称则取决于生产效率与技术水平是否达到产业发展水平①。

表1-1 产业结构变化

序号	阶段	层次
1	不发达阶段	不发达时期
2	工业化阶段	工业化初期
3		工业化中期
4		工业化后期
5	发达阶段	后工业社会时期
6		现代化社会时期

基于上述判断，本书构建图1-1所示的三维分析框架，分析高职专业建设与产业发展的匹配关系。在产业发展过程中，受宏观政策调控影响，就业结构发生变化，形成就业市场与产业结构匹配的就业结构，从而推动产业发展；同时，产业技术体现出对劳动力掌握技能的黏性、弹性与韧性需求；相应地，高职专业布局、专业规模和技能培养应依据劳动力市场的类别与分布、结构与层次，以及劳动力技能要求进行调整。

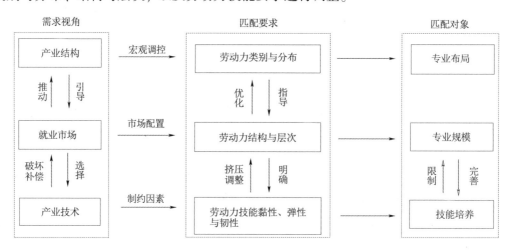

图1-1 高职专业建设与产业发展匹配三维分析框架

由图1-1可以厘清高职专业建设与产业发展之间的逻辑关系，主要包括结构匹配、市场匹配和技术匹配。

（1）结构匹配。结构匹配是产业结构与专业布局。区域内技术技能人才输出的类型与

---

① 刘晓，钱鉴楠. 发展型式理论下的职业教育专业建设与产业发展：匹配逻辑与理论框架［EB/OL］.［2020-03-16］. http://yjs.hceb.edu.cn/new6/1289.html.

空间分布可以从高职专业布局中反映出来，专业布局的调整方向直接受到产业结构构成与演进的影响。因此，高职专业布局与科学调整，应当主动适应产业结构的变化、顺应产业的发展逻辑，为区域产业行业发展提供高质量的人才供给，全方位满足其对人才类别与数量的需求。

（2）市场匹配。市场匹配是就业市场与专业规模。就业市场是指劳动力人力资源按市场机制进行配置、调节的市场形式。区域产业发展需求可以通过就业市场显性表现出来，区域职业院校专业人才供给与企业用人需求的沟通桥梁也通过就业市场搭建。通过专业设置数量、招生规模和分布点数量等体现专业规模的指标，能够从结构占比、层级结构两方面有效预测区域专业人才的供给情况。高职院校培养的是生产、服务、技术、管理一线需要的高素质劳动者和技术技能人才，具有以职业为导向、为就业服务的特点，其培养规模和规格必须依据就业市场需求进行调整，否则无法实现对区域产业人力资源的支撑作用。

（3）技术匹配。技术匹配是产业技术与技能培养。产业技术水平决定产品的质量、成本、水平与性能，产业转型升级表现为具有越来越复杂的技术能力。传统职业教育过于注重对学生在生产服务过程中某一部分或某一环节的技能培养，从而忽视了学生技能的横向发展，也就造成了学生职业生涯的天花板，无法让学生实现职业的纵向发展。因此，高职院校专业培养规格不能限定特定环节，而要面向体系化的产业技术，保证劳动者能在技术更迭的当下始终拥有职业发展能力。

1.1.2 高职专业建设与产业发展匹配的理论框架

基于"产业结构—专业布局""就业市场—专业规模""产业技术—技能培养"三维框架，构建如图1-2所示的理论框架[①]。

（1）高职专业目录与产业目录匹配。高职专业目录是高职院校专业设置、招生的依据，也是企业人才选拔的重要参考，应覆盖所有产业类别，解决产业发展过程中对劳动力"要什么"的问题。国家产业转型升级中，部分传统产业逐渐消失或与其他产业融合，新技术带来的新产业逐渐兴起，对技术技能型人才的需求会发生相应变化。相应地，国家产业目录动态变化，专业目录随着调整，实现"要什么给什么"。

（2）高职专业结构布局与产业结构布局匹配。高职专业结构布局与产业结构布局的匹配能够实现国家产业劳动力的合理供给，解决"哪里需要哪里供给"的问题。各区域的产业结构布局存在巨大差异，区域高职专业设置不能追求范而广，应根据区域产业类别和规模上的特点，首先满足区域优势重点产业的发展，实现优势重点产业人才的合理供给，以点带面，对周边地区形成辐射，从而促使区域间劳动力共享环境的形成。

（3）高职毕业生供给结构与劳动力需求结构匹配。要解决产业发展中对劳动力"要多少"的问题，就需要区域内高职专业供给的劳动力数量充分对接该区域的劳动力类型结构。

---

① 胡计虎. "双高"专业群建设与区域产业转型升级的融合发展［J］. 教育与职业，2020（13）：51-56.

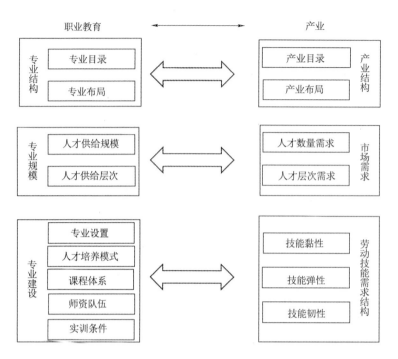

图 1-2　高职专业建设与产业发展匹配理论框架

这样一方面可以提高职业教育办学质量与社会服务力，帮助学生实现"毕业即就业"的目标；另一方面，能缓解结构性失业，减少失业率，提高区域劳动力资源配置的有效性，从而让劳动力市场保持持续稳定与高效。

（4）高职人才培养规格与劳动力需求层次匹配。要解决产业发展中劳动力"需多好"的问题，就需要高职人才培养规格深度对接劳动力需求层次。就业市场对劳动力进行层次分类的重要依据是人才培养规格，某种意义上来说，人才培养规格是指一个人在教育机构系统接受文化、技能、科学等学习内容的经历。由于当前产业的剧烈转型升级，资源密集型产业已逐渐替代传统的劳动密集型产业，素质红利逐渐替代人口红利，这就要求高职人才培养规格不仅要从劳动力的类别和数量上，更要从质量上满足产业劳动力需求。

（5）高职专业建设要素与劳动力技能需求要素匹配。这就意味着高职院校要充分对接产业劳动力技能需求培养人才的技能，也就是将专业建设要素与劳动力技能需求要素深度匹配。具体来说，高职专业建设所包含的人才培养模式、专业设置、课程体系、师资队伍和实训条件等这些要素都要紧扣劳动力技能需求，主要包括目标取向、实践操作和评价评估三个阶段的深度匹配。

1.1.3　高职专业建设与产业发展匹配的对策建议

高职专业建设与产业发展匹配问题的解决需要在分析原理的基础上，在对接产业、服务就业、培养人才等方面采取相应措施。

（1）优化凸显产教融合特色的专业顶层设计工作。专业（群）建设是高职院校与产业发展对接的重要举措，包括要基于区域产业经济发展方向对专业（群）进行动态调整，要充分结合专业（群）建设的内外部条件，实现与产业链的局部甚至全环节紧密对接。

(2) 推动校企合作下人才供给前瞻于就业市场变化。高职专业建设要高屋建瓴，预测产业发展趋势。具体来说，宏观层面要紧随产业更迭趋势，既要引导传统专业的退出、整合和动态调整，又要布局新专业的开设；微观层面要紧紧围绕产教融合、校企合作，精准定位合作企业的劳动力需求痛点，及时调整专业建设的方向，从而培养符合企业预期需求、甚至超出企业期望的劳动力，及时为产业发展供给人才，提高劳动力的就业率。

(3) 以学徒制创新具有类型特色的专业人才培养道路。随着科学技术日新月异的发展，学生仅仅掌握全面的技术技能，而缺失职业文化素养，就很可能在激烈的竞争中被淘汰。学徒制不仅可以使职业技术教授通过非正式方式传授给学生，而且可以让职业文化通过边缘到中心的方式让学生深入感受。因此，现代学徒制应该成为高职专业建设的重要抓手。同时，还要重新定位人才培养目标与人才培养方式：一是人才培养目标需要在学生掌握系统技术的基础上，将职业文化系统融合于学生学习技术的全过程；二是人才培养方式需要在技术教授过程中，尽可能发挥师傅在真实环境中手把手带领徒弟从边缘到中心的作用。

1.2 电子商务产业成长路径与发展诉求

互联网技术在全球消费市场的广泛应用，促使传统产业不断转型升级，让买卖全球的数字化在线运营成为现实。尤其是近几年来，跨境电商产业增速迅猛，为传统外贸产业的增长发挥了不可估量的作用。然而，物流链条长、费用高、行业人才储备不足等突出问题仍然是跨境电商产业发展的掣肘。推动主体、形态、模式和组织方式的创新，需要构建综合化的服务体系和一体化的协同机制①。

1.2.1 电商产业的发展现状

(1) 市场与规模越做越大。以跨境电商为例，从总体规模看，2018 年中国跨境电商交易规模增长到 9 万亿元，用户规模超 1 亿人，如图 1-3 所示。自 2012 年以来，我国跨境电商规模一直保持 50% 以上的增长幅度，其中占比中国进出口总额由原来的 11.5% 上升到 2018 年的 37.6%。虽然近两年我国总体进出口总额呈下降趋势，但跨境电商却呈增长态势，跨境电商行业生机勃勃。据此前阿里的数据测算，2020 年我国跨境电商交易额将达到 12 万亿元，三年复合增长率为 16.44%，渗透率达 37.6%，未来跨境电商发展市场空间巨大②。

(2) 随着全球互联网普及率的大幅提升、支付环境和物流运输等基础设施不断完善，电商进一步挤压了线下销售渠道，成为越来越多消费者的首要购物选择。以跨境电商行业为例，跨境出口电商作为中国外贸出口新的增长点，将有望成为全球贸易的主要形式。艾瑞咨询数据显示，2019 年中国跨境电商交易规模达 10.8 万亿元，海关总署公布的最新数据中，2020 年上半年，中国跨境电商进出口增长 26.2%，其中出口增长 28.7%。跨境电商用户规模方面，艾媒咨询数据显示，预计 2020 年中国海淘用户规模将达到 2.11 亿人。同时，随着

---

① 杜卫华，黄炯华. 电子商务发展影响我国第三产业的机制及溢出效应分析 [J]. 商业经济研究，2020 (10)：185-187.

② 孙琪. 我国跨境电商发展现状与前景分析 [J]. 商业经济研究，2020 (01)：113-115.

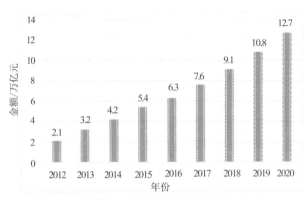

图 1-3　2012—2018 年中国跨境电商交易情况

消费的不断升级，相关政策法规的完善，市场监管趋严，商家在供应链升级、产品质量保障方面不断进步，中国海淘用户将持续增长。

（3）市场领域扩展促进了其发展。从电商产业整体看，随着跨境电商平台的崛起，中国跨境电商零售进出口的增量屡创新高。据商务部数据显示，2019 年，我国跨境电商零售进出口额达到了 1 862.1 亿元，是 2015 年的 5 倍，年均增速 49.5%。在国家"一带一路"倡议大背景支持下，通过跨境电商，中国商品销往俄罗斯、以色列、韩国、越南等 100 多个签署了"一带一路"合作文件的国家和地区。同时，开放、崛起的中国市场为"一带一路"合作国家提供了新的经济增长点。利用电商运营的成熟经验和信息消费优势，跨境电商在实现"买全球、卖全球"的愿景上走得更远。

（4）模式趋于多种方式并存。以跨境电商为例，当前我国跨境电商模式以 B2B 为主导，但 B2C 占比逐年提升趋势明显。跨境电商行业的快速发展吸引了越来越多企业的入局，但目前仍面临获客成本高和用户体验感不足的问题。因此，双线融合、直播带货和社交化传播将成为行业发展三大趋势。一是双线融合。随着跨境电商进口电商正在步入稳定的流量期，反哺线下商业模式，从线上走到线下已经成为不可阻挡的趋势，跨境电商开始逐步扩大线下版图。二是直播带货。随着互联网技术的发展，以直播为代表的 KOL 带货模式给消费者带来更直观、生动的购物体验，转化率高，营销效果好，逐渐成为跨境电商平台的新增长动力。三是社交化传播。将关注、分享、沟通、讨论、互动等社交化的元素应用于跨境电商传播过程，具有更强的导购作用，有利于跨境电商平台扩大影响力，吸引更多流量和热度来带动销售。

（5）电子商务产业未来发展动力强劲。从跨境电商看，一是政策助力跨境电商规范化。跨境电商作为海内外贸易交流的重要环节发挥着巨大作用，而近几年中国积极出台各项政策的扶持，也显示着鼓励跨境贸易发展的信号。各类平台需要抓紧政策春风，加强跨境海淘业务的布局以争取市场，随着市场入局者增多，未来跨境电商市场的竞争将更趋激烈。二是平台与消费者社会责任意识逐渐增强。在突如其来的疫情冲击下，越来越多的企业以及消费者的社会责任意识不断提高，平台的社会公益行为以及社会责任感对于消费者潜在影响将会越来越明显。三是直播带货引领跨境电商消费潮流。在此次疫情的阻击战中从各大平台包括央视的公益直播、在线直播带货，以及消费者的直播观看热度可以发现，电商直播所拥有的巨大能量以及其自身具备的天然引流特性必将成为跨境电商发展的热点与趋势。四是多样化购物模式将更加突出，未来跨境电商线上线下之间的融合将不断加深，平台也将更注重商品池的打通和利用科技助力用户体验，个性化的购物模式也逐渐增强用户的购物体验感以及用户黏度。

1.2.2 电商产业的发展困境

（1）信息技术进步方面的掣肘。经济发展水平、政府政策支持、人口红利、电子支付、物流成本、基础设施完善程度和网络覆盖率等是发展电商的先决条件。以跨境电商为例，目前我国出口跨境电商主要的出口地区为欧美等地，这些市场信息化水平高，发展较为成熟，竞争日趋激烈，正处于铺货模式到品牌化的进阶过程。对于处于中等信息化水平的东南亚和中东欧地区，跨境电商贸易增速很快，发展势头良好。对于信息化水平的相对滞后的非洲、南亚等国家，由于网络覆盖率低，甚至不到10%，基础设施薄弱，严重制约了跨境电商和各国本地电子商务的发展。

（2）产业基础问题抑制电商产业的发展。以跨境出口为例，随着越来越多企业的入局，行业已开始了整合与洗牌，越来越多的跨境电商平台与平台上的卖家也都意识到了品牌的重要性与迫切性，都希望通过品牌来提升公司及产品的溢价能力。目前我国企业出口的商品以服装、饰品、数码产品及小家电为主，大部分产品还是靠低廉的价格占领市场，而不是依托于品牌形象，这样，在全球化的竞争中就会失去竞争力，跨境电商的利润空间会不断遭到挤压，从而抑制跨境电商的发展。

（3）信用保障体系欠缺阻碍电商进一步发展。保障电商安全可持续发展的关键是信用体系的构建，信用体系的缺失将给电商业务的发展带去不可估量的风险与挑战，比如交易安全、知识产权、产品质量等方面。纵观中国电子商务的发展历程，对电商平台发展起着决定性作用的，无疑是信用体系和担保交易。早期8848等最早一批中国电商企业的接连倒下，都不同程度受到了信用保障体系缺失的影响。因此，中国电商平台虽然起步早，但总体上发展是缓慢的。以跨境电商为例，目前我国对外贸易遭遇贸易摩擦，贸易保护主义日渐升温，在诚信体系建设上的跨境电商国际争端问题突出，尤其是支付安全问题，需要保障买卖双方交易的安全性，不能让网上支付流程存在安全隐患。以墨西哥为例，墨西哥的电子商务市场正在以不稳定的速度增长，这与跨境电商对付款安全性的担忧相关。亚马逊正在与当地零售商合作，以确保客户可以用现金购买。同时，由于各国在宗教信仰、文化、监管体制及法律等方面均存在较大差异性，这样就会造成买卖双方信息的严重不对称，跨国维权更是难如登天。综上所述，电商安全信用保障体系的缺失，将成为电商产业纵深发展的最大阻力。

（4）服务落后成为电商发展的瓶颈。一是跨境电商企业的运营成本受到通关手续烦琐且效率低下的影响。比如埃及等部分国家，海关是一个很大的问题，来自中国和土耳其的电商货物普遍被课重税，常常导致商业模式无法维系。二是跨境电商的发展受到物流体系的影响。比如，印度尚未建立高效和完善的交通系统，不少区域的道路状况较差，这就造成包裹物流送达时间相比发达国家更为偏长；在巴西的边远地区，消费者下订单后，却很难找到可靠的物流和交付合作伙伴向这些客户运达货物，物流已成为当前该市场的一大痛点。总之，成本高、物流慢是当前制约电商发展的一个主要问题，政府虽然出台了一系列改善措施，但是物流运输时间长、成本高、售后服务不到位、信息化程度低等问题依然存在。

（5）人才缺口成为电商发展的又一瓶颈。人才是电子商务行业高速发展的重要支撑，其重要性不言而喻。5G时代，企业对电商人才提出了新的要求。以电子商务专业为例，根据网经社发布的《2019年中国电子商务人才状况调研报告》显示，八成电商企业存在人才缺口，近三成有大规模招聘计划，对于人才的需求按占比排序依次为：新媒体、内容创作、社群方向人才；淘宝天猫等传统运营人才；主播（助理）、网红达人方向人才；客服、地推、网络营销等方向人才；专业数据分析与应用人才；美工、视频动画制作、IT方向人才。以跨境电商为例，目前全国人才缺口将近450万人，电商企业处于招聘常态化或人才需求强烈状态的占比为62%，对人才的需求按占比排序依次为：跨境电商运营与推广、跨境电商数字营销、跨境电商客户服务、跨境电商视觉设计、跨境电商采购与供应链管理、跨境电商物流管理。与其他行业相比，电商行业的人才缺口较大，学校人才的供给与市场的实际需求存在一定差异，这就要求学校在人才结构上重新审视人才的培养模式。

1.2.3 电商产业的未来使命

（1）加大政策支持力度。我国对电子商务、跨境电子商务发展的支持政策很清晰。一是电子商务方面，2019年1月1日正式实施了《中华人民共和国电子商务法》（以下简称《电子商务法》），《电子商务法》针对电子商务平台经营者等新型市场主体，以及在电商发展过程中产生的刷单、炒信、搭售、杀熟等问题，提出了一系列要求；同时，积极推动《中华人民共和国反不正当竞争法》《中华人民共和国专利法》《中华人民共和国消费者权益保护法实施条例》等修订，与《电子商务法》有效衔接，还颁布了行业标准《电子商务企业信用信息共享规范》。二是跨境电子商务方面，跨境电商已连续三年出现在政府工作报告中，我国政府持续降低进口关税、简化通关手续、缩短通关时间、出台多项扶持政策，目前全国已建成105个跨境电商综合试验区，而且综试区内跨境电商零售出口货物均享受按规定免征增值税、消费税和企业所得税等支持政策。

（2）提升电商服务水平。以跨境电商为例，一是未来跨境电商将创新直购进口、闪购、保税备货等新模式，商品从下单到收货的时间成本和运输成本均会被大大降低；二是依托电子口岸结汇、物流、支付、退税系统与跨境电商平台等企业系统联网，未来跨境网购将更加高效化、电子化；三是依托智慧物流和国内物流配送企业与国际大型快递企业的多元化合作，未来跨境物流业的服务水平将大幅提升；四是在直邮、保税仓、集货的基础上，海外仓将成为跨境电商的热潮，可以使顾客具有更好的购物体验，使跨境出口商能够大幅降低物流成本，从而增强在国际市场的竞争力。

（3）统一规则和标准成为刚性要求。由于标准与规则的缺失、立法的滞后等一系列原因，电子商务深度发展过程中已频频暴露出知识产权侵权、退换货纠纷、运输纠纷、购买评价纠纷等问题。以跨境电商为例，由于缺乏完善的线上交易服务体系和统一的电商操作规程，跨境电商平台在实际运营过程中可谓是阻力重重。未来电商的纵深发展，需要知识产权、市场准入、信用体系、交易纠纷处理等标准，建立电子商务争议解决平台，推动电子商务平台网络评价制度、等级制度等执行方式，将会大大推动电子商务的发展。

（4）品牌化趋势助推电商走向协同发展。电商领域的竞争日趋白热化，品牌化建设是破解这一困境、引领电子商务走向可持续发展的唯一路径。目前，无论是国内电商平台，还是跨境电商平台的竞争都非常激烈，电子商务的流量红利已逐渐消失，下一轮红利属于品牌，所有卖家都必须以品牌化思维取代过去的零售思维，通过品牌化塑造，与顾客、市场建立良好的关系，提升服务价值，满足顾客的精神需求，强化品牌在顾客心中的认同感，才可能为电商自身发展创造更广阔的空间。

（5）重新审视电商人才培养结构问题。电子商务行业的快速发展，对人才的知识、能力和素养结构提出了新要求。一是电商的流量趋于碎片化，传统电商不再是一枝独秀，直播电商、社交电商、社区团购等新业态不断涌现。二是跨境电商人才在语言的要求上，不仅需要熟练掌握英语，还需要掌握各种小语种；在运营推广层面，不仅需要适应各种跨境电商平台规则的高频次变化，还需要学会在海外社交媒体上推广。因此，电子商务相关专业的人才培养模式应整合社会、高校资源，校企联合建立校内外实训基地，着重培养学生精湛的电子商务业务知识、较强的解决企业实际问题的能力、较强的学习能力等，为企业提供源源不断的优质电商人才供给。

1.3　高职电商专业群建设的机遇与挑战

新兴技术浪潮方兴未艾，"互联网+"产业正在成为经济转型升级的全新动力，电商产业具有经济导向的新任务和新要求，电商技术技能人才培养具有全新的特征，为高职电商专业群建设拓展了全新的格局空间，必然面临新格局、新远景、新使命、新任务[①]。

1.3.1　高职电商专业群建设面临新格局

全球经济格局正在演绎着一场影响深远的剧烈重构。近些年包括未来相当长一段时间内，全球经济正经历着新一轮全局性的重大变革与影响深刻的解构与重构，国家"一带一路"倡议和"一带一部"战略的实施，为湖南产业经济转型升级和经济社会发展，以及更高层次、更高水平参与国际合作和竞争带来了新空间，作为经济发展最核心要素的人才是重构的核心内容之一，电商技术技能人才培养必须置于全球经济格局下进行审视和探索[②]。

（1）世界经济新格局。中国作为新兴经济体强势崛起，成为世界经济增长新的动力枢纽。经历改革开放后40多年的高速成长，中国的综合国力在世界上的排名逐渐上升，成为世界第二大经济体。中国经济的迅速增长不仅影响了周边国家的发展，也对世界经济的发展产生了不可取代的影响。

（2）全球贸易新规则。近年来，全球贸易呈现低端产业跨国漂移、高端产业加速回流与知识密集型服务延展等诸多显著态势。与此同时，伴随着新兴经济体的知识型人才队伍兴

---

① 陈咏，何绮文，陈星涛. 职业院校培养跨境电商人才的现状与对策［J］. 职业技术教育，2016，37（20）：25 - 29.

② 张红，盘红华，商玮. 系统构建高职电子商务专业与产业同步发展机制的研究与实践［J］. 中国职业技术教育，2019（25）：10 - 15.

起,与传统经济体形成了明显的比较优势,知识密集型生产性服务向新兴经济体的国家转移加速进行。全球贸易新规则呈现出服务贸易、投资取代货物贸易成为核心,谈判议题向边界后规则转移,标准和自由度更高,新规则更多地体现了高收入国家的意志等特征。

(3) 动态演化新趋势。世界经济政治格局的动态演化呈现新趋势,表现为亚太地区在国际格局中的地位进一步上升,国际政治这盘复杂的棋局、世界经济格局将受到国际贸易新规则的冲击。

(4) "一带一路"新空间。"一带一路"是"丝绸之路经济带"和"21世纪海上丝绸之路"的简称,是充分依靠中国与有关国家既有的双、多边机制,借助既有的、行之有效的区域合作平台,旨在借用古代丝绸之路的历史符号,基于"和平合作、开放包容、互利共赢、互学互鉴"四大理念,积极发展与沿线国家的经济合作伙伴关系,共同打造政治互信、经济融合、文化包容的利益共同体、命运共同体和责任共同体。

由此看来,全球化新格局下电商技术技能人才培养机遇与挑战并存。经济全球化与中国参与全球治理,构成电商技术技能人才培养的新格局。与传统电商人才培养主要面向本土经济不同,全球化格局下电商技术技能人才培养不仅仅面向本土经济发展,同时面向全球经济,是"引进来"与"走出去"双重动态过程下的全新地域范畴。此外,新格局下需要电商技术技能人才培养目标的全球化重构。新格局下需要培养既能在本土和外商进行商业竞合的跨境电商技术技能人才,也能走向全球,能够适应全球性商业文化和多样性人文素养的电商技术技能人才。尤其是跨境电商,远不止会外语这么简单,而是要培养懂全球政治经济、跨国商业运作、国际商法、多国外语的复合型技术技能人才。同时,新格局下需要电商技术技能人才培养方法的全球化融合。因此,电商技术技能人才培养迎来了广阔机遇,面临新格局,也面临许多关键命题。

1.3.2 高职电商专业群建设具有新使命

增长放缓、持续发展、结构调整、转型升级、依法治国、契约回归,在较低增速上持续稳健、健康发展成为中国经济新常态,经济增长从超高速向中高速过渡。首先是增长方式要变,要从出口导向投资加拉动型经济,向需求导向加创新驱动型经济转变;其次是增长的速度要变,要从8.5%至11.5%的超高速增长区间向6.5%至8.5%的中高速增长区间过渡。在国家层面,重点强调产业群的快速增长会在短时间内对经济起到促进作用,但从长期来看会导致部分行业产业过剩的问题。新常态下,增长目标调整更加动态,产业宏观调控进一步加强,但是市场机制在调控中的作用更加突出[①]。

(1) 供给侧改革新动力。供给侧结构性改革旨在调整经济结构,使要素实现最优配置,提升经济增长的质量和数量。基于科技创新、结构创新与体制机制创新,从供给侧入手进行改革,从供给侧创造质量更好的产品,提供更好的服务,为需求侧创造价值更高的产业与市场,整体促进产业升级、消费升级,提升中国经济总体的运行档位。需求侧改革主要有投

---

① 王胜华,谢莎莎. 赣商文化促进高职学生创新创业能力培养的研究——以电子商务专业为例 [J]. 职教论坛,2017 (29): 26-29.

资、消费、出口"三驾马车",供给侧则有劳动力、土地、资本、制度、创新等要素。供给侧结构性改革,就是从提高供给质量出发,用改革的办法推进结构调整,矫正要素配置扭曲,扩大有效供给,提高供给结构对需求变化的适应性和灵活性,提高全要素生产率,更好地满足广大人民群众的需要,促进经济社会持续健康发展。供给侧结构性改革,就是用增量改革促存量调整,在增加投资的过程中优化投资结构、产业结构开源疏流,在经济可持续高速增长的基础上实现经济可持续发展与人民生活水平不断提高;就是优化消费结构,实现消费品不断升级,不断提高人民生活品质,实现创新、协调、绿色、开放、共享的发展。

(2) 创新驱动发展新战略。中国经济正从过去 30 多年重经济体量与增长速度的粗放式增长方式,向重经济质量与均衡增长的集约式增长方式转型。实施创新驱动发展战略,加快实现由低成本优势向创新优势的转换,可以为中国经济持续发展提供强大动力。当前,经济发展的基本模式正在从政府主导、投资主导、要素投入主导,向科技创新、体制机制创新与全球化创新等创新发展模式转型。基于创新、成于创业,大众创业、万众创新,创新驱动发展成为中国经济转型升级的新战略。党的十九大明确提出"科技创新是提高社会生产力和综合国力的战略支撑,必须摆在国家发展全局的核心位置",强调要坚持走中国特色自主创新道路,实施创新驱动发展战略。提出营造激励创新、开放、透明的公平竞争环境,发挥市场竞争激励创新的根本性作用,建立技术创新市场导向机制,增强市场主体创新动力,促进优胜劣汰,促进企业真正成为技术创新决策、研发投入、科研组织和成果转化的主体。要完善成果转化激励政策,构建更加高效的科研体系,创新培养、吸引和用好人才机制,推动形成深度融合的开放创新局面,加强创新政策统筹协调。

为此,在中国经济新常态、供给侧改革新动力、创新驱动发展新战略的背景下,跨境电商技术技能人才培养具有新使命。高职院校必须通过人才培养的转型与重构,为新常态下的中国经济持续不断地输送创新创业型电商技术技能人才,即"双创型"电商技术技能人才。高职院校需要突破传统电商人才培养的诸多局限,不断健全体制机制,完善治理结构,优化治理体系,构建校企协同育人体系,推动产业与教育双向融合、聚焦于创造力这一根本要素,培养具有创造力的跨境电商技术技能人才。

1.3.3 高职电商专业群建设接受新任务

近年来,湖南经济正寻求创新发展的新模式、转型升级的新动力,积极实施双创战略、"1274" 行动等重大战略举措且成效显著,积极探索新技术、新模式与新商业,基于新兴信息技术对传统产业进行信息化融合、"互联网+"改造,全省经济正处于从传统经济向新经济转型升级的蜕变过程,跨境电商等新兴业态的发展态势蓬勃发达、增长快速[①]。

(1) 新技术催生新型变革。新技术正快速发展成为潜力巨大的新兴产业,以互联网为核心的新一轮科技和产业革命蓄势待发,移动互联网、云计算、大数据、物联网、人工智能等技术日新月异,虚拟经济与实体经济的结合给人们的生产方式和生活方式带来革命性变

---

① 刘锦峰,贺鑫. 产业学院:高职院校产教深度融合的新途径——以跨境电商产业学院为例 [J]. 当代教育论坛,2019 (3):96–104.

化,成为提升湖南经济中长期增长潜力,也是促进产业变革和经济转型升级的关键驱动力。

(2) 新模式促进快速发展。伴随着新兴技术的快速发展,新兴的产业发展和商业模式层出不穷,新模式发生在价值链各个环节,包括技术研发、生产制造、物流供应、市场营销与服务等多个领域,包括技术研发领域的众包模式,生产制造领域的智能制造、制造平台化与网络化模式,物流供应的智能供应链模式,市场营销领域纷呈的电子商务模式,以及服务领域的大规模服务定制模式,等等,给中国经济转型升级提供全新动力,正在引领湖南省产业经济快速转型升级。

(3) 新商业改变创新格局。区别于传统商业形态,在"互联网+"等新兴技术和模式驱动下,近年来湖南的新兴商业层出不穷,已经成为湖南经济发展的主流。电商(含跨境电商)、新兴流通、新零售、移动电商等的发展方兴未艾,正在改变湖南经济发展的动力格局。

不难看出,"互联网+"产业兴起与湖南跨境电商产业发展,使跨境电商技术技能人才培养接受新任务。高职院校跨境电商技术技能人才培养需要放眼全球,同时更要植根本土,更要将具体任务落实到服务地方经济社会发展中。

在"互联网+"产业兴起与湖南经济转型背景下,高职跨境电商专业人才培养接受了新任务。

一是培养"三新"型人才。掌握并善于创造新技术、新模式与新商业的跨境电商人才,即"三新"跨境电商人才,区别于传统技能型电商人才。"三新"跨境电商人才立足技术前沿,充分掌握先进技术概念,并将技术运用到商业中,立足新兴商业模式潮头。

二是培养"互联网+"型人才。"互联网+"产业是湖南省未来经济发展的主导动力,以发展需求为导向,培养"互联网+"型跨境电商人才,服务湖南经济转型升级,是高职院校跨境电商人才培养的重要任务。

三是培养"芙蓉"新生代。湖南高职院校跨境电商人才培养需要面向世界、服务湖南,秉承湖南人精神,培养"芙蓉工匠",培养年轻化、数字化、资本化的商业群体。

1.4 高职电商专业群人才培养的现状

近两年,高职电商技术技能人才培养受到重视,在校生规模越来越大,培养体系不断完善,为电商产业快速增长提供技术技能人才,成为产业发展的强力支撑。当前,高职电商技术技能人才培养理念已经形成,人才培养的能力导向初步确立,商业伦理、社会责任与人文情怀的培养成效正在凸显,人才培养目标中,能力培养更加全面、素质培养更加立体、精神培养更加深入,人才培养模式不断创新[1]。

1.4.1 培养成效逐步彰显

近年来,电商专业群越来越受欢迎,大批高职毕业生走向市场,在国有或民营企业、政府机

---

[1] 孙梦溪. 高职跨境电商专业人才培养模式研究 [J]. 现代营销(经营版), 2020 (7): 10-11.

关及事业单位承担重要工作，成为促进电商经济快速发展的十分重要的人才队伍。教育部设置跨境电商专业以来，各高职院校审视专业设置的市场价值，对专业格局进行重构，通过第三方专业调查和评价机构的学情调查、用人单位调查和办学社会影响力调查，电商专业群内设置了跨境电商专业，培养了数量十分丰富的具有跨境电商技术技能的人才。据不完全统计，全国高职电商专业毕业生，有90%在毕业之时便走上工作岗位，在企事业单位从事经济管理等工作。

近年来，随着中国经济发展的全面转型，创新发展、创业富民、大众创业、万众创新，创业创新成为中国经济转型升级的新动力和新路线。在此背景下，一大批创新创业型人才应运而生，在经济转型升级中承担重任，发挥越来越突出的作用。顺应这一时代背景和发展主题，电商技术技能人才的创造力得到前所未有的重视和开发。创新，指采用新的技术或者方式完成新的价值创造任务，外延上表现为产品、技术、管理或商业模式的创新；创业，则基于创业精神进行新的事业开拓，外延上表现为创办新的企业，在既有的企业内进行内创业，等等。不论是创新还是创业，二者内在的核心是"新"字。新，源于创造；创新创业，源于创造力。基于此，中国高职电商技术技能人才培养的理念、机制与方法，都得到巨大突破和跨越。在系统化的行业划分中，不少系统的高层管理者甚至领导者中，高职毕业生占据着主流地位，一大批人才成为系统骨干和行业领军人物。

1.4.2 培养目标逐步转型

近年来，电商专业群的人才培养理念最显著的变化，是由早期的技能教育向人才资源、由人力资源向人力资本的双重转变。人才培养的目标取向也随之发生显著变化，具体表现为：第一，由社会型人才培养向价值型人才培养转变，目标取向更加贴近市场经济需求，注重价值型人才培养；第二，由应用型人才培养向创新型人才培养转变，更加注重知识型、能力型和创造型人才，不仅仅掌握应用技能，同时更加密集地传授前沿的高端知识和能力，以及使其具有创新精神和创业素养；第三，由本土型人才培养向国际型人才培养转变，人才培养不再局限于本土商业情境，而是更加注重具有国际视野、在全球框架下思考问题的新型国际化领域，不仅在传授知识上引进国际先进理论和知识，而且在办学主体上也纷纷与西方发达国家合作办学，诞生了诸多具有相当影响力和贡献力的高职院校，为国际型人才培养奠定了坚实基础。

跨境电商技术技能人才在培养的内容范畴上，在三个方面有显著的拓展和推进：一是善于"正确地做事"向"做正确的事"发展；二是将知识型教育为主拓展到能力型乃至创造型教育；三是将专业教育拓展到品格教育。

1.4.3 培养方法不断创新

（1）人才培养的市场导向机制初步确立。市场作为配置资源的核心机制，正在各个行业领域发挥越来越重要的作用。结合高职电商专业群人才培养理念的确立，市场导向机制初步确立。一是培养主体以市场为导向，改变人才培养的社会化属性，逐步确立市场需求作为人才培养的基本导向，并建立起了一系列确保市场导向的人才培养机制。二是教育产业化背景下人才培养率先实现市场化，通过与政府和企业的联系，让人才在培养过程中就参与到经济和社会活动中，学以致用，利用市场的动力来反向刺激学生的活力和教育的创新。三是人才选聘、任用与选拔实现市场化配置，上市公司董事会则按市场化方式选聘和管理职业经理人，合理增加市场化选聘比例，市场化选聘的职业经理人实行市场化薪酬分配机制。通过增加市场化选聘比例、合理确定基本薪酬收入、营造更加宽松的用人环境、引入市场化的竞争模式等有效措施，大大提升了人才发展的市场环境。

（2）课堂教学改革与创新取得显著进展。近年来，课堂教学改革成效显著，效应正在发挥，为人才培养中的课堂创造新的活力。不论是公共性质的高等院校还是作为市场主体的培训机构，均探索出了层出不穷的课堂改革和创新模式。这些模式中，具有相当影响力和主流引导性的主要包括翻转课堂、开放课堂、小班课堂等。课堂改革从教师和学生的基本关系入手，突破知识单向传播模式，转向学生与教师共创；突破教材知识传授模式，转向实践知识挖掘与知识再创造；突破学生被动接受模式，转向研究型课堂、创造型课堂等。这些课堂模式的改革和创新，大大激发了学生的学习热情，显著优化了课堂知识元素，采用全新的互动和探索方式，为课堂注入了活力。

（3）新兴信息技术的应用不断创新。信息技术的飞速发展对教育提出了前所未有的挑战，同时也提供了应对这些挑战的模式和方法，信息技术为教育的变革提供了前所未有的可能性。正是因为这样，各国把发展信息化教育作为国家发展的战略来抓，比如美国启动了"国家教育技术工程"，欧盟发布了"信息社会中的学习：欧洲教育创新行动规划"，新加坡推出全国教育信息化计划，马来西亚启动了多媒体走廊计划。中国则启动了现代远程教育工程、"校校通"工程、新基础教育课程改革工程，等等。近年来，随着互联网技术、物联网技术、人工智能、视听技术、计算机技术、整合技术以及智能型终端设备的快速发展，大规模在线开放课程（MOOC）、在线视频课程等信息技术在人才培养中的应用形式得到快速普及，蕴含着革命性的人才培养机遇。可以说，中国的信息技术在人才培养中的应用已经取得良好开局，开启创造信息技术与人才培养的全新模式。

1.5　高职电商专业群人才培养的反思

随着经济社会快速转型，新商业环境变革加剧，高职电商专业群人才培养面临全新情境，充满挑战与机遇，理性审视人才发展路径与模式，寻找短板，谋求突破口，是人才培养系统重构的必然选择，反思电商人才培养的得与失、成就与局限，是寻求突破与改革的先决条件[①]。

1.5.1　人才培养特色有待凝练

电商人才培养理念滞后于快速发展的国际国内电商环境，表现在人才培养对动态需求反馈不够、空间视阈局限在本土地域等诸多方面。基于"一带一路"的中国全球价值链影响日趋突出，国内供给侧改革与创新驱动发展战略快速推进，新技术、新模式、新商业等多个层面的创新日新月异。这些全新情境下，高职电商专业群人才培养理念有待更新，目标定位

---

① 邓子云，张放平. 中国特色高水平专业群的组群逻辑［J］. 现代教育管理，2020（4）：89-95.

存在偏差，特色不够显著。

（1）理念有待更新，人才培养与现实需求脱节。虽然近两年人才培养规模扩大，但特别值得反思与突破的是，电商专业群人才培养与现实需求之间存在差距，人才培养与经济社会发展脱节严重，主要表现为：理念均衡问题，即功用主义培养理念处于主导，人文精神与商业伦理被严重忽视；理念融合问题，即人才的实用性与文化性如何融合定位，迫切需要理论突破；理念统领问题，即人才培养的理念统领作用发挥不够，迫切需要实践探索。

（2）人才培养目标的针对性和层次性不够。审视高职电商专业群人才培养定位，人才培养的目标定位存在偏差，表现为人才培养类型与标准缺少差异，地方或行业等的针对性不足，人才培养目标缺乏层次性。因此，迫切需要重构理念系统，寻求特色发展模式，确立目标定位，为人才培养系统重构奠定理念基础。高职电商技术技能人才的根本能力，不在于书本知识、课堂知识、老师教给的知识，而在于创造力。人才培养中，"授人以渔"至关重要，"授人以鱼"只能作为最初级的教学定位，这在人才培养中体现得尤为突出。高职电商专业群培养的技术技能人才将来所从事的岗位，具有高度不确定性、高度复杂性、高度情境性，甚至绝大部分有价值的问题是没有先例的，解决这些问题所需要的并不是书本知识，而是创造性地解决问题的能力。所以，创造力是高职电商专业群人才综合能力的内核。

（3）人才培养体系核心能力欠缺。这是理念滞后与定位偏差导致的不良后果。高职电商专业群人才培养主体大多局限于公办性质的高等院校，且专业设置、教学方法与人才培养路径大同小异，缺少地方性、行业性的人才培养特色，从而导致模板化、平面化与同质化，缺少特色，迫切需要构思特色发展路径。高职电商专业群人才培养要重视创新创业教育，更要重视创造力培养。创造力是电商技术技能人才创新创业能力的根源，大学生的创新创业教育要更多地关注其背后的创造力培养。

1.5.2　人才培养体制期待创新

高职电商专业群人才培养突出的问题是，多元主体分立、各自为战，缺乏融合、协同效应。人才培养和使用的整个过程，是人力资本投资、人力资本开发与人力资本使用等围绕人力资本所有权的配置过程，也是人才培养各主体和人才使用各主体之间融合互动的双向过程。理论上，各个主体进行的人力资本投资，都应该获取相应的人力资本投资回报。但是现实中，人力资本投入（各人才培养主体）的所有权与使用人才的人力资本使用权，在投资回报的价值分配上不均等，导致人才培养各主体激励约束机制失灵，高校不愿意投入企业所需，企业不愿意向非所需的人力资本付出，整个人力资本的投资与回报循环是断裂的，人才培养与使用的大循环是断裂的。

1.5.3　人才培养机制亟待确立

（1）市场机制尚未真正确立。高职电商技术技能人才培养有别于其他领域人才培养，具有显著的市场导向性和商业应用性。高职电商技术技能人才培养的市场机制，由市场需求、人才供给和人才流动等三个环节构成。一是因为市场环境变化剧烈，新技术、新模式和新经济层出不穷、纷繁涌现，针对新的市场变化对人才培养提出的新需求，目前人才培养还缺乏理论建构、科学方法和实践挖掘,人才培养机制还缺乏系统深入、科学前瞻的研究。二是由于对市场需求反应的滞后,学校人才培养的目标导向往往离市场需求远,与市场需求脱节,人才培养的市场导向理念还未确立。三是人才流转机制运行不畅,既包括人才毕业向市场的初次就业,也包括人才在岗位上的发展,以及在人才市场中的自由流动。

(2) 教学中心地位缺少实现机制。人才培养是学校的根本立足点,忽视教学创新、教学管理机制错位,会导致教学被置于鸡肋的位置。在这一基本认知下,教育部、教育厅和高校,呼吁重视教学、进行教学管理。但是在高职跨境电商技术技能人才培养中,教学问题仍然较为突出:一是教师不重视教学,教师将教学视为累赘,带着"上工地"的心情去上课;二是教授不愿意教学,科研水平越高,职业地位越稳固,越不愿意教学;三是教学方式陈旧,"满堂灌"成为教学的主导教学方式,教师是复读机,学生是录音笔,这种陈旧管理知识的单向灌输,必然导致教学效果差,学生满意度低,甚至人才培养质量低,缺乏核心竞争力。

(3) 教学创新机制有待发掘完善。人才培养中的教学,是人才培养的原动力,是人才培养事业的"初心"。然而,在职业教育快速发展,特别是专业发展压力与日俱增的情况下,专业教学遭遇尴尬:一方面,教学创新缺能力。各学校普遍重视教学研究成果而忽视教学创新过程,教师的教学创新能力的开发机制实际上是缺位的。另一方面,教学创新业绩缺标准。各学校普遍重视教学工作量评价,而忽视教学创新业绩评价,教学创新业绩评价缺位。可以说,教师搞教学创新没有多少发展空间。普遍重视喊口号呼吁教学重要性,忽视教学发展通道,教师的教学利益机制缺位。事实上,人才培养中教师的教学创新能力及其开发,是人才培养的根本要素,创新型教师才可以培养出创新型人才。在此根本的原动力基础上,教学创新业绩评价机制和教师职业发展机制,分别构成创新型人才培养的"任督二脉"。高职电商技术技能人才培养中的诸多现实问题,都可以从"任督二脉"中找到问题的根源。

1.6 高职电商专业群的人才培养创新

高职电商技术技能人才培养理念初步确立,人才培养目标在能力结构化、素质多元化、视野国际化方面也取得显著进展。但是,仍然存在诸多难题,迫切需要强化特色、创新体制、疏通机制。强化特色方面,发挥培养校企"双元"主体的优势,提炼鲜明人才培养理念与目标,在人才类型、能力结构、综合素养等方面打上专属性的烙印;创新体制方面,发挥企业在人才培养中的主观能动性,强化人才培养的多元融合机制,包括多元培养内容的融合、多种培养方法的协同、多重培养空间的交互等,需要进一步理论探索和实践创新①。

1.6.1 促进多元培养进路的有机融合

在专业教育基础上,通识教育与双创教育等高职电商技术技能人才培养的新进路正在形

---

① 彭铁光. 职业院校专业群构建的路径研究与实践——以湖南外贸职业学院为例 [J]. 长江丛刊, 2019 (33): 123-124.

成并快速发展。专业教育、通识教育和双创教育等不同的培养进路，存在知识异质性问题，不同进路之间需要围绕人才培养目标进行融合。然而，目前多个进路之间的融合远不充分，知识体系之间的内在关联、不同进路与人才培养目标之间的内在关联都不够清晰。如何融合不同专业培养复合型人才？如何融合专业教育与双创教育？如何将传统较为僵化的专业培养机制进行柔化，在专业培养的主导机制中，植入通识教育与双创教育这两翼，为学生开发具有多种发展通道的自主选择和自由发展机制？

1.6.2　促进多种培养方法的深度协同

高职电商技术技能人才培养方法多样，特别是随着互联网和新兴信息技术在教育领域的应用越来越广泛，人才培养的新技术和新方法层出不穷，除传统课堂教学之外，实验实训、实践基地以及在线教育等，与学生素养和能力直接相关的培养方法正在扮演着越来越重要的角色。每一种人才培养方法，都有其特定的人才培养内容和功效，在此基础上整合后实现人才培养目标。围绕人才培养目标，不同的融合模式具有何种效应，如何融合这些方法，都需要在理论上探索，从实践中去检验。

1.6.3　促进多重培养空间的密切交互

随着高职电商技术技能人才培养主体多元化，各主体之间的整合协同成为突出问题。如何在人才培养中打通多元之间的壁垒，实现多元交互？政府、行业、企业和学校如何在人才培养中实现协同，打造人才培养的跨学校大平台？校企双元育人机制又如何建立，学校和企业之间如何协同？在全球化视野下，如何基于国际化理念，如何进行国际化人才培养？多重培养空间的融合与协同，构筑有机融合、相互协同的人才培养大系统是重大现实命题。

高职电商专业群的人才培养模式重建，突破口在于人才培养理念与特色的提炼，构建人才培养的战略理念、心智共识和富有特色的人才培养目标。高职电商专业群的人才培养模式构建，重点在于融合专业教育、通识教育与双创教育等三大人才培养进路，构建人才培养的基本格局；关键在于课堂教学的多元化，构建以课堂教学为本体、多元课堂协同的人才培养机制。

人才培养模式构建，是一项系统性的重建工程，需要多重的保障措施确保人才培养的预期成效。基于这些基本认识，近年来，湖南外贸职业学院逐步探索出了特色鲜明、体系完善、机制通畅、人才培养成效日渐显现的特色化人才培养模式。

第 2 章
产教融合——共建与共享统一

党的十九大报告指出,"完善职业教育和培训体系,深化产教融合、校企合作"。2017年12月,国务院办公厅印发了《关于深化产教融合的若干意见》,指出促进教育链、人才链与产业链、创新链有机衔接。2018年2月,教育部等六部门联合印发了《职业学校校企合作促进办法》,明确规定了职业学校校企合作的方式、促进措施等。2019年2月,国务院印发了《国家职业教育改革实施方案》,对职业教育向企业社会参与、专业特色鲜明的类型教育转变提出了改革设想。这一系列政策的出台,标志着我国职业教育的产教融合已进入深水区。

目前,跨境电商的工作从职能化变成了系统化,企业对跨境电商技术技能人才的需求也发生了相应的改变。高职院校也在探索如何通过产教融合体系培养人才,做到高职院校与行业、企业和区域经济相融合,实现共建与共享统一[①]。

对跨境电商企业调查发现,企业对跨境电商技术技能人才的需求和目前高职毕业生的实际情况相差甚远,企业更需要具备一定实战经验、专业知识扎实、行业视野宽广的复合型人才。以"培养什么样的人""如何培养人""培养成什么样的人"为出发点,通过学校与行业、企业和区域经济相融合,对跨境电商技术技能人才的培养理念和目标、培养主体、培养方式、培养评价组成等要素进行革新与重组,实现共建与共享统一,这是值得深入研究的课题。

2.1 职业教育产教融合内涵分析

"产教融合"是职业教育的核心理念,然而,教育界对其基本概念、影响因素、创新组织结构等尚无统一的定论,故本书进行适当探讨。

2.1.1 产教融合基本理论

1. 三螺旋理论

1995年,美国学者亨利·埃茨科威兹(Henry Etzkowitz)与罗伊特·雷德斯多夫(Loet Leydesdorff)联合撰写《三螺旋——大学·产业·政府三元一体的创新战略》一书,提出了

---

① 缪顾贤,朱伟芳. 产教融合视域下跨境电商人才"三段三层"培养模式构建[J]. 中国成人教育,2019(20):39-43.

著名的政府、大学与产业"三螺旋理论"。该理论认为：政府、大学和产业三者之间是一种互动关系，政府的角色主要是保证大学与产业之间合作与交换的政策制定者；大学是新理论、新知识、新技术的创造者和来源地；产业是新知识、新技术的生产者[①]。政府、大学和产业三者在各自承担自身责任的同时，还需要承担对方的角色，三者之间的角色互相交错，形成一种"三螺旋"组织结构，大学应该通过建立科技园、研发中心、研究联络处等机构组织为对方提供服务。三螺旋理论的理论价值在于：将具有不同价值体系的政府、企业和高校在发展区域社会经济上统一起来，形成知识领域、行政领域和生产领域的三力合一，从而为经济和社会发展提供坚实的基础。

2. 组织理论

1981年，美国学者W.理查德·斯科特（W. Richard Scott）著《组织理论：理性、自然和开放系统》一书，系统论述了社会各种组织的内部结构、元素与外部环境的关系。他认为："组织是相互依赖的活动与人员、资源和信息流的汇聚，这种汇聚将不断变迁的参与者同盟联系在一起，而这些同盟则根植于更广泛的物质资源与制度环境。"组织主要由理性系统、自然系统和开放系统构成，具有持久性、可靠性和责任能力，各种组织之间相互融合，融合度越高，自组织能力越强。组织理论的价值在于：各种社会组织均具有开放性，不同组织在保持自组织利益的同时，应与其他社会组织融合发展[②]。

3. 协同理论

1976年，德国物理学家赫尔曼·哈肯（Hermann Haken）著《协同学导论》一书，提出了"协同学理论"，该书在我国有《大自然构成的奥秘》等译本。该理论认为，世界上存在千差万别的各种系统，各系统之间存在着既相互影响又相互合作的关系，系统与系统之间的合作从有序到无序、从无序到有序都遵循一定的演进规律。该理论的价值在于："协同学理论强调协同效应，协同效应是指在复杂大系统内，各子系统的协同行为产生出的超越各要素自身的单独作用，从而形成整个系统的统一作用和联合作用"[③]。

4. 教育内外部基本矛盾理论

1997年，潘懋元先生提出"教育内外部矛盾基本规律"。潘先生认为，教育外部基本规律就是"教育必须与社会发展相适应"，一方面，教育受政治、经济、科技、文化等外部因素的"制约"，另一方面，教育又为政治、经济、科技、文化等外部因素提供"服务"；教育内部基本规律就是"社会主义教育必须培养全面发展的人"。教育内外部基本矛盾规律的关系是，"教育内部关系规律的运行，要受外部关系规律所制约，教育外部关系规律要通过教育内部关系规律起作用"。潘先生提出的"教育内外部矛盾基本规律"实则是一种教育理论，因为"对规律"的探索本身就是"对理论"的创新与构建[④]。该理论的价值在于：教育在遵守教育基本规律的同时必须为社会提供服务，高等教育应树立主动服务意识，在遵守

[①] 钟德仁, 张晓秀, 高芳凝, 等. 产业学院协同创新三螺旋理论分析 [J]. 洛阳师范学院学报, 2020, 39 (10): 51-55.

[②] 王保宇. 深化产教融合：协同主体及影响因素 [J]. 职业技术教育, 2018, 39 (18): 29-33.

[③] 贺晶晶. 基于协同理论的高职"芙蓉工匠"人才培养机制研究 [J]. 职业教育研究, 2020 (5): 10-14.

[④] 黄智宇. 潘懋元高等教育思想研究笔谈 [J]. 有色金属高教研究, 1999 (2): 3-13.

高等教育基本规律的同时必须为社会提供服务。

5. 教学服务理论

2007年，刘献君先生提出"建设教学服务型大学"的高等教育思想。刘献君先生认为，高职院校"培养地方需要的技术技能人才，产出地方需要的应用性成果"，应牢固树立为社会经济发展服务、为学生发展服务教育教学观念，"以推动知识的创新、传授、应用与地方经济社会发展相结合为宗旨，全面构建新型的教学与科研模式、组织制度形式"。刘献君先生把"教学服务"称为"高职院校的一种类型"，但笔者认为"教学服务"是一种高等教育理论，因为"教学服务型大学及其相关理论"不但有自己的核心教育思想，而且有自己的教育思想理论体系。该理论的价值在于："教学服务理念"不但对当前我国众多高职院校有针对性的指导意义，而且对未来我国众多高职院校具有长远性的指导意义。马陆亭教授也认为："美国的研究型大学居于绝对的领军地位，需要明确的是，美国的研究型大学不是写论文写出来的，而是为社会服务干出来的"①。别敦荣教授持同样的观点，他认为，高校教师应当转变观念，树立"服务科学"与"服务生产"同等重要的观念，不但要追究格物致知，而且要追求经世致用。②

2.1.2 产教融合内涵分析

1. "产"与"教"的含义

"产"是产业的简称，是指生产行业，即由不同分工且密切关联的企业或生产服务单位所组成的相对稳定、相对独立的国民经济部门或行业，有广义与狭义之分。广义的生产行业泛指一切从事生产物质产品和提供劳务活动的集合体，即国民经济的各行各业；狭义的生产行业指生产物质产品的集合体。国家宏观管理中所说到的产业，往往是广义的概念③。

"教"是教育的简称，是国民经济的一个部门，也是一个产业。教育产业与其他产业不一样，不是直接或间接地创造物质文化财富，而是为其他产业提供人力资源这一生产力要素。职业教育是为其他产业培养生产、管理和服务第一线所需技术技能人才。教育与其他产业都是社会再生产链条中不可或缺的部门，各自承担不同的社会职责和功能，又相互协作，共同推动社会再生产协调有序发展。

2. 产教融合的内涵

目前，学界对产教融合的概念界定是仁者见仁、智者见智。曹丹认为："产教融合是指生产与教育的一体化"。长沙环境保护职业技术学院罗汝珍把产教融合定义为"职业教育与物质生产、社会服务等行业共同开展生产、服务和教育活动，并且形成不同于单纯的教育与产业的另一种组织形式"④。安庆职业技术学院高飞把产教融合定义为"产教一体、校企互动"⑤。黄冈职业技术学院陈年友把产教融合定义为"职业教育与产业深度合作，是职业院

---

① 马陆亭. 高等学校体系建设如何多样化 [J]. 浙江工贸职业技术学院学报, 2010, 10 (2): 11.
② 别敦荣. 现代大学制度建设必须服务于全面提高高等教育质量 [J]. 大学（学术版）, 2012 (1): 47-49.
③ 曹丹. 从"校企合作"到"产教融合" [J]. 天中学刊, 2015 (1): 133.
④ 罗汝珍. 职业教育产教融合的价值判断、现实困境及路径选择 [J]. 职业技术教育, 2017, 38 (25): 49-53.
⑤ 高飞, 姚志刚. 产教融合的动力与互动机制研究 [J]. 淮南职业技术学院学报, 2014, 14 (6): 41-45.

校为提高其人才培养质量而与行业企业开展的深度合作"①。重庆师范大学彭梦娇认为："产教融合是通过校企互动实现生产和教育的一体化"②。淮海工学院王秋玉认为："产教融合是由高职院校与地方特色优势企业在产学研等方面开展的类型丰富、层次多样的合作"③。这些认识主要从"院校与企业合作"角度来认识产教融合，见仁见智，各有侧重。但他们共同的不足是：对"政府、行业、中介"主体重视不够，对产教融合的"主体与特色"表达不够清晰。

笔者以为，产教融合的概念应有广义与狭义之分。广义上，产教融合就是教育与产业的融合发展过程，包括从小学、中学到大学乃至"大学后"整个职业教育过程，即终身教育过程。狭义上，产教融合就是高职院校和企业与政府、行业以及其他社会组织围绕人才培养、技术研发与推广、职业技术培训、就业创业等开展的教育界与产业界一体化协同发展过程，主要是针对我国当前高等教育、职业教育客观需要，加强与产业界的密切联系，以提高人才培养质量、促进经济发展这一特定的社会状况而做出的概念界定。

3. 产教融合与产学研合作、校企合作的关系

目前学术界不少学者把产教融合等同于产学研合作，或等同于校企合作。也有学者认为，产教融合适用于职业教育，产学研合作适用于高等教育，这种认识存在片面性④⑤。

实际上，不论是产教融合还是产学研合作，都适用于研究型大学、应用型本科和高职院校。因为，产教融合和产学研合作二者之间既有相同之处也有不同之处。其相同之处在于，二者都强调校企合作，都注重行业企业技术研发与推广项目。首先，二者的合作对象不同。产学研合作往往是院校与企业两者之间的关系活动，而产教融合则需要更多的主体参与，是院校与政府、行业、企业、中介五者之间的关系活动。其次，二者的合作内容不同。产学研合作侧重科学研究与技术研发，而产教融合则是高职院校与政府、行业、企业共同开展技术技能人才培养、科学研究、技术研发、社会服务。最后，二者的合作紧密度不同。产学研合作主要是校企双方的项目式合作，具有"短期性"，一个项目的"结项"就意味着一个产学研合作项目的结束；而产教融合则是围绕人才培养、科学研究、技术研发、社会服务而展开的密切合作，具有"长期性"，高职院校与政府、行业、企业、中介之间互融互通，具有"紧密性"。

产教融合亦不同于校企合作，因为二者的层次不同，产教融合属于宏观层次，校企合作属于中观层次，工学结合属于微观层次，高职院校人才培养模式应该是"工学结合、校企合作"。产教融合包含高职院校与政府、行业、企业、院校、科研院所、社会中介的多维度合作，合作对象更为宽泛。换言之，校企合作是产教融合的"内核"，是产教融合的最重要组成部分。

---

① 陈年友，周常青，吴祝平. 产教融合的内涵与实现途径 [J]. 中国高校科技，2014 (8)：40-42.
② 彭梦娇. 应用型本科高校产教融合的研究 [D]. 重庆：重庆师范大学，2016.
③ 王秋玉. 产教融合背景下应用型人才培养实践教学模式改革研究 [J]. 开封教育学院学报，2018，38 (8)：144-145.
④ 赵敏. 美国职业教育立法研究 [D]. 苏州：苏州大学，2008.
⑤ 罗汝珍. 职业教育产教融合政策的制度学逻辑分析 [J]. 职业技术教育，2016 (16)：8-9.

2.1.3 产教融合影响因素

产教融合的发展,受到多种因素的影响或制约。这些影响因素是政府、行业、院校、企业、中介等各个主体合作发展过程中都应拥有或希望拥有的基本因素,从其地位和作用来看,可分为核心影响因素和其他影响因素。如图2-1所示,核心影响因素是人才和技术,其他影响因素包括观念、制度、资金、项目、愿景、资源、机构、平台、信息、文化等诸多因素[①]。

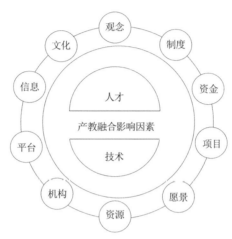

图2-1 高职专业建设与产业发展匹配理论框架

1. 产教融合的核心影响因素

(1) 人才因素。人才是产教融合发展的首要核心影响因素,包括参与并推动产教融合发展的院校、行业、企业、政府、中介机构等专业人士。没有人才,就没有科技和新技术的应用与推广。与本科院校相比,高职院校需要各种高层次、应用型人才,包括领军型人才、协同创新团队、技术应用人才、技术技能型操作人才,只有具备这四类人才,才能满足产教融合基本单元的发展需要。

(2) 技术因素。技术包括促进产教融合发展的新技术、新工具、新工艺、新产品等一切可供转移、应用和推广,并给社会带来显著效益的知识技术体系。《国务院办公厅关于深化产教融合的若干意见》明确指出,支持企业、学校、科研院所围绕产业关键技术、核心工艺和共性问题开展协同创新,加快基础研究成果向产业技术转化。产教融合、校企合作客观需要"以技术为中心",把政府、行业、企业、高职院校、中介有机联系起来。一般而言,市场需求是技术的源泉,政府是技术的"推动方",院校是技术的"供应方",行业企业是技术的"需求方",中介机构是技术的"转移方"。

2. 产教融合的其他影响因素

(1) 观念影响。观念包括对产教融合重要性的认识、理解和意识。观念对人的行动具有重要的指导和推动作用,积极的、正确的产教融合观念对执行者具有促进作用;相反,消极的、模糊的产教融合观念对执行者具有阻碍作用。调研访谈发现,高职院校对产教融合的

---

① 程骄杰,赵文华. 产学研结合技术创新链的主体因素、问题及对策辨析 [J]. 上海管理科学, 2011 (1): 83.

重大意义认识不到位,对产教融合的概念及实施方案认识模糊,不知道怎样去做或者说怎样做得更好;同样,企业调研访谈反映,企业很难说出"校企合作"和"产教融合"。

(2) 制度影响。制度包括保证产教融合发展的国家法律法规、院校产教融合管理制度、行业制定的专业认证标准、企业产教融合管理制度等。目前各种管理制度都存在滞后的情况,已经成为制约产教融合发展的瓶颈之一。

(3) 资金影响。资金是保证产教融合顺利实施的因素之一,包括政府资金、企业资金、院校资金、社会资金等。在国外产教融合、校企合作资金的份额中,企业已上升为投资主体。目前,我国高职院校的产教融合、校企合作资金投入主体主要是政府与院校,然而,大部分高职院校因财力有限,不肯或不愿把更多资金投在产教融合、校企合作方面,这是导致学校产教融合发展缓慢的重要原因之一。

(4) 项目影响。虽然产教融合不限于项目,但项目仍是推动产教融合顺利实施的有效载体,包括政府项目、企业项目、院校项目等。项目,特别是应用技术项目,是推动产教融合、校企合作的有效载体,也是连接产教融合各个主体的纽带。目前,高职院校不论是"人才建设项目""人才培养项目""平台建设项目",还是"科研项目",来自企业的横向项目及资金额度相对较少;未来,高职院校应加强与地方企事业单位的紧密合作,尽量争取更多地方企事业单位的人才培养和技术研发合作项目。

(5) 愿景影响。愿景是产教融合各个主体都有参与合作发展的意愿。由于各个主体的价值取向不同,往往很难在愿景上达成一致。单一的院校、政府希望产教融合或单一的行业、企业希望产教融合,都是一厢情愿。

(6) 资源影响。资源是产教融合的物质因素。资源融合是院校与政府、行业、企业利益共同体存在的各种资源,是一方资源为他方或多方所共建、共享的资源。政府拥有政策、资金、产业信息等优质资源,院校拥有图书馆、实验室、科技成果等优质资源,企业拥有资金、工程训练平台、技术需求信息等优质资源,行业拥有行业标准、行业信息、人才需求信息等优质资源,各主体之间应实现资源共建、共享,达到多方合作、互利共赢的目的。

(7) 机构影响。机构是保证产教融合顺利实施的组织因素,包括理事会、委员会、合作处、基金会、研究院等。《国务院办公厅关于深化产教融合的若干意见》把产教融合建设任务分工至教育部、国家发展改革委、财政部、人力资源社会保障部、科技部、工业和信息化部、全国总工会、国务院国资委、全国工商联、税务总局、国土资源部、人民银行、银保监证监会和各省级人民政府,实际上就是要加强各政府机构的组织协调功能。同样,没有一定的组织管理、协调机构,很难建立起政府、行业、企业、院校之间的密切关系。院校内部各职能部门都参与管理产教融合,往往会造成各职能部门都"不管"或"管不好"的混乱局面,因而我国高职院校近年来先后建立了校内专门组织机构,或称之为"合作发展处",或称之为"校企合作处",或称之为"对外联络处"。学校建立这些组织当然是一种进步,但目前,它们处于初创期,管理制度不完善,业务开展不广泛,推动学校产教融合的能力有限。事实上,学校层面实质性的理事会、二级学院实质性的理事会对产教融合、校企合作的作用更大。总之,我国与产教融合、校企合作发展相适应的官方管理机构、行业管理机构、企业管理机构、院校管理机构建设都有待进一步加强。

(8) 平台影响。平台是保证产教融合顺利实施的物质因素，包括科技园、实验室、实训室、研究中心、研发中心、实践基地等。《国务院办公厅关于深化产教融合的若干意见》明确要求，"继续加强企业技术中心和院校技术创新平台建设，鼓励企业和高职院校共建产业技术实验室、中试和工程化基地"。国内外产教融合、校企合作成功经验表明：产教融合各个主体合作共建科技园、实验室、实训室、研究中心、研发中心、实践基地等平台是产教融合发展的物质基础，平台越多，产教融合的效益越高；平台水平越先进，产教融合的成果越先进。

(9) 信息影响。信息是产教融合的虚拟因素，包括院校与企业之间的科技需求信息、人才需求信息、项目需求信息等。《国务院办公厅关于深化产教融合的若干意见》明确要求，"鼓励运用云计算、大数据等信息技术，建设市场化、专业化、开放共享的产教融合信息服务平台"。当前，借助互联网、云计算等强大的信息技术，更容易推动产教融合发展。

(10) 文化影响。文化是保证产教融合顺利实施的软实力。文化传承与创新是高职院校的职能之一，文化当然也是高职院校与政府、行业、企业、中介组织之间产教融合的重要影响因素之一。产教融合的文化融合包括政府文化、行业文化、企业文化、高校文化之间的融合。地方政府借助高职院校人文社科优秀成果实现地方或区域文化繁荣与发展，地方行业借助高职院校科技专家及其优秀成果提高行业文化的影响力和知名度，地方企业尤其是中小型企业借助高职院校力量打造企业文化品牌，地方各种中介组织则可借助地方高职院校的人才与科技成果扩大自身在区域的影响力。当然，高校在与政府、行业、企业、中介组织的文化融合发展过程中，不断吸收优秀的行政文化、行业文化和企业文化，实现高职院校文化建设由封闭到开放的转变、由"校园文化"到"大学文化"的转变。

3. 影响因素之间的相互作用

产教融合的核心因素是产教融合存在的根本，如果没有人才和技术，产业和教育就无法融合。但是，其他因素也会制约或推动产教融合的发展，核心因素和其他因素都不能孤立地存在，它们之间相互作用，共同推动产教融合的发展[①]。

(1) 核心因素是推动产教融合发展的根本。真正保证产教融合、校企合作顺利实施的根本因素在于人才和技术。高职院校与企业必须拥有较高水平的科技人才，并依托人才创造高新技术。只要拥有一流的人才、一流的技术，即使没有其他因素作用，同样也可能达到产教融合、校企合作的目的。

(2) 非核心因素借助核心因素推动产教融合发展。相对人才和技术，观念、机构、资金、项目、资源、平台、信息、愿景、制度、文化是产教融合的非核心因素。国内外产教融合、校企合作发展经验一再证明：合作共赢的观念、高效的组织机构、充足的资金、众多的合作项目、丰富的合作资源、优质的合作平台和畅通的信息交流、长期合作的愿景、完善的制度、先进的文化是推动产教融合发展的保障条件，缺失这些保障条件，产教融合、校企合作就会发展迟缓或将严重受挫；相反，这些非核心因素可以有效激活核心因素，促进核心因素的优化组合，使核心因素激发更大的发展潜能、产生更大的产教融合效能。

---

① 程骄杰，赵文华. 产学研结合技术创新链的主体因素、问题及对策辨析[J]. 上海管理科学，2011 (1)：83.

(3) 各因素共同作用推动产教融合发展。产教融合是一个复杂的组织系统，客观需要各个主体和因素共同发力和共同作用，不但需要核心因素和非核心因素之间相互作用，而且核心因素之间以及非核心因素之间都应该持续共同发力，并且形成合力，才能形成产教融合的良性循环，才能形成产教融合的"加速度发展"和"核聚裂变效应"。

(4) 产教融合各影响因素之间的融合度越高，产教融合的效能就越大。人才、技术、制度、项目等产教融合各个因素，在分散状态下，所产生的社会效益是极其有限的；相反，在融合状态下，各因素可以互相"借力"，产生更大的社会效益。因此影响因素之间融合度越高，产教融合的效能就越大，反之亦然。

2.1.4 产教融合发展模式

就世界范围的"职业教育""合作教育"发展模式而言，各国均有自己的特色表述，如德国的"双元制"模式、英国的"三明治"模式、瑞士的"三元制"模式、美国的"CEB合作教育"模式、日本的"产学官"模式、澳大利亚"TAFE"模式，而我国将来的特色表述语很可能就是"产教融合"模式。不管怎样表述，实际上都是教育界与产业界密切合作，共同培养社会需要的各种专业技术人才，推动国家和地区产业经济和社会创新发展[①]。

就我国高职院校"产教融合发展模式"而言，从不同的视角去审视，却发现会呈现不同的"多元化的产教融合发展模式"。从"融合主导"角度观察，可分政府主导型产教融合发展模式、行业主导型产教融合发展模式、高校主导型产教融合发展模式、企业主导型产教融合发展模式等。从"融合内容"角度观察，可分教与学产教融合发展模式、研发合作产教融合发展模式和多元化合作产教融合发展模式，亦可分为现代职业教育集团产教融合发展模式、校企共建行业学院产教融合发展模式、工学交替产教融合发展模式、大学科技园产教融合发展模式等。从"融合对象"角度观察，可分"校+企"产教融合发展模式、"校+政+企"产教融合发展模式、"校+行+企"产教融合发展模式、"校+企+介"产教融合发展模式等。从"融合层次"角度观察，可分浅层次产教融合发展模式、中层次产教融合发展模式、高层次产教融合发展模式等。其中，有三种发展模式非常接近我国高职院校的发展实际，对我国高职院校具有启示意义和借鉴价值。

1. "职业教育集团"的产教融合发展模式

我国"职业教育集团"形式出现于20世纪90年代，《国务院关于大力推进职业教育改革与发展的决定》（国发〔2002〕16号）出台后，全国各地先后建立了很多"职业教育集团"，这些职业教育集团组建形式各异，有政府主导型、行业主导型、职业技术学院主导型等[②]。总体而言，这些职业教育集团在推动地方职业教育方面取得了较大成绩，但存在一些问题，如组织结构松散、技术研发水平较低、企业合作热情不高等。

2014年，随着"地方高校转型发展"的深入推进，"职业教育集团"开始向"现代职业教育集团"转变。"现代职业教育集团"是一种"政府主导、行业引导、高校主体、企业

---

① 杨刚要. 应用型本科高校产教融合协同发展模式研究[J]. 职业教育研究, 2020 (3): 42-46.
② 黄宜霖. 职业教育集团产学研深度融合机制研究[J]. 中国高校科技, 2020 (Z1): 1908-1911.

参与"的合作机制，一般都设立了理事会或董事会等决策机构，秘书处、办公室等执行机构，制定了集团章程、议事规则、日常管理制度等，为集团运行提供了基本的组织和制度保证，技术技能人才培养、应用技术研发、科技成果转移、高层次人才交流、科技信息交流都可以在"集团"内部循环利用，属于典型的"校—政—行—企"产教融合发展模式。2015年6月，教育部印发了《关于深入推进职业教育集团化办学的意见》，对职业教育集团化办学的发展目标、实现形式、体制机制、政策保障等作出明确要求。目前，全国共建成职业教育集团1 500多个，密切联系企业数万家。依托职业教育集团，职业学校和企业在合作办学、合作育人、合作就业、合作发展、合作服务等方面积累了丰富经验。

2. "校企合作共建特色产业学院"产教融合发展模式

"校企合作共建特色产业学院"是目前我国高职院校常见的一种产教融合发展模式。该种模式主要有两种方式：一是地方大型企业与高职院校二级学院项目合作，属于"点对点"合作共建；二是地方特色行业与高校相关专业合作，属于"面对面"合作共建。近年来，"面对面"合作共建特色行业学院呈上升发展趋势。高职院校与地方企业发挥双方优势共建特色产业学院，实现校企合作共建、共管、共享、共赢，是一种比较适宜深化产教融合改革的发展模式①。

2020年7月，教育部与工业和信息化部联合印发《现代产业学院建设指南（试行）》（教高厅函〔2020〕16号），虽然该指南是教育部高教司牵头研制，主要是针对普通高等院校，但是对职业院校也有很大的参考价值。现代产业学院坚持育人为本，以提高人才培养能力为核心，推动学校人才培养供给侧与产业需求侧紧密对接；坚持产业为要，强化"产学研用"体系化设计，增强服务产业发展的支撑作用；坚持产教融合，着力打造集产、学、研、转、创、用于一体，互补、互利、互动、多赢的实体性人才培养创新平台；坚持创新发展，充分发挥高校与地方政府、行业协会、企业机构等多方办学主体作用，加强区域产业、教育、科技资源的统筹和部门之间的协调，实现共建共管共享，探索"校企联合""校园联合"等多种合作办学模式。

3. "校企合作共建协同创新中心"产教融合发展模式

"校企合作共建协同创新中心"类似于本科院校的"创新发展研究院"，是积极落实"创新驱动发展战略"，以合作方式驱动地方产业经济和社会发展，是一种典型的"政府、高职院校、行业、企业、中介"五维联动的产教融合发展模式，是目前高职院校较容易操作、效果较好的一种产教融合发展模式②。

虽然，职业教育目前没有有关协同创新中心建设的相关文件，但是可以参考高等教育"2011协同创新中心"思路，由职业院校作为牵头单位，在已有的基础上，以市场和产业急需解决的实际问题为导向，以"政校行企"项目为牵引，集聚政府、学院、行业、企业等创新主体组建应用技术协同创新平台，可以通过产教融合、校企合作，可以实施"核心层、合作层、服务层"三层的组建方式，倡导"整合、创新、共享、服务"的运行机制，积极

---

① 杨欣斌. 基于特色产业学院的校企双元育人模式探索［J］. 中国职业技术教育，2019（31）：10-13.
② 杨阳，王穗东，郁秋亚. 政产学研用融合创新与高校创新能力提升的路径突破——基于苏州纳米科技协同创新中心的案例研究［J］. 中国高校科技，2020（Z1）：96-99.

探索理事会领导下的"产权多元化、使用社会化、服务专业化、运行企业化"的运行模式，集中围绕人才培养、技术提升、社会服务和机制创新四个着眼点，实现中心使命与发展目标。其中"核心层"由职业院校的技术研发服务中心构成；"合作层"包含高等院校、政府机构、企业单位、行业协会四方面元素，体现出院校强化教学、生产、服务与应用相融合，"政校行企协同，学产服用一体"的办学模式；"服务层"是中心对口服务的各类企事业单位。

4. "校企合作开展技术研发与推广项目"产教融合发展模式

"校企合作开展技术研发与推广项目"是较为常见的产教融合模式，也是一种较为容易操作的产教融合发展模式。院校教师带领学生共同参与企业技术研发项目是提高人才培养质量的重要途径。但目前我国绝大部分院校由于"横向科研项目"管理与服务制度不健全、不完善，该种模式下，除极少部分入选各级政府"产学研合作项目"得到学校认可和支持外，绝大部分横向科研项目仍处于一种自发状态，甚至"地下"发展状态，远没有发挥该模式应有的作用，亟待学校通过管理制度创新，使之公开化、常态化[①]。

2.1.5 产教融合组织结构

创新驱动发展战略使高职院校与政府、行业、企业、中介之间的关系越来越紧密，并通过产教融合逐渐发展成为一个"命运共同体"[②]。高职院校应充分利用"多螺旋"创新组织结构加强产教融合教育教学综合改革，促进产教融合各因素效益最大化，实现与产教融合各主体之间的创新发展、协同发展与融合发展。

1. 产教融合组织形式

20世纪90年代，美国学者亨利·埃茨科威兹以及阿姆斯特丹科技学院的罗伊特·雷德斯多夫采用遗传学的三螺旋理论，解析知识经济时代"政府、产业和大学"三者之间的创新互动关系[③]。

然而，"三螺旋理论"无法解释我国"行业""中介"等产教融合多元主体的地位与作用，与我国当前的产教融合创新组织结构不甚符合。相反，由于产教融合中主体与客体相互作用的复杂性，存在"三螺旋"以上的可能性，且在实践中经历了由少到多的过程，因此，使用"多螺旋"进行理论架构更能形象说明和诠释我国产教融合中政府、行业、高职院校、企业、中介等创新主体与人才、技术、资金、项目、信息等影响因素之间的创新组织结构及其相互关系。

如图2-2所示，"政府—行业—院校—企业—中介"五螺旋创新组织结构，围绕合作项目（主要是技术技能人才培养项目、应用技术研发与推广项目），发挥各自的优势，形成强大的"内核"，在协同创新组织"聚合裂变"作用下，能够更好地推动高职院校产教融合发展，产生更大社会效益。

---

① 吉文林. 高职院校应用技术研发能力建设实践与探索[J]. 职教论坛，2015（6）：29-31+35.
② 方益权，黄云碧，郭丽莹. 基于命运共同体的我国高职院校产教融合新探索[J]. 职教论坛，2020（1）：128-132.
③ 王涛. 三螺旋理论视角下的产学研政策分析[J]. 教育学术月刊，2018（5）：46-53.

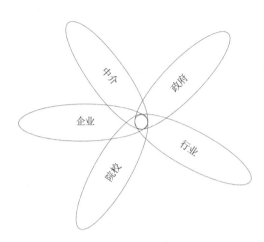

图 2-2 产教融合"五螺旋"结构示意图

2. 各主体的地位和作用

（1）政府。政府在产教融合中主要发挥主导和领导作用，《国务院办公厅关于深化产教融合的若干意见》亦强调"各省级人民政府要结合本地实际制定具体实施办法"。由于产教融合是准公益事业，同时又具有产业属性，仅仅依靠市场的自发调节机制是远远不够的，因此，政府在产教融合发展中居"主导"地位，只有确立政府的"主导"地位和"政府主导产教融合合作机制"，才能有效落实并实现产教融合的科学发展和可持续发展。政府通过立法工作规范行业、企业、高校等"主体"的产教融合行为，使产教融合发展有法可依、有章可循、有法必依、违法必究，进而保证产教融合的顺利实施，因此，政府在产教融合发展中应发挥"领导"作用。

（2）行业。行业在产教融合发展中主要发挥指导和督导作用。《国务院办公厅关于深化产教融合的若干意见》强调"强化行业协调指导"。行业协会或行业组织是由法人团体在自愿基础上，基于共同利益诉求而组成的一种民间性、非营利性的社会组织，是介于政府与企业之间、商品生产者和经营者之间，并为政府、企业提供咨询、沟通、监督、公正、自律、服务、协调的社会中介组织，是行业成员的利益代言人和利益维护者。尽管它不属于政府管理机构系列，但对所属行业之企业具有契约上的约束力，是联系所属企业与政府、高职院校及其他外部机构之间的"纽带"，在产教融合、校企合作管理系统中，行业组织处于"指导"地位。另外，组织通过对所属企业的产教融合监督，同时还通过参与高职院校理事会监督高职院校产教融合行为，发挥其监督功能。最后，行业也是产教融合发展的评估者。不论对企业产教融合建设成效，还是对高职院校产教融合建设成效，甚至对国家整体产教融合建设成效，行业都是独立于政府之外的权威的评估方。

（3）企业。《国务院办公厅关于深化产教融合的若干意见》亦强调"强化企业重要主体作用"，其表述语使用"重要"二字更加突出企业在产教融合的"重要主体"地位。企业作为"重要主体"，必须依法履行产教融合发展的相关责任与义务。企业在产教融合发展链条中是受益者，在产教融合中起"应用"作用。因此，在产教融合发展中，企业一方面是以"参与者"身份出现，另一方面是以"管理者"身份出现。企业直接参与教育教学改革、双师型师资队伍建设或投资合作开展技术研发项目、合作共建实验实训实习实践基地，院校培养的人才是否符合市场要求、技术成果是否能给社会带来经济效益、校企合作培养的人才是否符合企业的要求、校企合作开发的技术研发项目是否合乎企业的要求,都要由企业作最终的评价评估和价值判断。

(4)院校。"产教融合"是产业界与教育界的融合发展,产业界与教育界即院校与企业都是产教融合发展的"主体",是"双主体"。高职院校属于人才、技术、服务的"供给方"或"输出方",为了实现提升质量,办出特色,高职院校积极推动产教融合、校企合作教育教学改革,是产教融合发展的现实主体。产教融合的一切活动都是围绕着学院展开的,校地互动、校企合作积极开展校企联盟建设、学校理事会建设、双师双能型师资队伍建设、应用技术研发、专业建设、课程建设等活动基本上以学校为中心开展。另外,产教融合的终极目的是提高学院的人才培养质量,也是以学院的可持续健康发展为目的的。所以高职院校在产教融合发展中应当起"核心"作用,不能过分依赖其他产教融合主体。

(5)中介。《国务院办公厅关于深化产教融合的若干意见》指出,"积极培育市场导向、对接供需、精准服务、规范运作的产教融合服务组织(企业)"。所谓"服务组织",概指社会上的职业技术培训机构、大学生就业指导机构、技术转移与推广机构、风险投资公司、金融合作机构、社会基金会、社会第三方评价机构等中介组织,它们在产教融合发展中起"催化"作用。同时,产教融合主要是解决教育与产业(高校与企业)之间的"脱节"问题,而各种中介机构则是填补"真空地带"、实现高校与企业之间"精准对接"的桥梁与纽带。

2.2 高职教育产教融合现状剖析

2.2.1 产教融合的发展历程

高职教育产教融合的发展历程不同于高等教育,也不同于高职高专,大抵可分萌芽期、探索期、确定期三个阶段①。

1. 产教融合萌芽期(2002—2012)

1980年,天津职业大学创办,揭开了创办我国非师范高职院校的序幕。1985年国家颁布《中共中央关于教育体制改革的决定》后,全国先后建立起120余所高职学校,举办高等职业教育。直到20世纪90年代末,通过"三改一补"(高等专科学校、职业大学、成人高职院校改革;中等专业学校办高职班作为补充)大力发展高等职业教育,我国高等职业教育才开始快速发展。

新设高职院校的办学模式和人才培养模式大多数选择模仿本科高校。很长一段时间,"产学研合作"成为本科高校与高职院校开展校企合作的主要方式。

2002年,国务院发布《关于大力推进职业教育改革与发展的决定》,明确提出"大力推

---

① 南海. 新中国70年职业教育产教融合的发展历程——基于新时代马克思主义哲学发展观的审视[J]. 职业技术教育,2019,40(33):7-11.

行工学结合、校企合作的培养模式"。2004 年，教育部等七部门联合发布《关于进一步加强职业教育工作的若干意见》，提出"推动产教结合，加强校企合作"。这一时期，尽管国家屡次强调加强"工学结合""产教结合"人才培养模式改革，但由于新设高职院校正处于规模扩张期，对"职业教育"具有排斥心理，仍然"眼睛往上"追随本科，热衷于"产学研合作"，并希望通过"产学研合作"尽快提高学校的学科、专业和科研水平，只有部分学校、部分专业出于人才培养的实际需要开展一些校企合作活动。与"工学结合"相比，"产学研合作"毕竟更加"高大上"，更容易为师生所接受。

这一时期，高职院校在办学模式和人才培养模式方面，总体上处于"摇摆不定"的探索阶段，既极力模仿本科院校的"产学研合作"，也积极探索职业教育的"校企合作"，但"校企合作"属于高职院校办学模式和人才培养模式的"末流"，"关门办学""校企两张皮"是高职院校当时的真实状况。这一时期，高职院校在理论上并没有提出"产教融合"的人才培养模式，校企合作停留在"产教结合""产学研合作"等浅层次的校企合作层面，所以此阶段笔者称为"产教融合萌芽期"。

2. 产教融合探索期（2013—2016）

2013 年 11 月，《中共中央关于全面深化改革若干重大问题的决定》中明确表示"加快现代职业教育体系建设，深化产教融合、校企合作，培养高素质劳动者和技能型人才"，为高职院校"转型发展"进一步指明了发展方向，核心理论就是"产教融合、校企合作"的办学模式和人才培养模式。2014 年 2 月，习近平总书记对全国职业教育工作会议作出批示："坚持产教融合、校企合作，坚持工学结合、知行合一，引导社会各界特别是行业企业积极支持职业教育，努力建设中国特色职业教育体系"。2014 年 6 月，教育部等六部门联合发布《现代职业教育体系建设规划（2014—2020 年）》，再次强调"坚持产教融合发展"。

2016 年 1 月，教育部下发《关于编制"十三五"产教融合发展工程规划项目建设方案的通知》，决定启动"十三五产教融合发展工程规划建设项目"，在实践层面重点支持产教融合的发展。

从 2013 年至 2016 年，我国高职教育重点在探索"产教融合、校企合作"的人才培养模式上，此阶段是"产教融合探索期"。

3. 产教融合确定期（2017 年至今）

2017 年 1 月，国务院印发《国家教育事业发展"十三五"规划》，规划指出：高等职业教育的办学模式要转到产教融合、校企合作上来，到"十三五"末，建成一批直接为区域发展和产业振兴服务的中国特色高水平院校。是年 10 月，十九大报告明确要求"完善职业教育和培训体系，深化产教融合、校企合作"，标志着"产教融合"已经上升为一种国家制度安排和新时代治国方略。是年 12 月，国务院办公厅印发《关于深化产教融合的若干意见》，强调"深化产教融合，促进教育链、人才链与产业链、创新链有机衔接，是当前推进人力资源供给侧结构性改革的迫切要求"。"产教融合"成为新时代职业教育的新理念、新思维、新模式。

2018 年至今，响应十九大报告和《国务院办公厅关于深化产教融合的若干意见》号召，一些地方人民政府也开始出台深化产教融合的地方法规，开始用地方法规的形式对落实

"深化产教融合改革"的高职院校给予政府财政支持,对落实"深化产教融合改革"的相关企业给予政府财政支持和优惠政策。

2017年以来,国家层面出台了一系列有关产教融合的政策,尤其是《国务院办公厅关于深化产教融合的若干意见》,确定了产教融合的办学模式,明确了各省级人民政府、国务院各职能部门的重点分工,这一时期是"产教融合确定期"。

2.2.2 产教融合的建设成效

如前所述,高职教育20多年的发展历史中,一直致力于校企合作、产学研合作、转型发展和产教融合教育教学改革活动,有力地推动了我国整个高职教育的改革与发展,并取得了一定的成效[①]。

1. 产教融合教育观念获得一定认可

很长一段时间,高职院校很多教师基本沿袭"备教材—讲教材"课堂教学模式,重理论轻技术、重课堂教学轻实践教学现象非常普遍,造成毕业生就业"高不成、低不就"。尽管教育部评估工作中要求高职院校确定技术技能人才培养定位,但是,到底该怎样系统开展技术技能人才培养,很多高职院校都很困惑。2014年全国职业教育工作会议召开,促进了高职院校产教融合教育教学活动改革,产教融合的教育观念获得一定程度的认可。在教师问卷调查中,面对"您认为产教融合对教育教学改革有必要吗"这一问题,选择"非常必要"的占66.2%,选择"必要"的占32.1%,可见,98.3%的受访者都认为产教融合对高职院校教育教学改革"非常必要"或"必要"。在对学生进行问卷调查时,回答"您对深化产教融合的态度怎样",有40.5%的学生选择"非常赞同",有31.5%的学生选择"赞同"。可见,产教融合、校企合作教育观点已为高职院校广大教师学生所认可。

由此可以看出,一方面,高职院校的广大教师是关心、拥护和支持"转型发展""产教融合、校企合作"教育教学改革的。很多教师立足转型发展、产教融合,结合专业教学实际,积极探索产教融合、校企合作教育教学改革,并撰写相关论文。另一方面,"产教融合、校企合作"已在高职院校教师群体中获得一定的认可度,并逐渐成为高职院校广大教师自觉践行的教育教学理念。

2. 产教融合促使院校优化内部治理结构

产教融合工作的有力推进,有力助推了高校内部治理结构的创新,促进学校层面的理事会(董事会)组织建设。高职院校已经开始重视产教融合、校企合作的组织建设,学校主要通过吸收地方政府领导、行业企业优秀专业技术人员为理事会(董事会)或校企合作指导委员会成员,定期、不定期参与学校的重大决策活动,通过内部治理结构创新,形成较好的校地、校企合作工作机制,密切了政府、企业、行业高校的关系,获得了各方的支持。

3. 产教融合推动人才培养模式持续创新

产教融合、校企合作既是高职院校的办学模式,也是高职院校的人才培养模式。近年

---

① 周晶. 中国职业教育发展的根本方向——40年来职业教育产教融合发展的历程、规律与创新[J]. 职业技术教育,2018,39(18):6-16.

来,高职院校围绕人才培养模式改革,一是强化产教融合"双主体"人才培养模式,把"校企双主体"落实到专业人才培养的全过程。二是推进产教融合"三对接"教学模式。即根据"专业链与产业链对接、课程内容与职业标准对接、教学过程与生产过程对接"原则,在教学内容改革上,引入行业企业领域的新标准、新知识、新技术、新工艺,把教学内容融入设计或生产过程,增强教学内容的先进性、实践性和适用性;在教学方法改革上,以项目式、案例式为突破口,全面带动启发式、讨论式、翻转课堂等教学方法改革,实现"教、学、做、评"一体化,着力培养学生的应用能力和创新能力;在课程改革方面,以技术技能和创新创业能力培养为核心,根据职业能力需求设置课程,构建以实践性课程模块为特征的课程群,强化实践能力和创新能力的培养。三是强化实践教学。适当压缩理论课时比例,提高实践学分所占比例,应用型专业实践学分得到提升。四是开展创新创业教育活动。

4. 产教融合促进了专业建设发展

高职院校在推动产教融合、校企合作发展过程中,围绕本地主导产业、特色产业和战略性新兴产业,通过"错位发展"和"破旧立新"的方法,校企合作共建协同创新团队、培养学科带头人、共建产教融合发展平台、共同申报重大科研项目,极大促进了高职院校的新兴专业、复合专业发展。近年来,高职院校新增省级重点专业和校级重点专业几乎是与地方主导产业、特色产业紧密联系的专业。

5. 产教融合推进了高职院校社会服务能力提升

产教融合平台既包括创新创业园、产业园、科技园、孵化器、研发中心、重点实验室、研究所、研究基地、实验实训实习实践基地、职业教育集团、地方产业研究院等硬件平台,也包括产学研合作项目、学校理事会、二级学院董事会以及相关管理制度等软件平台,平台建设为产教融合的顺利推进和人才培养提供了有力的支撑。

服务地方(区域)产业经济和社会发展是高职院校的三大基本功能之一。近年来,高职院校树立"亲近地方、亲近产业"理念和"主动服务"意识,通过"社会服务能力提升工程""服务地方行动计划"等方式,大力开展社会服务活动。一是提供人才服务,即产教融合、校企合作自觉培养地方(区域)急需的各种技术技能人才,同时通过教师下乡进企等活动为地方产业经济和社会发展提供高层次人才服务;二是提供资源服务,即充分利用高校图书馆、体育馆、先进实验室、研发中心等优势高等教育资源为地方(区域)提供资源服务;三是提供智库服务,即紧紧围绕地方(区域)政府重大发展战略,通过决策咨询报告、调研报告、研究报告等及时为政府提供建议和对策。

2.2.3 产教融合的现实困境

虽然部分高职院校在推进"产教融合、校企合作"教育教学改革方面取得了一定的建设成效,但也要看到,目前依然处于"点上形势喜人,面上依然落后"的局面,很多院校深化产教融合改革仍面临诸多困境。

1. 办学体制:企业办学主体地位不突出

发挥企业重要办学主体作用,是《国务院办公厅关于深化产教融合的若干意见》中"提高行业企业参与办学程度,健全多元化办学体制"的主要目标。企业主体地位的发挥,在确保教学内容、培养规格、人才供给适应产业发展实际需求等方面，发挥着不可替代的作用。

近年来，为完善学校治理体系建设，发挥企业办学主体作用，许多高职院校纷纷成立董事会、理事会、专业建设指导委员会等机构，但这类机构的设置大多处于模糊状态，或为评估、或为验收而建，并未形成制度上的保障①。总体来看，目前在学校治理方面，企业话语权缺失，参与学校管理的程度不深。根据2019年各省级教育主管部门发布的质量年报数据，当前产教融合的主要衡量指标有产学合作企业数、订单培养数、接收顶岗实习学生数及毕业生数、校企共同开发课程数、教材数、兼职教师数等（如表2-1所示）。以某省为例，从高职院校产教融合、校企合作基本状况数据的变化趋势看，企业参与办学的积极性在逐年提高。然而，认真分析发现，在上述指标体系中缺少企业参与专业建设、人才培养方案制定、企业资金设备投入及校企共同解决技术、工艺难题等反映企业深度参与人才培养工作的贡献性指标②，说明当前企业参与办学程度不深，企业办学主体地位并不突出。

表 2-1 某省高职院校产教融合、校企合作基本情况

数据指标	2017 年	2018 年	2019 年
产学合作企业数/个	19 556	19 268	20 779
与产学合作企业订单培养数/人	24 223	25 052	27 634
产学合作企业接收顶岗实习学生数/人	113 391	101 369	109 984
与产学合作企业共同开发课程数/门	3 330	3 736	4 182
校企合作开发课程总门数/门	8 408	8 937	9 842
与产学合作企业共同开发教材数/种	2 018	2 161	2 146
产学合作企业接收毕业生就业数/人	44 831	41 421	45 736
校外实习实训基地接收应届毕业生就业数/人	43 858	56 688	63 931
企业录用顶岗实习应届毕业生数/人	160 483	172 212	151 195
企业兼职教师数/人	16 257	16 933	19 742

2. 育人机制：校企协同育人机制不健全

校企协同育人机制是保障产教融合的一个重要方面。近年来，为推进产教资源整合，高职院校不断健全教育与产业的联动机制。一是推进职业教育集团化办学；二是引企入校，建立产业学院；三是创新合作模式，打造产学职教联盟；四是探索现代学徒制。截至目前，国家层面组建了56个行业职业教育教学指导委员会，建成1 500多个职教集团，覆盖了90%

---

① 汪清. 我国高职院校校企合作存在的问题与对策研究［D］. 济南：山东大学，2015.
② 唐飞，孙冲武. 企业在产教融合中参与积极性不高的原因分析［J］. 职业，2018（18）：120.

的高职院校①，广泛开展订单培养、校中厂、厂中校、现代学徒制等，基本形成产教协同发展和校企协同育人的格局。

总的来看，由于我国职业教育起步晚，目前校企协同育人机制并不健全，导致产教融合未能在深层次开展。有关调查显示，相当多的产教融合、校企合作依靠"人情维系"，而不是"制度保障"，校企合作"合而不深"的尴尬局面广泛存在。一是制度保障机制不足。尽管国家政策将"产教融合、校企合作"提升到前所未有的高度，但这些政策大多属于倡导和鼓励性的行政条文，并不具备法律层面上的强制性和约束性，执行起来力度不大②，校企协同育人缺乏刚性保障。二是育人动力机制不足。虽然劳动法、教育法、高等教育法、职业教育法等法律条文涉及一些校企合作的相关表述，但具体的实施细则并不健全，激励性、约束性的配套政策不足，导致行业企业参与的积极性、主动性不高，育人动力发挥不足。三是校企协同育人沟通机制不畅，校企之间的沟通大多停留在自为自发、随意无序的状态，学校无法及时掌握行业企业需求信息，造成人才培养目标与社会需求相脱节，课程体系更新、专业设置调整缓慢，实际育人效果大打折扣。

3. 人才供求：教育供给与产业需求结构性失衡

产业转型升级需要技术技能人才培养体系与之相适应。传统产业的淘汰或转型、新兴产业的兴起必然带来劳动力市场人力资源结构的变化，需要职业教育在人才培养的结构上做出相应调整。近年来，为对接产业发展需求，高职院校纷纷调整优化专业布局。《2019中国高等职业教育质量年度报告》显示，2018年全国高职院校对接产业高端和高端产业，面向智能制造、高端装备、新一代信息技术等领域的专业点数达到13 000个，较2017年增加1 000多个③，增幅明显。

尽管通过整合原有专业、淘汰落后专业、开发新兴专业，高职院校积极推动人才培养供给侧结构性改革，为产业发展不断优化人才供给，但与满足我国经济结构调整和产业发展趋势的新需求相比，仍然存在较大差距。具体表现为：高职教育人才培养层次、类型与产业布局和发展需求不适应，如会计、财务等与传统服务业相关的专业人才供过于求，而与现代服务业、先进制造业、战略性新兴产业等相关专业的高技术技能人才严重紧缺，与当前我国产业结构调整的步调不一致。教育部公布的全国普通专科分专业大类学生数显示，2018年全国高职院校涉及第一产业的农、林、牧、渔大类毕业生6.05万人，涉及第二产业的资源环境与安全、土建、水利、装备、生物化工、轻工、食品药品等8个专业大类毕业生99.15万人，涉及第三产业的交通运输、电子信息、医药、财经、旅游、艺术、公共管理等11个专业大类毕业生366.47万人④；三大产业相关专业毕业生人数比例为1.65∶27.05∶71.3，与同期全国三次产业比重4.2∶36.1∶59.7⑤相比，结构偏离度分别为 -2.55、-9.05、11.6（如表2-2所示），说明当前人才教育供给与产业需求存在较大结构性矛盾。

---

① 谢俐. 中国特色高职教育发展的方位、方向与方略 [J]. 现代教育管理，2019 (4)：2.
② 汪清. 我国高职院校校企合作存在的问题与对策研究 [D]. 济南：山东大学，2015.
③ 育人成效持续向好，服务能力有待提高 [N]. 中国教育报，2019-06-25 (9).
④ 2018年全国教育统计数据 [EB/OL]. [2019-08-11]. http：//www. moe. gov. cn/s78/A03/moe_560/jytjsj_2018/qg/201908/t20190812_394284. html.
⑤ 三次产业贡献率 [EB/OL]. [2019-08-25]. http：//da-ta. stats. gov. cn/easyquery. htm? cn = C01&zb = A0201&sj = 2018.

表 2-2 人才教育供给与产业需求结构的偏离度

年份	产业结构			对应的高职专业毕业生比例			结构偏离度		
	第三产业	第一产业	第二产业	第三产业	第一产业	第二产业	第三产业	第一产业	第二产业
2017	4.8	35.7	59.6	1.6	27.4	71	-3.2	-8.3	11.4
2018	4.2	36.1	59.7	1.65	27.05	71.3	-2.55	-9.05	11.6

4. 服务贡献：高职教育对产业发展贡献度不高

高职院校具有与地方行业、企业紧密结合的天然优势，在区域经济发展中理应更多地为地方行业、企业提供支持，充当行业、企业应用技术研发的"孵化器"和成果转化的"试验田"[①]。从实践来看，在 2018 年全国"服务贡献 50 强"院校中，横向技术服务、纵向科研服务和面向社会成员的培训到款额 3 项指标，中位数分别比 2017 年增长了 110%、26% 和 22%[②]。在广东省，高职教育横向技术服务、技术交易收入、社会培训等指标数据在逐年增加，呈现出良好的发展态势（如表 2-3 所示），说明近年来高职教育更加重视拓展技术服务和社会培训，对接企业需求，提升对产业的服务贡献度。

从全国高职院校技术服务到款额看，无论是纵向的政府购买服务还是横向的社会委托服务，不到 100 万元的院校占 75%；10 万元以下的院校占 50%；其中，横向和纵向技术服务到款额为 0 的院校分别占 40% 和 20%[③]。从目前高职院校技术服务及社会培训的相关核心指标来看，企业技术研发服务和核心人员培训的高层次、紧密型合作也很少涉及。整体而言，高职教育对产业发展贡献度依然不高。

表 2-3 某省高职院校服务贡献情况

指标类型	指标	2017 年	2018 年
技术研发服务	横向技术服务到款额/万元	16 192.70	27 824.43
	横向技术服务产生的经济效益/万元	21 553.46	43 157.33
	纵向科研经费到款额/万元	17 916.97	21 287.38
	技术交易到款额/万元	6 942.32	3 931.22
培训服务	非学历培训到款额/万元	38 573.61	48 079.80
	公益性培训服务/人日	912 281	1 616 716

---

① 李春鹏. 广西高等职业教育产教融合现状分析与对策 [J]. 广西师范学院学报，2014（2）：109.
② 曹晔. 关于新时代产教融合的几点思考 [J]. 教育与职业. 2018（18）：6.
③ 育人成效持续向好，服务能力有待提高 [N]. 中国教育报，2019-06-25（09）.

2.2.4 产教融合改革缓慢的原因剖析

1. 政府层面：主导作用发挥不充分，宏观调控职能履行不力

政府在促进产教融合、校企合作中具有重要作用。产业和教育作为人才需求与供给的两方，从长远看，通过产教融合整合双方优势有利于社会效益的提高，但由于产业属于生产性、营利性行业，教育属于消费性、公益性行业，二者利益诉求不同，在这种情况下，就需要代表社会整体利益的政府出面来主导和推进产教融合。当前，我国政府在产教融合法律法规制定、管理体制构建、约束及监督机制保障等方面均存在不足，因此在主导产教融合过程中的宏观调控职能履行不力。首先，我国政府没有出台关于企业参与职业教育的强制性法律法规，现行的《中华人民共和国职业教育法》第六条指出"行业组织和企业、事业组织应当依法履行实施职业教育的义务"①，这里使用"应当"而不是"必须"字样，强制性和约束性不足，难以为产教融合提供制度化保障；其次，由于我国行业、企业与职业教育有着不同的上级管理部门，体制机制运行方式也不同②，受制于这种"多头管理、条块分割"的管理体制，已有政策对企业参与产教融合的激励性、约束性和问责性十分有限，导致产教融合活力不足、效率不高；最后，政府作为政策的实施机构，缺乏建立相应的约束机制及监督机制，产教融合各主体权、责、利得不到有效约束和保护，导致各方独善其身，形式主义盛行，产教融合政策落实困难，执行起来举步维艰，后续力不足，产教融合处于无序化和表面化的状况。

2. 院校层面：服务产业发展能力不足，缺乏产教融合吸引力

长期以来，校企合作、产教融合一直是我国职业教育发展的难题或制约瓶颈，究其深层原因，学校在开展产教融合过程中服务产业发展能力不足、对企业发展促进作用不强是关键性制约因素。首先，专业设置与产业发展需求契合度不高。2018 年高职教育人才供给与产业需求的结构偏离度分别为 -2.55、-9.05、11.6，表明当前高职院校专业结构调整滞后，人才培养和产业需求"两张皮"问题严重。其次，教学改革深度不够。一方面，现有高职教育专业教材内容"陈旧"，针对性和时效性不足，缺乏对产业升级转型的引领创新；另一方面，课程结构设置传统，理论与实践课程设置相差较大，实训设备落后，实践课程欠缺，学生的实践能力无法适应现代产业发展需要。再次，师资队伍建设薄弱，技术力量不强。当前，高职院校真正具备既能传授理论知识又能指导学生实训的"双师型"教师严重缺乏，大部分教师缺乏行业企业工作经历，不具备与行业企业对接的基础。最后，技术研发服务能力有限。高职院校研发团队普遍缺乏高职教育产教融合的诉求、困境、成因及路径，服务于企业工艺流程再造、技术革新和产品升级的能力较弱，诱发企业与之合作的吸引力不强，这使学校推进产教融合进程缓慢。

3. 企业层面：利益驱动不足，参与产教融合动力不足

企业在产教融合中发挥着至关重要的作用。《国务院办公厅关于深化产教融合的若干意

---

① 叶帅奇，蔡玉俊. 产教融合现状反思与改革路径 [J]. 职业技术教育. 2019 (21)：29-30.
② 孙杰，等. 高职教育推进产教融合、校企合作机制改革的研究与实践 [J]. 中国职业技术教育. 2018 (3)：60.

见》中明确指出，要进一步增强企业在产教融合中的地位，鼓励企业通过合作、合资以及独资等方式积极参与到高职教育改革中。当前，由于利益驱动不足，企业参与合作育人的积极性并不高，使得企业在合作中的主体作用缺失。首先，我国体力依赖为主而非技能依赖为主的企业大量存在，它们更多关注的是当前的经济效益和生产程序的稳定化，未能看到产教融合、校企合作给企业带来的长远效益，导致企业参与产教融合的意识淡薄。其次，企业参与职业教育短期收效甚微。在落实产教融合的过程中，企业在短时间内需要投入一定的人力、资金、设备和场地，在人才培养和技术研发上更是要花费大量时间和精力，而技术研发和服务创新一般周期长、见效慢，无法在短时间内完成现实生产力的转化。作为高职院校主要服务对象的中小企业，往往追求短期利益，为了保障自身生产秩序、产品质量和经济效益，更加缺乏参与校企合作的动力。

2.3　高职教育产教融合发展建议

高职教育深化产教融合发展是一项具有跨界性、长期性、复杂性、艰巨性的系统改革工程，仅仅依靠某方面推动是远远不够的，需要政府、行业、企业、学校、社会中介多方主体联合行动、协同发展，通过制度保障、组织保障、资金保障、监督保障以及开展产教融合发展工程等活动来确保产教融合改革落到实处。

2.3.1　认知产教融合发展基本原则

高职院校深化产教融合的教育教学改革应稳步推进，不能冒进，也不能搞"一刀切"，要采取重点支持、尊重规律、分类实施等策略。

1. 重点支持，示范引领

2016 年，国家决定在全国范围内开展"十三五"产教融合发展工程规划项目，在"十三五"期间重点支持产教融合发展工程高校。2018 年，教育部会同有关部门印发了《职业学校校企合作促进办法》（教职成〔2018〕1 号），明确了职业学校校企合作的目标原则、实施主体、合作形式、促进措施和监督保障，建立健全校企合作的基本制度框架。《国务院办公厅关于深化产教融合的若干意见》（国办发〔2017〕95 号）、《国务院关于印发国家职业教育改革实施方案的通知》（国发〔2019〕4 号）都明确要求"引导一批院校开展深化产教融合试点工作"，用这些经验示范引领其他高职院校开展产教融合教育教学改革。2019 年 3 月，国家发展改革委、教育部联合印发《建设产教融合型企业实施办法（试行）》（发改社会〔2019〕590 号），对进入目录的产教融合型企业给予"金融+财政+土地+信用"的组合式激励，遴选了先期重点建设培育的产教融合型企业 24 家。4 月，财政部印发《关于调整部分政府性基金有关政策的通知》（财税〔2019〕46 号），明确"2019 年 1 月 1 日起，纳入产教融合型企业建设培育范围的试点企业，兴办职业教育的投资符合本通知规定的，可按投资额的 30% 比例，抵免该企业当年应缴教育费附加和地方教育附加"。9 月，教育部会同国家发展改革委等部门出台《国家产教融合建设试点实施方案》（发改社会〔2019〕1558

号），在全国开展产教融合试点。

2. 尊重规律，适时推进

全面深化产教融合教育教学改革不是件容易的事，国家、地方都需要投入大批资金进行专业改造、技术研发、产教融合平台建设等；国家在制定政策时也是基于这些考虑，并不是搞"一刀切"，应当省级统筹、协同推进，积极引导社会力量办学，发挥企业重要办学主体作用，用好集团化办学形式，支持校企、校地共建电子商务特色二级学院，鼓励职业院校或校企共建一批校内实训基地，提升重点专业建设和校企合作育人水平，推进现代学徒制人才培养模式改革。不断完善政策保障，稳步推进现代学徒制人才培养模式改革，引导电子商务相关企业招收与招工相结合，实行校企联合招生、联合培养。

3. 区别对待，分类实施

尽管国家要求高职院校都需要开展"深化产教融合、校企合作"改革，但也不是所有专业都适宜全面开展"深化产教融合"教育教学改革，而是适宜于"应用型"较强的专业，应区分学校类型和专业性质，区别对待，分类稳步实施，主要从毕业生输送、技术研发与实务，以及社会培训和文化传承等三个方面分析与研究。

2.3.2 深化产教融合教育教学改革

高职院校要研究制定中长期"产教融合发展工程"及其实施方案，明确"工程"的重大意义、指导思想、发展目标、主要任务、保障措施和重点项目。同时研究制订相应的"深化产教融合实施方案"以及"重点项目建设行动计划"作为"工程"下位的配套改革措施，不断深化产教融合教育教学改革。

1. 围绕"三对接"，深化教育教学改革

深化产教融合，关键要使专业链与产业链、课程内容与职业标准、教学过程与生产过程对接，高职院校要围绕"三对接"，深化教学改革。

（1）深化专业结构性改革。高职院校应围绕"专业链与产业链对接"，深化专业结构性改革，使专业与地方产业的关系更加密切。一是调整优化专业布局结构，瞄准地方特色产业、主导产业、战略性新兴产业，通过校地互动、校企合作共建专业。通过专业供给侧结构性改革，逐步建立结构合理、紧密对接区域产业链、人才链和创新链的专业体系。二是建立专业预警和退出机制，对于不达标的专业，及时压缩招生规模或暂停招生，把市场供求比例、就业质量作为学校设置新专业、调整旧专业、确定培养规模的重要依据。三是重点建设特色专业，应"选择空位，独占其位，合理错位，各安其位，适时移位，不留空位，整体到位，走特色发展之路"，与地方（区域）主导产业、特色产业、战略性新兴产业的大中型企业合作共建复合型、交叉型特色专业。四是加强专业集群建设，结合自身的实际，重点打造特色鲜明的专业集群。

（2）加强能力导向课程建设。高职院校应在现有课程改革与建设基础上，按照"课程内容与职业标准对接"原则，进一步加大课程建设力度。一是进一步加强"模块化"课程建设，根据某一职业或岗位的特点分析出该职业或岗位所需的具体的能力结构和水平（即能力要素），再根据一个个能力要素确定具体的培养目标和培养该能力所需的课程模块内容。二是逐步建立能力导向课程体系，对照职业技术标准和职业技术能力需求，校企合作建立基于"工作场景"的能力导向课程，逐步建立能力导向课程体系，把产业发展动态、科技动态、科技成果融入课程体系。三是加强新型教材建设，聘请技术专家参与教材建设，更新教材内容，融入专业技术发展前沿和产业发展趋势，倡导编撰反映现代产业技术发展前沿的新型教材。四是加强课程建设与评价工作，注重教学成效，积极开展校企为主体的多元教学评价活动。

（3）明确人才培养定位。高职院校的产教融合必须与人才培养目标和培养质量相适应，因此，按照"教学过程与生产过程相对接"原则，全面实施教学改革就是当务之急。一是在人才培养观念上，突出人才培养的职业适应性、创新性和培养规格的多样性。二是在人才培养主体上，突出"校企双主体"，适应产教融合、校企合作发展需要，逐步实现由"学校教师单主体"向"学校教师为主、企业导师为辅的双主体"的转变，突出"双主体"教育教学模式。三是在人才培养方案上，实行动态修订机制，实现由"静态的、基于学科专业知识体系的人才培养方案"向"动态的、基于产业职业技术需求的人才培养方案"的转变。四是在人才培养模式上，运用"大学生创新创业园""校企共建行业学院""校企合作开展技术研发与推广项目""新型工学交替""大师工作室""现代学徒制"等产教融合人才培养模式。通过产教融合人才培养模式创新，推进"六个共同"，即校企共同制定人才培养方案、共同实施教学、共同评价人才质量、共同培育师资、共同开展研发、共同组建基地，实现"六个合作"，即合作办学、合作育人、合作研发、合作就业、合作共赢、合作发展。五是在课堂教学上，突出产业、专业最新前沿知识与技术，不断更新知识结构，逐步实现由"基础理论教学为主"向"基础理论教学为主、产业前沿发展技术为辅"的转变。六是在实践教学上，突出职业技术与应用技术的掌握，逐步实现由"学生了解、熟悉专业技术操作流程为主"向"学生参与技术研发项目为主、掌握技术操作流程为辅"的转变。七是在教学方法上，由"讲授式"向"以项目式、案例式为主"的转变，大力推行基于"真实工作场所"的探究式、项目化实践教学方法。八是在"互联网+"教育上，充分利用大数据、云计算等现代互联网技术，大力发展"互联网+教育培训"教育，积极引进网络优质课程资源，通过自主开发或购买产业技术课程和职业培训包等形式，加强对学生的技术技能教育和职业技能等级评价的支持与服务。九是在课程考核上，突出"多元化"考核方式，应加强过程考核，逐步实现由"闭卷考试为主"向"多元化考试方式"的转变。

2. 坚持"技术技能"，深化供给结构性改革

深化产教融合教育教学改革，应该重视专业发展，注重教学，也注重科研。

（1）深化专业结构改革。以优化专业契合产业发展为着力点，通过建设重点专业、品牌专业、特色专业等项目推进人力资源供给侧结构性改革，通过优化专业与产业的联动，调整相关专业设置、增设新兴产业、发展急需专业、停办不适应新形势发展的专业来促进人才培养与产业需求对接。

（2）深化科研结构性改革。高职院校总体科研水平较低、科研成果转化率较低，与政府诉求、企业需求、社会期望差距甚远，不论是从提高教学水平、人才培养质量角度，还是从提高社会服务水平、促进地方经济发展的角度，都应该加强科学研究供给侧结构性改革。

产教融合就是要加强技术研发，促进产业技术进步。在科研定位上，应扬长避短、错位发展，强调应用性研究，重视最新科技成果的应用、转化和推广，逐步实现科研定位从"基础理论研究为主、应用技术研究为辅"向"应用技术研究为主、基础理论研究为辅"的转变，不苛求"顶天"，但必须力争"立地"。

（3）提高社会发展能力。高职院校应积极发挥社会服务基本职能，逐步实现由"以间接服务为主"向"以直接服务为主"、由"以自发服务为主"向"以自觉服务为主"、由"自我为中心服务"向"他方为中心服务"、由"需求驱动为主"向"内生驱动为主"的转变、由"粗放型社会服务"向"精准型社会服务"的转变。社会服务是产教融合发展的"突破口"，学校应完善奖惩制度，加大应用性科研投入力度，紧紧围绕地方行业企业急需的技术研发、应用与推广项目，产教融合、校企合作共同开展技术研发与推广项目活动。

3. 围绕"双师双能"，深化高校人事制度改革

产教融合发展首先是"人"的融合发展，只有广大教师积极参与的产教融合发展才是真正的产教融合发展。以人事制度改革为抓手，积极调动广大教师参与产教融合的积极性，实现整体师资队伍由"以理论型师资为主"向"以双师型师资队伍为主"的转变，逐步打造一支水平较高、技术过硬、结构合理、专兼聘相结合、与产教融合发展相适应的师资队伍。

（1）着力调整师资队伍结构。新时代，高职院校首先应继续调整师资队伍的生师比结构。合理的生师比结构是人才培养质量的根本保证，应通过多条途径增加专业教师数量，使生师比真正达到16∶1左右。其次，调整师资队伍的学历结构、专业结构，通过专业培训、专业转型等手段，引导部分教师向双师素质发展，实践教学能力、科研能力和服务社会能力。最后，调整师资队伍的行业结构，通过校地互动、校企合作，积极引进行业企业优秀专业技术人员，弥补师资不足。

（2）加强双师双能型队伍建设。在"双师双能型"之中，更应强调"双能型"。所谓"双能型"，即专业理论教学能力、职业技术教学能力"双强"。为此，要根据专业教学的实际需要，适量聘请行业企业优秀专业技术人员充实师资队伍。完善引进行业企业优秀专业技术人员管理制度，防止乱引进、假引进，主要围绕优势特色学科专业集群以及特色专业聘请行业企业优秀专业技术人才、管理人才和高技能人才作为专业建设兼职教师。同时，每年选派一定数量的中青年教师下企业、下基层，接受专业技术培训，掌握新知识、新技术、新工艺、新产品等产业发展状况。通过人才交流、挂职锻炼、技术支援等方式，争取每位专业教师每隔四年左右都要有一次为期一年或半年的行业企业专业技术技能培养培训，并参与行业企业技术研发项目，及时了解产业最新发展前沿动态，不使教学内容与产业发展相脱节。

（3）加强带头人团队建设。带头人包括专业带头人、教学带头人（即教学名师）、科研带头人（即学术带头人），学校应通过各种"人才工程建设"有计划地加强带头人建设。带头人团队建设需要组建"四跨"协同创新团队，即跨学科、跨专业、跨产业、跨学校合作共建的协同创新团队。对高职院校而言，不管是校级"四跨"协同创新团队还是省级协同创新团队，"四跨"协同创新团队越多越好。

（4）提高教师的国际化水平。加强国际交流与合作是提高教师国际化水平的重要途径，

高职院校应着力提高教师的国际化水平。学校应根据国际化发展规划，设立国际化建设专项资金，以保证学校师生尽可能多地参与国际合作与交流项目；创新国际交流与合作的管理制度，与地方行业企业合作开展国际交流与合作活动；围绕地方产业企业发展急需的技术，逐步实现由"引进国外优质高等教育资源"向"引进国外特色高等教育资源"的转变。

4. 围绕"合作共建"，加强产教融合平台建设

目前，高职院校产教融合平台建设虽然获得一定的发展，但总体上数量少、水平低、平台主体责权利关系不明确、不对称，不能满足产教融合发展的需要，需要加强产教融合平台建设，包括信息中介、合作委员会、科技园、研究院、研发中心、校企联盟等物质性平台和非物质性平台。

（1）加强人才培养平台建设。人才培养是高职院校的核心，专业建设平台以及与教育教学相关的实训室、训练室、工程技术训练中心、企业工作室、校内实训基地、校内外实践基地、大学生科技园、产业园、创新创业孵化器以及文体设施等硬件是必不可少的，同时还应该加强与硬件建设相配套的管理制度、合作机制、合作委员会等软件建设。产教融合平台丰富实质性内容、发挥实质性作用才能对学校应用型人才培养产生最大效益。

（2）加强科研平台建设。高职院校应充分利用政府产学研合作项目、产教融合发展工程建设项目、企业技术研发项目，积极建设重点实验室、技术研发中心、工程研究中心、产业技术研究室、文科研究基地（中心）、科研成果转移公司（中心）、中试和工程化基地等应用性科研硬件，同时也应着力加强与之相应的科研管理制度、合作委员会、研究院、研究所、科技信息等非物质软件建设。

（3）加强教师成长平台建设。师资队伍包括"校内师资队伍"和"校外师资队伍"，不管是教师进企业，还是企业优秀专业技术人员进校园，客观都需要合作平台。合作平台既包括校企合作共建的研发中心、科技园、企业工作室、校内外研究基地等硬件，也包括"教师进企业合作管理办法""企业优秀专业技术人员进校园合作管理办法""合作研发技术""合作项目""合作委员会""校企联盟""合作交流处"等非物质性软件。

（4）加强社会服务平台建设。从近几年高职院校发展的实践来看，企业最乐意高校帮助他们在企业内建设研发中心（包括实验室、研究基地、研究所等），在企业内共建共享研发中心，企业的热情度相对较高，软硬件投资相对比较积极。适应市场发展需要，新时期，高职院校应站在行业企业角度，在人力、物力、财力上帮助行业企业建设研发中心等产教融合平台。校外产教融合平台只要使用得当，与校内产教融合平台可以发挥同样的作用。在帮助地方企业建设产教融合平台的同时，高职院校更应多方筹集资金，积极筹建校内各种产教融合平台，助推区域产业转型升级。

（5）建立长效的体制机制。深化产教融合教育教学改革，关键在于高职院校的管理制度是否规范、科学，是否精细具有可操作性。一是推进学校内部治理结构改革，由"高校内部管理"向"高校内部多元治理"转变，建立学校、地方、行业、企业和社区共同参与的合作办学、合作治理机制。二是深化产教融合配套性管理制度改革，把理事会（董事会）治理制度、产教融合发展战略、校地校企协同创新发展战略等内容写入大学章程，使章程内容更丰富、更完善、更科学，更有利于指导学校未来的科学发展，逐步探索并建立基于产教

融合发展需要的人才培养、师资队伍建设、应用性科学研究、学科和专业设置与管理、课程建设、服务地方等各种管理制度体系，逐步探索并完善基于产教融合发展需要的人才培养、师资队伍建设、应用性科学研究、专业建设、课程建设、服务地方等建设评估标准体系。

5. 围绕"人才质量"，深化创业和就业改革

提高人才培养质量是深化产教融合教育教学改革的主要目的，而检验人才培养质量的标准主要是看学生的就业质量。

(1) 加强创新创业教育。高职院校应服务地方创新驱动发展战略，大力开展创新创业教育，逐步实现由目前的"零散的、条块的、表面的创新创业教育"向"创新教育覆盖教育教学全过程"的转变。一是应明确高校开展创新创业教育的宗旨。创新创业教育的根本目的是培养具有创新创业精神的人才，主要任务是培养大学生的创新创业意识、精神和基本技能，而不是直接创办企业。二是把创新创业教育覆盖教育全过程。应改变把创新创业教育活动集中于大学生科技园、创新创业园、大学生创新创业大赛活动等单一局面，做到创新创业教育进专业、进课程、进项目、进实践，培植创新创业沃土，培育创新创业意识，培养创新创业精神，培训创新创业技能，为大学生当下及未来创新创业奠定基础。

(2) 深化就业制度改革。在就业制度改革方面，高职院校应组织实施"毕业生就业创业引领计划"等制度创新，提高毕业生就业率和就业质量。一是进一步建立和完善大学生就业服务体系。通过产教融合，深化行业企业实践教学实效管理，完善对学生职业生涯规划指导，加强职业技术教育基地建设，加强人才招聘会的组织管理，加强二级学院和专业教师就业服务建设，建立"多主体"就业服务体系，提高就业服务信息化水平，强化学生职场面试技术技能，提高毕业生就业成功率。二是进一步提高大学毕业生就业质量。注重校地、校企合作育人，密切校地、校企关系，提高毕业生地方（区域）就业率；注重职业技术教育，提高毕业生所学专业与就业岗位匹配率；注重敬业精神、职业素养教育，提高毕业生工作岗位稳定率；注重创新精神教育，提高毕业生社会工作贡献率。三是进一步提高大学生创业质量。把创新创业教育覆盖教育全过程，激发大学生创业活力，提高大学毕业生创业率；建立创业指导团队，对学生创业项目进行科学评估，提高大学毕业生理性创业可靠率；加强大学生创业的后续跟踪服务和技术指导，提高大学生创业成功率。

2.3.3 完善产教融合发展保障机制

高职院校产教融合的发展，离不开完善的保障机制，要逐步建立科学的制度保障、组织机构保障、资金保障、监督保障体系，保证产教融合的顺利开展。

1. 产教融合发展的制度保障

纵观国外产教融合、校企合作发展经验，都有完善的国家法律法规和相关管理制度作为坚强后盾，使产教融合活动在国家意志保护下顺利发展。新时代，我国推进产教融合发展，应在国家法律、地方法规和管理制度三个方面完善与产教融合发展相适应的管理制度体系。

产教融合应是多方互动、协同发展的。如果政府、行业、企业以及社会中介缺乏相应的配套管理制度，产教融合的各个主体实际上很难落实，更不用说"深化"。政府、行业、企业、社会中介都应制定与产教融合相关联的"框架性"的管理制度。

2. 产教融合发展的组织保障

产教融合是一项涉及多个主体的综合改革工程，客观需要多部门、多行业协同发展、同频共振，同时也客观需要自上而下的组织协调机构具体领导。高职院校大都相继设立了专门管理机构——合作发展处或校企合作处等，但是，教育部及各省级教育行政主管部门、各省级人民政府及地级市人民政府，甚至国务院，都没有直接设置产教融合的领导、协调专门组织机构，组织机构的缺失，容易造成"相互扯皮、都管都不管"现象，不利于全面推行产教融合发展。

目前，高职院校在产教融合组织管理机构建设方面总体上处于"初级阶段"，不少还处于散漫无组织、无人管或"乱管"状态，学校规划处、科研处、教务处、人事处、学生处几乎全员上阵，手忙脚乱。因此，有条不紊地、有针对性地成立或整合校级产教融合组织管理机构体系是高职院校目前应该做而且能够做的重要工作。

3. 产教融合发展的资金保障

毋庸置疑，产教融合发展工程需要大量的资金支持。与研究型大学相比，高职院校开展产教融合发展工程更需要强大的资金作保障，国际上一般认为职业教育投资是普通教育的2.48倍。因此，高职院校要顺利推进产教融合发展工程，必须建立国家产教融合发展资金、地方政府产教融合发展资金、行业企业产教融合发展资金、高职院校产教融合发展资金等多元化产教融合发展经费投入机制。

2.3.4 健全产教融合发展评价标准

当前，高职院校都已认识到产教融合是学校未来的办学模式或人才培养模式，但是面临如何深化产教融合教育教学改革、深化产教融合该如何发力、深化产教融合的抓手在哪里等问题。相对科学、完善的产教融合评价标准是高职院校产教融合的建设标准，也是产教融合监督与评估的基础，会使高职院校产教融合建设与发展有章可循。

1. 评价标准的基本导向

"产教融合评价标准"必须注重外部因素，既要注重评价主体的多元性，又要注重高校以外的社会因素，最好与独立于政府之外的社会第三方评价评估机构合作研制。产教融合教育教学综合改革的重要任务之一就是建立新的价值导向和评价标准，评价标准的重点应从职业教育的"供给端"转向行业企业社会发展的"需求端"，突出职业教育的产出导向、贡献导向和质量导向，正如教育部学校规划发展建设中心主任陈锋所说："其核心是对高等学校创造经济社会文化价值和学习者发展价值的能力进行评价……为学习者创造价值，就业是一条底线标准。评价高校办学质量的最重要标准就是毕业生的就业率、就业质量和长期职业发展能力"[1]。强调"就业就是功利主义"的观点，对研究型大学而言或许是适用的，但对高职院校而言是一种误导。而人才培养质量是高职院校生存与发展的基础，评价人才培养质量的最重要标尺就是"就业率和就业质量"。

---

[1] 陈锋. 关于部分普通本科高校转型发展的若干问题思考 [J]. 中国高等教育，2014（12）：18–19.

2. 评价标准的主要指标

研制"产教融合评价指标体系"是一项复杂、严肃、艰巨的工程，要具有相对科学性、可操作性，需要教育专家联合行业企业专家共同调研、共同研制，并在高职院校投入试行评估后，发现问题，再修改完善，形成相对科学的评价指标体系。本书借鉴其他相关评价指标体系，按照《国务院办公厅关于深化产教融合的若干意见》指导精神，结合职业教育产教融合发展实际，提出评价指标体系，供交流参考。

本书提出，"指标体系"中的"一级指标"至少应该由办学定位、人才培养、师资队伍、专业（群）建设、科研服务、服务能力、办学条件、社会评价等8个部分构成，具体如表2-4所示。

（1）办学定位。办学定位主要涉及高职院校产教融合发展的办学理念和发展目标，在产教融合发展中居"统领地位"。

（2）人才培养。提高人才培养质量是产教融合教育教学综合改革的终极目的，提高大学生就业率和就业质量是产教融合综合改革的要旨所在，也是我国解决目前"就业难"社会问题的现实诉求。

（3）师资队伍。人才是产教融合发展的第一资源，广大教师是产教融合发展的主体，需要一支高素质、专兼聘相结合的师资队伍。

（4）专业（群）建设。转型发展与产教融合发展都强调专业建设，即建立紧密对接地方产业链、创新链的学科专业体系。

（5）科研服务。科研服务是高职院校产教融合发展的突破口，也是保持学校产教融合发展的持久动力。

（6）服务能力。高职教育的功能定位于服务和促进所属区域社会经济的发展，满足地方对现代化进程中人才的需求，服务能力是衡量高职院校的重要指标。

（7）办学条件。基本满足产教融合发展的办学条件，可以实现向内涵建设与特色发展的转变，资金是产教融合发展的基本保障。

（8）社会评价。社会评价包括毕业生、家长、用人单位、政府和媒体等多个方面的评价。

表2-4 产教融合评价指标

一级指标	二级指标	基本要求	建议赋值
办学定位	办学理念	学校办学章程、发展规划等文件中体现产教融合办学理念和办学模式	1
	领导能力	校级领导、中层干部对产教融合的认知与执行能力	1
	管理制度	各项与产教融合发展相适应的管理制度及其创新度和工程	2
	治理结构	学校及二级学院建立理事会或董事会，及其实质性运行效果	2

续表

一级指标	二级指标	基本要求	建议赋值
人才培养	培养目标	培养能满足区域产业转型升级和公共服务发展需要的技术技能人才	2
	培养规格	知识、能力和素质,以及价值引领的要求	2
	培养方案	校企双方共同制定能很好地达成培养目标的、可操作性强、执行情况良好的方案	2
	培养模式	面向企业真实生产环境的任务式产教融合、校企合作人才培养模式	4
	课程体系	课程体系符合人才培养目标,能够反映专业发展的未来方向和经济社会发展的实际需要,并实行动态调整	4
	教学实施	实施理实一体、工学结合,开发立体化教学资源,推行"互联网+教育"	5
	考试评价	实行多样化考试评价方式,重视学生的价值观、专业能力和创新能力	3
	就业质量	毕业生就业起薪、专业相关度、工作稳定率较高等	3
	学生创业	将创新创业教育纳入教育教学全过程,学生自主创业的人数达到一定比例	2
师资队伍	师资结构	生师比合适,教师年龄、职称、学历结构合理	3
	教师质量	"双师双能型"教师(含兼职教师)的比例,聘请行业企业优秀人才的比例,有一定数量的协同创新团队	3
	教师培训	有教师培训制度、专项资金和管理制度,教师水平逐年提高	3
	激励机制	完善与产教融合发展相适应的职称评聘、奖励等制度	4
专业(群)建设	专业结构	建设与区域主导经济联系密切的专业结构,紧密对接地方行业群,形成学科专业群	5
	专业建设	专业发展规划科学合理,注重培育特色专业,形成特色专业集,建设成效显著	7
科研服务	科研机制	建立以"鼓励创新、服务需求、产教融合、特色发展"为导向的科研管理政策和制度	3
	科研平台	有一批与重点企业共建的产教融合发展平台	2
	科研项目	有一批较高层次与水平的纵向科研项目和对地方产业做出突出贡献的横向科研项目	3
	科研成果	获得一批科研成果,并被实际应用,产生了良好的社会和经济效益	5

续表

一级指标	二级指标	基本要求	建议赋值
服务能力	人才服务	毕业生区域就业率较高，为企事业单位提供技术技能培训，与所在城市合作共建产教融合型城市	5
	科技服务	为区域主要产业提供科技服务，合作共建科研项目，对地方贡献度大，效益明显	4
	资源服务	高校图书馆、体育馆、科技平台、网络资源、信息情报资源与地方社会共享	2
	文化服务	与地方合作共建文化协同创新团队，为地方文化传承与创新提供成果，成效显著	2
办学条件	基本条件	有支撑建设的基本条件，生均基本办学条件均达到教育部"合格"标准	2
	实训基地	拥有充足实训、实习、实践场所平台，满足人才培养和科学服务的需要	3
	创新科技	设立创新创业中心平台，有地方行业企业实质性项目参与，有创新科技成果	2
	办学经费	各级下拨的产教融合专项资金，具有吸纳社会资金能力，社会力量积极参与办学	2
社会评价	学生及家长满意度	由第三方机构提供的近三年本科毕业生及其家长对学校的满意度	2
	用人单位的满意度	由第三方机构提供的近三年用人单位对学校本科毕业生的满意度	2
	教师对改革与发展的满意度	学校广大教师对学校改革与发展的参与度和满意度	1
	政府对学校满意度	政府机构授予学校的相关荣誉	1
	媒体影响	省级及以上媒体的专题报道，学校近三年的百度指数	1

2.4 跨境电商产业学院建设实践①

2014年1月，海关总署批复湖南省长沙市为国家跨境电子商务综合服务试点城市。2018年7月，长沙获批为中国跨境电商综合试验区。湖南省跨境电子商务产业发展速度迅

---

① 刘锦峰，贺鑫. 产业学院：高职院校产教深度融合的新途径——以跨境电商产业学院为例[J]. 当代教育论坛，2019（3）：96-104.

猛，省政府先后出台了《促进开放型经济发展的若干政策措施》《关于加快推进开发崛起专项行动的通知》《湖南跨境电子商务100亿项目行动方案》《中国（长沙）跨境电子商务综合试验区实施方案》等文件，拟将长沙打造为以长沙国家高新技术产业开发区、长沙金霞保税物流中心、长沙黄花综合保税区为重点，逐步辐射全长沙市的跨境电商中西部区域性集聚中心。

湖南省跨境电商产业的发展势头如火如荼，然而，与跨境电商产业迅猛发展形成巨大反差的是现阶段跨境电商人才供给侧的严重失衡。湖南外贸职业学院（以下简称"外贸职院"）电子商务专业群，是湖南省唯一以跨境电商专业为特色专业的省级一流特色专业群，是湖南省跨境电商协会的副会长单位，紧随湖南省跨境电子商务产业链的发展需求，与产业（行业、园区、企业）联合共建跨境电商产业学院，创新人才培养模式，提高人才培养质量，为区域经济发展提供人才支撑。

2.4.1 遵循逻辑关系，确定产业学院建设目标

外贸职院将跨境电商产业学院建设作为产教融合纵深发展的重要方向，基于区域经济产业转型发展的需要，综合考虑行业（协会）、园区、企业、政府部门、学校等社会组织，以及企业管理者与员工、学校教师与学生等个体的利益诉求，创新基于行业（企业）、地方政府、学校的多元合作模式与机制，确定跨境电商产业学院的职业性、技术性、终身性三个建设目标。职业性是指跨境电商相关专业结构与湖南省跨境电商产业结构的深层对接，使学生在真实的职业情景中实现理论知识、职业技能、职业态度和职业素养的整合提升和吸收内化，并实现职业标准与专业教学标准的对接、毕业证书与职业资格证书的对接；技术性是指为湖南省跨境电商产业提供高素质技术技能人才，将行业、企业的最新理念、前沿技术、未来发展趋势植入学生的实践项目，并进行有效的教学转化，提高学生的技术素养，同时基于区域经济社会发展和产业升级的需求，教师加强对已有技术的改进，加强新技术、新产品的研发，并进行产业化实践，促进湖南省跨境电商产业技术升级；终身性是指跟进市场新兴技术的发展动态，紧跟区域产业升级需求，为学生、员工提供精准优质的培养培训，并开展各类社会就业创业培训、转岗培训等。

综上，确定跨境电商产业学院突出以下3个重要目标：

1. 突出"服务产业"

跨境电商产业学院需要肩负起"一带一路"倡议、中国制造2025和乡村振兴等国家战略，服务区域产业转型升级，主要从以下三个方面"服务产业"：一是人才培养目标、标准和模式紧随新产业、新技术、新业态的发展前沿，教学内容紧贴产业最新技术和最新项目，教学方法紧扣企业对学生职业能力、职业态度、职业素养、工匠精神的要求，为区域产业转型升级提供人才支撑；二是加强产业关键技术的研发能力，并将研发成果进行有效的产业转化，为区域产业转型升级提供新技术、新方法和新思路；三是密切关注区域产业转型升级的最新动态，深入企业了解员工的岗位最新技能要求，为企业员工提供岗前培训、在岗培训、转岗培训等，为在校学生、社会待就业人员、农村剩余劳动力等社会成员提供职业培训等，满足人才终身学习、可持续发展的需求，促进区域产业的可持续转型升级。

2. 强调"深度对接"

跨境电商产业学院需要实现教育要素和跨境电商的产业要素深度对接，具体体现在：产业学院专业结构与产业结构的对接，专业设置、人才培养目标和人才培养规格，都要更好地服务区域产业转型升级；产业学院各专业教学内容、教学资源的滞后性是当前普遍存在的现实困境，通过将产业（行业、企业）的员工、项目资源、职业标准、最新技术、文化等融入学校实际课程教学，课程内容对接职业标准，教学过程对接生产过程，在真实的企业场景和氛围中，培养学生的知识、技能、职业能力和职业素养；产业学院的科研服务对接企业的技术研发机构，对接产业关键技术和共性问题解决的实际需求，同时，将科研成果转化成产业实践，并将产业实践成果改造成教学实践项目，从而推动区域产业技术的发展，提升高素质技术技能型人才培养质量。

3. 创新"跨界合作"

跨境电商产业学院突出多方主体的"跨界合作"，涉及政府、行业（协会）、园区、企业、学校、产业学院、学生、家长等主体。同时，注重专业间的"跨界合作"，深入对接区域产业链与职业岗位群，优化教学资源配置和教学组织管理。产业学院需要以主干学科或特色专业为核心，将职业领域相关、技术领域相同或相近专业"跨界合作"组建成专业集群，不是几门课程的简单累加，而是考虑产业链的整个生命周期和新兴产业交叉跨界的本质属性，也综合考虑专业之间的内在关联与底层逻辑[①][②]。

2.4.2 重视目标导向，构建产业学院总体框架

截至2018年，为推动长沙综合试验区建设，湖南省共立项129家跨境电子商务试点企业，建立了长沙国家高新技术产业开发区、长沙金霞保税物流中心和长沙黄花综合保税区3个跨境电商园区，开通了湘欧铁路、湘粤港直通快车、货运包机、海河联运等物流通道。基于本地区跨境电商产业发展的优越条件，外贸职院将与相关区政府、湖南省跨境电商协会签订校企合作协议，由学校、政府和企业共同出资组建跨境电商产业学院。区别于以往与单个企业独立合作的校企合作，跨境电商产业学院通过协会将校企合作下沉渗透到每个有合作意向的跨境电商会员企业。协会将各会员企业的人才需求订单汇总，交付给跨境电商产业学院企业联络部；然后，学校和企业签订人才委托培养协议，并共同制定人才培养方案；最后，由跨境电商产业学院统一对人才进行分层次、分岗位的批量培养。跨境电商产业学院在管理形式上采用政府主导、学校和企业"双元"主体、多方参与的管理体制，建立理事会领导下的院长负责制。教育深度对接产业，主要在专业群建设、人才培养、技术创新、就业创业、社会服务、"双师型"师资培养、高水平实训基地建设、文化传承等方面展开合作。跨境电商产业学院的系统如图2-3所示。

---

① 邹吉权，刘斌. 中国特色高水平高职院校建设的理论与行动框架[J]. 中国职业技术教育. 2018 (34)：35-42.

② 刘国华. 基于大职教思想校企行共建人才紧缺专业群的研究与实践[J]. 当代教育论坛. 2018 (6)：74-79.

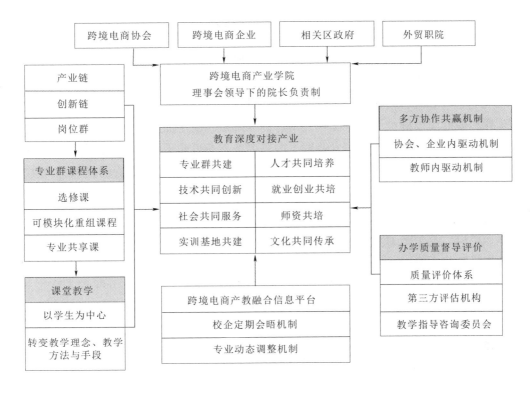

图 2-3　跨境电商产业学院系统图

2.4.3　产教深度融合，推进校企"双元"育人

1. 知行合一、工学结合的育人原则

借鉴德国"双元制"等模式，总结现代学徒制和企业新型学徒制试点经验，跨境电商产业学院与跨境电商协会、企业共同研究制定人才培养方案，及时将跨境电商产业最新技术、最新标准等纳入教学标准和教学内容，强化学生动手实践和实习实训。健全产业学院专业定期评估机制，对接湖南省跨境电商产业链、职业岗位群的发展需求，精准设置以跨境电商专业为核心的电子商务专业群，提高产业学院的灵活性、协同性和专业适应性。

2. 校企全方位深度合作

跨境电商产业学院根据自身特点和对接湖南省跨境产业经济发展需求，主动与具备一定实力的跨境电商企业在人才培养、技术创新、就业创业、社会服务、文化传承等方面展开合作。首先是校企共筑统一的愿景，合作企业的格局决定了产教融合的可持续性，企业需要突破以往的利益桎梏，应以"促进经济社会发展"为产教融合的最终期待；其次是打通资源共享通道，学校为企业提供所需的师资、学生和场地等资源，企业为学校提供资本、先进技术、项目、设施设备等资源，促进人力资源开发；再次是对接人力资源的供给与需求，构建跨境电商产教融合信息平台、校企定期会晤机制和跨境电商专业动态调整机制，跨境电商人才培养模式、课程体系、实践体系、评价体系、课题研究等均根据行业、企业的实际需求和发展规划进行动态更新。最后是探索利益融合方式，以工作室、订单班或简单的项目等形式为合作起点，其间对校企双方的诉求、利益共同点进行探索和磨合，待双方合作机制趋于成熟后，再将合作水平向深度和广度推进。

3. 专业链对接产业链

跨境电商产业学院以电子商务专业群建设为突破口，培养面向湖南省跨境电商产业转型升级和企业技术创新所需要的发展型、复合型、创新型技术技能人才。电子商务专业群对接湖南省跨境电商产业链、创新链与职业岗位群，以跨境电商专业为核心专业，根据跨境电商产业链延伸和职业岗位群扩展，将国际贸易、商务外语、电子商务、电子商务技术、网络营销、市场营销等专业纳入电子商务专业群。电子商务专业群建设的核心是课程体系和相应课程的开发。首先，深入研究群内各专业通用的知识和技能，开发群内专业共享课；其次，深入研究产业链的上下关联性及其对应职业岗位的特点，对课程进行模块化改造，可以根据具体项目需求对模块化课程进行重组，将原来各专业孤立隔离的课程改造成有效衔接和深度融合的整体；最后，基于学生的兴趣和职业规划的个性化差异，开发一定数量的群内选修课。课程效果的优劣与否最后离不开课堂教学，从某种意义上来说，课堂教学质量决定着人才培养质量，因为学生的价值观塑造、知识获取、技能提高、素质内化离不开课堂，教师应以学生的学习、发展为中心，转变教育教学理念，改进教学方法和手段，增强课堂活力，提高学生学习积极性。从宏观的校企合作、产教融合、电子商务专业群建设到微观的课程体系开发、课堂教学，跨境电商产业学院的一切工作紧紧遵循"强调技术、注重技能、鼓励创新、兼顾人文、综合发展"的高职人才培养思路①，可以从根本上解决高职院校跨境电商人才培养的质量问题。

4. 高水平实训基地建设

面向湖南省跨境电商产业发展，以政府政策支持为基础，积极带动跨境电商中小微企业、社会力量和职业院校建设资源共享，集实践教学、社会培训、企业真实生产和社会技术服务于一体的职业教育校内、校外实训基地，充分借鉴德国、日本、瑞士等国家经验，探索创新实训基地运营模式。

5. "双师型"教师队伍建设

首先是严控专职教师队伍的"入口"，尽量招聘具有一定跨境电商行业工作经验的高技能人才，而不是应届毕业生；其次是对已有师资的培训，学校应制订培训计划，安排教师每年至少在跨境电商企业或实训基地实习1个月，并定期安排骨干教师赴国外研修访学；最后是健全兼职教师的聘任制度，推动企业技术人员、高技能人才和学校教师双向流动。

2.4.4 突出质量发展，深化产业学院机制建设

1. 多元协作共赢机制

有效的多元协作共赢机制为跨境电商产业学院产教深度融合提供了制度保障，这里需要从两个层面进行架构：首先，需要调动协会、企业参与跨境电商产业学院建设的积极性，探索协会、企业的内驱动机制才是决定性因素；其次，需要调动教师积极参与校企合作、产教

---

① 刘锦峰，贺鑫. 产业学院：高职院校产教深度融合的新途径——以跨境电商产业学院为例 [J]. 当代教育论坛，2019（3）：96-104.

融合的积极性，这里的教师包括高校教师和业界导师。比如说在人事制度方面，可以区别对待高校教师和业界导师的评优、职称晋升条件。对于高校教师，其专业技术能力、企业协同育人成果和社会服务成果等这些指标均可以考虑纳入考核，且需加大权重；对于业界导师，可以给其搭建独有的职业成长通道，在评优和职称晋升中给予特殊的优惠政策，激发他们积极参与跨境电商产业学院专业建设和人才培养的情怀。

2. 跨境电商产业学院办学质量督导评价体系

建立跨境电商产业学院教育质量评价体系，重点关注学生的职业道德、技术技能水平、就业质量以及产教融合、校企合作、社会服务水平。实施跨境电商产业学院教育质量年度报告制度，报告向全行业公开；构建政府、跨境电商协会、跨境电商企业、学校等共同参与的质量评价机制，支持第三方机构开展评估；建立产业学院定期督导评估制度，并形成督导报告，向全行业公开；组建跨境电商产业学院教育指导咨询委员会，对产业学院各种重大决策、改革提供咨询意见。

跨境电商产业学院通过依托政府、园区，与湖南省跨境电商协会联合办学，依托跨境电商企业、园区和强大的跨境电商产业背景开展人才培养工作，产学研深度融合，提高人才培养质量，扩大社会服务领域，实现政府、园区、企业、协会、学校、学生等多方共赢。

第 3 章
培养模式——系统与机制耦合

2019 年 1 月，国务院印发《国家职业教育改革实施方案》（国发〔2019〕4 号），明确了职业教育深化改革、推进高质量发展是焦点话题，将从根本上推动中国职业教育改革。高职院校教育教学改革的根本目的是提高人才培养质量，随着技术变革、产业升级，人才培养面临新挑战，人才培养模式改革势在必行。人才培养如何符合新时代要求、专业人才如何适应产业发展需求、如何促进学生个性化发展、教育教学手段与方法如何契合教育技术发展等四大问题成为高职院校专业建设的时代命题。

3.1 人才培养模式改革的内涵研究

随着教育体制改革深入，人才培养模式问题逐渐成为职业教育的重要议题。但时至今日，人才培养模式的改革与创新依然是职业教育发展的薄弱环节，有必要认真研究其内涵，为职业教育发展及人才培养提供理论指导。

3.1.1 人才培养模式的研究现状

人才培养是教育的根本，有人才培养，就有人才培养模式。然而，在很长一段时间，学术界、教育实践界、教育行政部门都没有讨论和提出人才培养模式。职业教育很多理论研究源于高等教育，人才培养模式的内涵界定也是如此。

高等教育提出"人才培养模式"，最早见于文育林提出改革高等工程教育的人才培养模式[1]。随后，一些实践工作者讨论了各类人才的培养模式及其改革，但都没有界定人才培养模式内涵。由于教育实践的需要，学术界开始关注这一问题，界定其内涵。刘明浚首次对这一概念作出明确界定，提出人才培养模式是在一定办学条件下，为实现一定的教育目标而选择或构思的教育教学样式[2]。1998 年，教育部印发的《关于深化教学改革，培养适应 21 世纪需要的高质量人才的意见》指出，人才培养模式是学校为学生构建的知识、能力、素质结构，以及实现这种结构的方式，它从根本上规定了人才特征并集中体现了教育思想和教育观念，这是教育行政部门首次定义人才培养模式[3]。

21 世纪以来，职业教育发展迅速，人们对人才培养模式关注度增强，相关的研究迅速

---

[1] 文育林. 改革人才培养模式，按学科设置专业 [J]. 高等教育研究，1983 (2)：22-26+17.
[2] 刘明浚. 大学教育环境论要 [M]. 北京：航空工业出版社. 1993.
[3] 陈祖福. 面向 21 世纪的中国高等教育改革 [J] 中国高教研究，2006 (5)：3-5.

增多。曾冬梅等人认为，人才培养模式是指为受教育者构建什么样的知识、能力、素质结构，以及怎样实现这种结构的方式①。叶志明提出，人才培养模式是学校为学生构建的知识、能力、素质结构，以及实现组合这种结构的方式，包括人才的培养目标、培养规格和具体培养方式，它从根本上规定了人才特征，集中体现了高等教育的教育理念②。曾令奇在高等职教人才培养模式理论研究综述一文中归纳了几种定义：一是指使学生在学制内，通过与教育中的各种因素相互作用，而达到近似某一教育思想指导下的教育目的的功能系统；二是在一定教育思想或教育观念指导下，对培养目标、培养规格、培养过程、培养方法和途径及培养条件和环境的系统组合；三是指在一定的教育理论、教育思想指导下，按照特定的培养目标和人才规格，以相对稳定的教学内容和课程体系、管理制度和评估方式，实施人才培养的过程的总和，它由培养目标、培养制度、培养过程、培养评价四个方面组成。这些观点从不同角度对人才培养模式予以描述，但是内涵仍然不清，有些类似办学模式，有些类似教学模式。

笔者认为，人才培养模式既不能限定在教学过程中，又不能泛化到高职院校的整个管理层面。人才培养模式是一种结构与过程的统一，是静态的样式与动态机制的统一体。这是因为，人才培养模式不仅仅关涉"教学"过程，更关涉"教育"过程，涉及了教育的全过程，远远超出教学的范畴。但是，人才培养的过程又不是毫无边际的，不包括后勤管理、财务管理、科研管理等管理活动。人才培养模式是教育各要素，如课程教学、评价等的结合，但这个结合又不是固定的组织样式，而是动态的、强调运行过程的结构，是在一定的教育思想指导下，为实现理想的培养目标而形成的标准样式及运行方式，是理论与实践的接壤处。因此，人才培养模式要反映教育思想、教育理念，是理想人才的培养之道，是理论的具体化；同时，又具有可操作性，是人才培养的标准样式，但又不是具体的技术技巧或实践经验的简单总结，是诸多要素组成的复合体、多环节相互交织的动态组织，涉及培养目标、专业设置、课程体系、教育评价等多个要素，以及制定目标、培养过程实施、评价、改进培养等多个环节。人才培养模式的最高层次是主导整个教育系统的模式，如素质教育模式、通识教育模式、技能教育模式，也可以是各学校所倡导、践行的培养模式，还可以是某专业独特的培养模式。本书主要探讨专业层面的人才培养模式。

3.1.2 人才培养模式的内涵界定

人才培养模式，与办学模式和教学模式的内涵不尽相同。办学模式是办学主体、办学方向、办学层次、办学指导思想等问题。人才培养模式是培养什么样的人和怎样培养人的问题，是关于知识、能力与素质传导与组合的方式。教学模式是人才培养模式的一个子模式，是人才培养的过程表现。

1. 人才培养模式的基本定义

笔者认为，人才培养模式是指在现代教育理论、教育思想指导下，为实现一定的培养目

---

① 曾冬梅，黄国勋. 人才培养模式改革的动因、层次与涵义 [J]. 高等工程教育研究，2013 (3)：5-7.
② 曾令奇，张希胜. 我国高等职教人才培养模式理论研究综述 [J]. 职教论坛，2016 (5)：26-29.

标,形成的较为稳定的结构状态和运行机制,是一系列构成要素的有机组合,表现为持续和不断再现的人才培养活动。

高职院校专业人才培养模式,是指高职院校在一定高等职业教育理念引领下,以社会需求和高职人才培养目标为导向,依托专业可利用的办学条件,在特定时限内为学生达到一定职业人才规格要求所预设的知识、能力和素质结构,以及实现这种结构的较为稳定的施行范式,是专业人才培养过程的管理模式、教学模式和课程模式的总称和集合体。

2. 人才培养模式的基本特征

探讨高职专业人才培养模式的基本特征,是进一步理解和把握模式的必然要求,是提高模式的科学性、可操作性和效益性的必要条件,对准确选择、设计或施行模式具有重要的促进作用。

(1) 系统性。高职专业人才培养模式是由多个要素组成的有机整体,这些要素间既相互联系、相互促进又相互制约、相互影响,不断地作用于模式的组织样式和运行方式,从而形成高职院校人才培养模式的全貌。离开模式的系统性,就无法把握模式,难以建构起模式。

(2) 稳定性。由知识、能力和素质三大模块所构成的高职专业人才培养模式的主体框架是稳定的。稳定是形成模式的基础,模式一旦建立就不容随意改变,不仅适用于某届或某个专业的人才培养,甚至适用于多届和多个专业的人才培养,有时会得到广泛推广,形成长效运行机制。德国的"双元制"模式、澳大利亚的"TAFE"模式、日本的"企业本位"模式等,都是由于其稳定性所取得的社会效益而得到广泛认同[①]。

(3) 示范性。高职专业人才培养模式是理论建构与实践验证相结合的产物,是人们对高职专业人才规律长期探索和社会实践共同作用的结果,是智慧的结晶,一旦形成就具有示范性作用,可供人们仿效,甚至照搬去做,从而得到相同或相近的结果[②]。这种示范性作用,对形成办学特色以及提高人才培养效益具有重要的实践意义。

(4) 时代性。任何一种人才培养模式都会打上时代的烙印,作为与社会有着密切联系的高职院校更不例外,在探索和构建模式过程中不但要做到与时俱进,而且要不断赋予其以新的内涵[③]。同时,在科学技术飞速发展、人类社会不断进步和用人单位对人才的要求不断变化的今天,高职院校必须不断地把新知识和新技术充实到人才培养过程中,保证人才的时代性和实用性,保证人才的培养质量,实现可持续发展。

(5) 多样性。高等教育大众化是以高等院校人才培养目标多样化为前提的。多样化是高校适应社会发展,适应社会各行各业多层次、多类型、多规格的人才需求的必然选择[④]。而要实现多样化的人才培养目标,则需要依赖多样性的人才培养模式。对于高等职业院校来说,没有哪一种特定的人才培养模式能够完全适用于所有院校和所有专业。因此,必须根据

---

① 商丽莉,祝士明. 我国高职院校校企合作应用型人才培养探讨 [J]. 成人教育,2019,39 (4):67-70.
② 张荣胜. 校企协同 创新高职人才培养模式 [J]. 中国职业技术教育,2017 (7):62-65+87.
③ 吴艳青,邱岚,朱玉静. 基于现代学徒制的高职人才培养模式 [J]. 教育与职业,2016 (13):41-43.
④ 肖丽丹. 改革开放四十年高等教育办学体制改革回顾与展望 [J]. 祖国,2019 (14):154-155+89.

各自学校不同的办学特色和专业特色，选择、探索和构建出不同的人才培养模式，以适应培养多样化人才的需要。

（6）实践性。高职院校的人才培养模式来源于人才培养实践，应用于人才培养实践，要经受实践的检验，因此，在构建人才培养模式过程中，不能只局限于理论上的设计，而应与用人单位相互结合、相互作用，总结自己和别人的实践经验，努力探索和形成具有校本特色的培养模式。实践是模式形成的基础，只有经过实践证明了的模式，才是行之有效的，才具有生命力，才具有推广价值。

3. 人才培养模式的要素构成

由上述定义可以认为，人才培养模式包括教育理念、培养目标、培养过程、培养制度、培养评价等要素。

（1）教育理念。理念是相对于物质和制度而言的意识层面的形而上的东西，是为人类所独有的精神特征，可视为对某种理论、观念和意识的统称[1]。从宏观上讲，理念可以是人类的世界观，是人们对宇宙、自然和人类社会的总体看法和观点，是人们对外在和内在世界的理解；在微观层面上，理念也可以是人们对某一具体现象、行为和结果的评价和选择，是人类采取某种行动背后的理性思考。教育理念是人们对于教育领域内的各个运行要素（如教育制度、人才培养目标、人才培养方式）、制度和现象的理解、看法、观点和价值选择的总称，不是教育行为、运行要素和教育制度等概念本身，而是隐藏于行为、制度和想象背后的看法、观念以及价值追求，是具有相对稳定性、延续性和指向性的教育认识、理想的观念体系[2]，是任何教育行为和活动的内在动力。因此，人才培养模式都必须在一定的教育理念的指导下建立，是教育理念的具体化和实践化，是教育理念的表现。

（2）培养目标。"目标"属于哲学范畴，是指主体根据自身需要，借助于观念、理念、意识等中介形式，在行为活动之前预先设定的行为目的或结果。人的每项活动，自始至终都有一个自觉的目的驱使和支配。人才培养目标是人们在活动前于头脑中对人才培养活动结果的一种预见和构想[3]。培养目标是人才培养的标准和要求，是人才培养模式构建的核心，对人才培养活动具有调控、规范、导向作用[4]。培养目标规定了人才培养活动的预期结果，为整个人才培养活动确定发展方向，是教育理念的具体化。

（3）培养过程。培养过程是教育理念得以贯彻的中间环节，是培养目标得以实现的过程，是为实现一定的人才培养目标而实施的一系列人才培养活动的过程，对人才培养活动的成功与否至关重要。培养过程主要包括培养方案、培养措施两个方面。培养方案是指为实现人才培养目标而制定的一系列静态的培养措施和培养计划，它是人才培养活动的规划和计划，是人才培养模式的实践化形式。培养措施是按照人才培养方案要求，采取一系列途径、方法、手段的总称，是人才培养方案的具体落实，是人才培养过程中最为重要的组成部分，

---

[1] 李昱静，王宏波. 力行新的教学理念，讲好"关键课程"[J]. 思想理论教育导刊，2020（9）：95–100.
[2] 韩延明. 理念、教育理念及大学理念探析[J]. 教育研究，2013（9）：50–56.
[3] 马克思恩格斯全集（第23卷）[M]. 北京：人民出版社，2012.
[4] 张相乐. 关于本科专业人才培养模式改革的思考[J]. 石油教育，2014（4）：31–34.

包括课堂教学、实践教学等不同教学环节、教学管理的各项制度与措施及具体的操作要求。

（四）培养制度。制度是指稳定的、受到尊重的和不断的行为模式，是行为得以延续和再次发生的根本①。培养制度是人才培养行为得以稳定存在并受到尊重和不断再次发生的行为模式，是人才培养活动得以延续的根本。人才培养活动之所以能够持续和延续，原因就在于相关制度的存在，培养制度的存在使得人才培养活动能够制度化、规范化，只有通过制度化了的人才培养活动，人才培养模式才能够形成和存在。模式是指能够稳定存在、持续发挥功效并且能够重复的行为方式，其形成都需要制度，包括基本制度、组合制度和日常教学管理制度等。

（5）培养评价。培养评价是依据一定的原则建立的与培养目标、培养方案、培养过程、培养策略相适应的评价方法与标准，以保障培养目标的落实、完成②。培养评价是人才培养活动中的最终环节，也是衡量和评判人才培养活动成败优劣的环节。在人才培养模式中，人才培养评价能衡量和判断人才培养活动是否成功，也有效地监控人才培养活动过程，及时发现并纠正偏差行为，从而保证人才培养活动能够按照预定人才培养方案进行。同时，也正是通过人才培养评价来发现人才培养活动中的不足，及时完善和优化人才培养方案和行为。

3.2　人才培养模式改革的制约因素

目前，高职院校专业人才培养模式已不能适应社会的发展，难以培养创新创业型人才，亟待改革，但是，改革的进程面临着诸多束缚、制约及困境。

3.2.1　人才培养理念的束缚

人才培养模式是教育思想的具体化，在一定的教育思想指导下，人才培养模式才有意义。在高职院校专业建设中，理念对人才培养模式的制约、束缚主要表现在3个方面。

1. 办学理念的惯性束缚

相当长的一段时期内，职业教育的体质是封闭与集中统一的，行政部门对高职院校管得太多、管得太死，难以形成自身的理念。当前，在"放管服"的大背景下，高职院校已经有了相当大的自主权，制度已有变化，但思想却依然表现出极大的惯性和惰性，一些高职院校在专业建设过程中，重视硬件建设、忽视软件建设、重视规模扩大、忽略理念提升，没有探索和形成专业办学理念。

2. 适应发展的理念缺位

科技革命和产业变革加快，全球化更加明显，高职院校应进行相应的变革，要调整人才培养模式，以突出人才的国际视野、信息素养、学习能力及全面素质。但是，很多高职院校没有及时变革自我，特别是在理念层面，没有形成学术自由、国际化、通识教育等理念。而多样化、以人为本、终身学习等理念，基本上停留在文件中，没有被高职院校重视。

---

① [美]塞缪尔·亨廷顿. 变革社会中的政治秩序[M] 北京：华夏出版社，2008.
② 张相乐. 关于本科专业人才培养模式改革的思考[J]. 石油教育，2004（4）：31-34.

3. 整体改革的理性不足

长期以来，高职院校缺乏战略思考，缺乏对人才培养模式的顶层设计。各专业到底培养什么样的人才，怎样去培养这样的人才，没有很好地、系统地进行思考，"如何办专业""如何培养人""如何健全人才培养体系""如何引导教师长远发展""教师如何言传身教""如何满足师生的旨趣"等等，这些问题都没有认真地规划设计①。甚至，在有些区域或院校，形成了学校围着政府转、教师围着领导转等怪现象，没有落实立德树人的根本任务，教学被置于不起眼的位置。同时，受行政干预过多、标准灵活不够，各高职院校或专业的人才培养模式趋同化，没有与自身的条件、定位相结合，毫无主导思想，有些模式只是被悬置的装饰，没有被很好地付诸实施。

3.2.2 教育教学制度的羁绊

人才培养模式创新的一个重要制约是制度，主要表现在治理结构和评价体系不科学。

1. 治理结构的失衡与错位

随着办学自主权的扩大，高职院校有了较大的权力，很多高职院校内部治理结构的行政思维和模式非常突出，行政权力与学术权力不平衡，行政统得太多、管得太宽，学术委员会、专业建设指导委员会等学术机构，要么形同虚设，要么行政干部为主。人才培养模式改革属于学术事务，教师、专家基本无法参与，阻碍了教师主动性积极性的发挥，忽视了学术考量，虚置了学术权力，导致改革创新流于形式。

2. 人才培养评价制度不完善

很多院校对教学的评价是空洞的或缺失的。学校内部没有建立专业设置、培养方案、课程标准、培养效果等评价体系，以政府主导的行政性评估为主；对于"真正的教学"的评价指标则不具体，对改善教学的影响有限，忽视了培养特色、个性化模式的评估，使得各专业采取趋同的人才培养模式。

3.2.3 专业建设资源的约束

近年来，国家一直在大力推动人才培养模式的改革，也有不少高职院校实践了诸多新的培养模式，可大部分是表面化、口号化，或者仅仅是培养模式要素的局部改变，而不是整体变革。这与人们对于培养模式理解的偏差有关，与制度的束缚有关，同时也与教育资源的匮乏相关。

1. 专业经费不足

教学改革需要相应的经费保障，但很多高职院校办学经费严重不足。高等职业教育规模不断扩大，而高职院校所能获取的资源却没有得到相应的改善，以至于很多高职院校是负债运行。即使获得了一些贷款，也主要用来购地、修楼、增添设备，用于人才培养模式改革上的经费少之又少。

---

① 苏州工艺美术职业技术学院. 构建"双融合"课程体系 全面培养人，培养全面的人 [J]. 学校党建与思想教育，2013（25）：2.

2. 教师队伍不强

目前，我国高职院校师资队伍存在的一大问题是，受思想观念和评价体系的影响与制约，教师真正投入教学、潜心教学改革、真正研究教育教学的不多，教师没有从事人才培养模式改革的外动力和内驱力。从外动力来看，学校对教师的考核重显性成果。以职称评定为例，科研成果、竞赛获奖等容易测量，产出也立竿见影；而潜心教改难以评价，况且教学改革的周期本身就长，改革成效体现在人才培养质量上很不明显，人才要真正到社会上发挥作用也不是短期内能见效的，而且还会受到很多动态因素的影响，这些因素导致教师觉得教学改革的推动应该是领导的事，是教务处、人事处的事，自己没有能力推动教学改革，投入与回报也不成比例，得不偿失。从内驱力来讲，很多教师对教学没有足够的热情，教学成为例行公事，而不是自己神圣的职责。做不做改革，是不是真正为了学生的全面发展，激励与约束的机制都失效、失灵了。所以，教师能上课堂、能讲课好像都了不起了，至于认真研究学生、研究教学问题，从学生内心深处的需求出发，注重他们的兴趣、爱好、特长、个性发展，则是一种奢望。

3. 课程资源不够

课程是人才培养的核心要素，是人才成长的载体。人才培养模式的改革要以优质、丰富的课程资源为基本条件，可是，高职院校的课程存在严重的不足。在课程广泛性方面，做得较好的院校也只有数百门，做得不够的学校仅有几十门。按照国际惯例，5 000 人规模的院校要开设 1 000 门（次）左右的课程。资源不足对于人才培养模式的创新是一个极大的限制。

3.3 人才培养模式改革的根本进路

人才培养模式的创新，虽然与各方面因素有很大关系，需要政府、企业和社会做出相应的改变，但是，最根本的出路还在于高职院校的自身努力，应勇于和善于承担起教学改革、人才培养模式创新的主体性责任。

3.3.1 树立学生为本的核心理念

人才培养模式的创新，要树立以学生为本的核心理念，以学生的需要出发，一切为了学生，并以此为最高追求，做好顶层设计，整体建构人才培养模式。

1. 遵循人才成长规律

以学生为本，就要以学生发展为着眼点，遵循人才成长的规律。研究人才成长的条件，改善教育条件与教育环境。人才成长需要一定的条件，包括有效的创造实践、内外因综合效应、竞争与合作、共生效应等，这涉及一系列复杂的因素，如活动与环境、竞争与合作、期望与激励等。高职院校要重视对这些复杂因素的研究，在此基础上，改善教育条件，创设理想的教育环境，研究人才成长的过程，采用科学的教育方法。人的成长是分阶段的，各阶段的主要任务不同，其培养方法也不同；人的发展除具有阶段性之外，各类型人才、各层次人才的最佳发展年龄是不一样的；人的各项素质的发展都有自己的关键期，等等。在教育过程中，高职院校要深入探索人才成长的这些规律，使人才培养有科学的依据。

2. 极力发挥学生优点

以学生为本，就要真正追寻学生的兴趣、特长，将他们的优点发挥到极致。面对生源的多样性和差异性日益明显的情况，如何推动所有的学生走向成功，是高职院校面临的一个重大问题。通过对课堂教学的大量观察可以发现，在课堂上，学生的眼睛"不亮"，学生与教师之间缺乏交流，这是由于教育教学不符合学生的兴趣，没有满足他们的需要，学生学习是被动的。心理学研究表明，只有符合了学生的知识结构、学习风格、学习兴趣，教学才能对学生起到积极的作用，学生才能够在已有的知识结构上继续建构自己的心理图式。不研究学生、不针对学生的教学是单向的、无意义的教学。教师要改变传统的教学方式，做一个专家型教师，去探究、追寻学生的兴趣和基础，去激发学生的热情，推进个性化教育，师生共同建构学习的愿景，最终使得学生成为自主的学习者。高职院校教学要从以教为主转向以学为主。此外，以学生为本，还要实现以知识传授为主转向以能力培养为主，由单一课堂教学转向校内校外全方位育人，从传统的教学方式转向现代信息技术教育，等等。

3. 切实做好顶层设计

人才培养模式是一个整体，需要做好顶层设计。在以学生为本的理念指导下，弄清楚理想的培养目标是什么。不同层次、不同类型的高校，人才培养的目标、规格是不一样的。要制定科学可行的人才培养方案，包括与之配套的专业、课程、教材、教学方法、评价体系等，使之成为一个和谐统一的整体，而不是这些要素的简单组合。所设计的人才培养模式，要能实现高校与社会之间的良性互动，以使得人才培养模式的更新有不竭的动力。新培养模式及培养方案制定后，还要与原有的培养模式进行比较，找出改革的重点、难点，并积极实施新的培养模式。

3.3.2 建立多方协商的体制机制

目前，我国高职院校人才培养模式的形成并不是多方协商的结果，政府以及学校行政权力影响过大，而教师、学生、企业及社会组织没有机会参与。形成理想的人才培养模式须建立社会、企业、教师及学生和学校多方协商的机制。

1. 确立以社会需求为导向的方向性

高职院校已经从社会的边缘走向社会中心，必然要采取一种"社会需求导向"的发展模式，改变社会、行业和企业在人才培养模式形成过程中缺位的现象。这就需要完善用人需求的信息系统，要主动地联系行业组织、龙头企业、地方政府、社会中介等，获取相关的社会需求信息，并及时把社会需求的预测反映到人才培养模式中。

2. 确立教师在改革创新中的主导权

教师是人才培养的主体，理应是人才培养模式决策与设计的重要参与者。可是，目前高职院校的人才培养模式基本上是由学校领导、教务处统筹规划，各院系教学领导具体设计的，教师在人才培养模式的制定中，往往没有机会参与，而只是人才培养模式的执行者。要改变这种自上而下的路径,确立教师的重要地位。在人才培养模式形成的过程中,学校可以在考察社会需求的基础上,征求教师的建议,也可以由教师在实践的基础上提出人才培养模式改革的设想,学校加以汇总,并对照社会需求形成较为合适的模式。

3. 赋予学生在改革创新中的话语权

传统的观点认为,学生是智力不成熟的过客,不能参与学校事务的管理。可是,学生是人才培养的对象,是学校的"产品",而这种"产品"是自己生产自己[①]。学生应该对人才培养模式有自己的评价权、选择权。高职院校在制定人才培养模式的过程中,要通过问卷调查等方式,让学生发表自己的看法,赋予他们在人才培养模式形成上的话语权。在对学生充分了解的基础上,注重个性化培养模式的制定。在人才培养模式实施一段时间之后,更要调查一下毕业生对它的评价,使得人才培养模式的改革有坚实的基础。通过建立多方协商的机制,各方的利益都能得以表达,所培养的人才也就更接近于人们的期望,人才培养模式也就较为理想了。

3.3.3 整合与优化教育教学资源

高职院校是典型的资源依赖型组织,资源不足对于学生人才培养模式的创新是一个极大的限制。在资源缺口不能迅速解决的情况下,整合与优化资源是一条理想的路径。

1. 实现课程资源的共享

目前,我国高职院校内部,跨院系、跨层次的课程共享率低,学生的选修,基本上还限定在本院系,甚至专业之间资源共享的比例都不高。院校之间,虽然有些地区建设了职教城,但除了图书资料、实训条件及部分选修课有共享,包括课程在内的其他方面的共享没有什么进展。人才培养模式的创新,需要整合校内的课程资源,打破门户之别,学校统筹安排,营造共享文化,加强共享管理,改进共享技术,解决共享过程中可能存在的知识产权、收益等利益之争。对于高校间,则要形成更加合理的机制,充分利用网络、地域的优势,加强合作。除了网络资源,利用地域优势,实现校际资源共享空间扩大,充分利用别校的优势专业、优势课程,本校学生既可受益,也可节省出盲目求全发展所花费的资源,以加强优势专业的建设。

2. 加强教师资源的共享

当前,高职院校师资存在数量不足、质量不高等问题。第一,随着扩招的推进,高职院校纷纷出现了师资数量整体不足的问题,且存在学科和地域的结构性差异。第二,师资素质不能适应人才培养的需求。这就需要加强师资资源的共享,取长补短。在解决师资结构性矛盾的问题上,有些院校开始实施师资互聘。即使是一所学校内部,也可以整合资源,形成教学团队,促进教学研讨和教学经验交流,开发教学资源,发挥教师队伍集体的力量。学校内部,还可以实现科研团队和教学团队共同发展。通过科研内容积极向教学内容转化、科研成果向教学成果及时转化、科研方法与教学方法的渗透、教学问题与科研问题的双向延伸等,

---

① 赵华绒,秦敏锐,蔡黄菊,等. 引入"探究教学模式"培养学生的综合能力[J]. 实验室研究与探索,2016,35(9):165-168.

促进人才培养的灵活性、柔性、多元发展。对于师资总体数量及师资素质而言,则可以积极引进政府、企业人员作为兼职教师,补充教师数量,同时解决教师实践经验不足的问题。

3. 加强教学设施的共享

目前,高职院校内部各院系的教学设施基本上不对外,其他各教学单位一般不能使用,导致了很多教学资源的闲置与浪费。除了院系间资源的共享,还要加强对产业界设施的利用,开展更多的富于成效的、深度的合作。

3.4 人才培养模式创新的实践探索

近年来,全球经济高速发展,"一带一路"倡议快速推进,催生了多种新型商业模式,跨境电子商务作为国家积极推动的一种新型贸易发展方式,是培育外贸竞争新优势的重要举措之一。然而,人才紧缺正制约着我国跨境电商产业发展,具有国际视野、专业水平和创新能力的复合型技术技能人才尤为紧缺。针对这一战略性重大命题,外贸职院作为具有外贸特色的高职院校,面向国际贸易的空间范畴,依据电商产业升级对人才需求的时代属性,从2016年开始进行电子商务专业群人才培养体系构建,创新"一体多元"人才培养模式,培养具有国际视野、专业水平和创新能力的复合型技术技能人才。

3.4.1 人才培养模式创新的基本策略

跨境电子商务专业"一体多元"人才培养模式,是以思政教育、通识教育、专业教育和双创教育为主体,以课堂教学、校内实训、社团活动、创新项目、企业实践、社会锻炼、创业孵化、顶岗实习等"多元"教学活动为载体的人才培养模式,是在经济转型升级、跨境电商市场急剧扩张、我国跨境电商产业快速发展等背景下,从产业对技术技能人才现实需求和未来趋势的视角,基于高职人才培养现状与特点,通过深入研究与实践,在电子商务专业基础上构建的新模式,具有较强的创新价值和实践意义。

1. 着眼未来,塑造新理念

作为较早开设跨境电子商务专业(方向)的实践者和探索者,前瞻性地看待产业发展对技术技能人才培养的需求演变,在发掘外贸人才培养、电商人才培养优势和经验的基础上,凝练人才培养理念,开展人才培养模式创新,塑造具有推广价值的新理念,主要是体现新理念与新思路、彰显新使命与新目标两个方面。

(1) 体现新理念与新思路。跨境电子商务专业"一体多元"人才培养模式的创新,落实全面发展的人才培养理念,注重成才,更关注成人,突破专业边界、拓展专业范畴、重构专业结构,将人才培养延伸到国际化和人文化境域,整合了丰富多样的硬件和软件资源,符合办学实际,也是面向未来的重要举措。

(2) 彰显新使命与新目标。跨境电子商务专业"一体多元"人才培养模式的创新,专注于人才培养、文化传承和服务社会等责任担当,有面向未来的属性,也有当下寻求突破的属性。因此,跨境电子商务专业"一体多元"人才培养模式,突出学校的特色发展,以服务区域经济发展、服务我国跨境电商产业发展的需要为使命，明确"培养具有国际视野、人文情怀与专业素质的创新型、复合型、应用型跨境电子商务人才"的使命和目标。

2. 突破传统，创设新模式

人才培养创新是高职院校一直在实践中探索的重要议题，这一探索在互联网和新兴信息技术快速发展的背景下，遭遇前所未有的挑战和困境。破解前文所提到的"四大问题"，迫切需要创新人才培养模式，跨境电子商务专业"一体多元"人才培养模式具有范式创新意义。一方面，基于既有优势和未来趋势，聚焦特色，凝练人才培养核心理念，包括培养特色、使命、愿景和目标，作为人才培养模式创新的统领，形成范式层面的根本创新；另一方面，基于人才培养的核心理念，探索构建"一体多元"人才培养模式为核心的培养体系，包括培养格局、机制和标准等，作为人才培养模式的实践系统，形成范式层面的模式创新。

3. 整合资源，构建新格局

创新跨境电子商务专业"一体多元"人才培养模式，就是践行全面发展人才培养理念，从人才培养系统观的视角，拓展人才培养的空间格局和路径格局，即实体和虚拟的空间格局、多维融合的路径格局，形成跨境电子商务技术技能人才培养的立体架构。深化产教融合、校企合作，围绕创新创业教育，拓展传统双创教育空间，校企共建"实习实训基地+创业孵化基地+创新工作室"的双创教育格局；突破校园围墙，构建社会人才培养资源网络，拓展人才培养社会空间，培育校外生产基地、顶岗实习基地、社会实践基地等。同时，充分利用新兴信息技术、互联网在教育技术领域的应用，拓展人才培养的网络空间，利用精品在线课程平台、学生网络社区等，为人才培养构建无边界、生态型的互动空间。在此基础上，发挥思政教育、通识教育、专业教育和双创教育四大路径的作用，破解人才培养难题，构建人才培养大系统、大格局。

4. 破解瓶颈，建立新机制

长期以来，高职院校财经商贸类专业人才培养受"四大问题"的困扰，拘泥于知识、局限于课堂，导致人才培养成效不显著，毕业生解决问题能力不强、创新意识和能力不够、综合素质不高，与市场脱节严重。课堂是教育的主阵地，是人才培养系统最关键的部分，基于全面发展人才培养理念，以破解传统难题为使命，构建"一体多元"教育教学协同机制，是践行"一体多元"的人才培养模式的关键。一方面，拓展课堂边界，将传统课堂教学拓展到创业孵化、校内实训、创新项目、社团活动、企业实践、社会锻炼、顶岗实习、创业孵化等多元教学活动，在格局上实现突破；另一方面，通过科学规划和设计多元活动方案，将教师、学生、内容、媒体等教学要素契合，发挥各个活动在人才成长与培养中的融合效应，形成合力，聚焦人才培养的能力和精神两大着力点。"一体多元"教育教学协同机制，是突破跨境电子商务人才培养瓶颈的关键，也是高职教育教学改革的方向和路径。

3.4.2 人才培养模式创新的系统架构

近年来，高职教育发展迅速，人才培养理论体系基本完善，实践成效显著，为我国经济社会发展提供了有力的人才和智力支撑。但是，高职院校人才培养模式的理论成果不多。何谓人才培养模式、高职院校人才培养模式框架如何、财经商贸类技术技能人才培养模式有何特殊性、电子商务类人才培养模式有什么样的内在逻辑、跨境电子商务专业如何创新人才培养模式等系列问题，都没有系统性的研究成果。

人才培养是回答培养什么人、如何培养人、为谁培养人，涉及面非常广，人才培养模式是各方面整合形成的具有特定精神使命的复杂系统。职业教育作为一种类型教育，高职院校人才培养模式区别于其他教育机构的人才培养，是兼具系统全面性和功能完整性、结构复杂性和历史延续性的整体架构。创新跨境电子商务专业人才培养模式，要破解高职院校人才培养模式中诸多理论难题。

1998年，教育部下发的《关于深化教学改革，培养适应21世纪需要的高质量人才的意见》中指出，"人才培养模式是学校为学生构建的知识、能力、素质结构，以及实现这种结构的方式，它从根本上规定了人才特征并集中地体现了教育思想和教育观念。"根据这一定义，将人才培养模式的要素进行结构化，发现主要包括培养理念、培养目标、培养路径、培养机制、质量评价与质量保障等六个模块，相互之间不是孤立，而是完整的系统，只有相互耦合、逻辑清晰，才能确保系统的全面性和完整性。基于此，跨境电子商务专业根据学校办学层次和定位，以及专业现实特征，创新图3-1所示的"一体多元"人才培养模式。"一体"是以思政教育、专业教育、通识教育和双创教育为主体，以课堂教学、校内实训、社团活动、创新项目、企业实践、社会锻炼、创业孵化、顶岗实习等"多元"教学活动为载体。

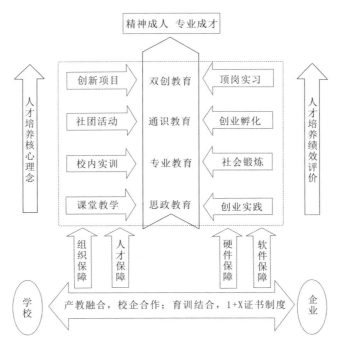

图3-1 跨境电子商务专业"一体多元"人才培养模式

1. 核心理念是前提条件

"一体多元"人才培养模式的创新，就是落实立德树人根本任务，将社会主义核心价值观教育贯穿技术技能人才培养全过程，坚持工学结合、知行合一，加强学生认知能力、合作能力、创新能力和职业能力培养，注重培育和传承工匠精神，引导学生提升综合素质，深化人才培养模式改革。它主要体现了三个核心理念。

（1）聚焦"电商"。跨境电子商务专业人才培养模式，基于创新型、复合型、应用型人才培养的基本导向，突出"电商"专业元素，以跨境电子商务专业活动为主要学习对象，深化专业教育内涵。

（2）拓展"电商"。积极实施"电商+"策略，以开放的思维和国际化的视野，突破传统人才培养的诸多局限，有机融合财经类、信息类、艺术类专业相关知识和能力，拓展人才培养的外延。

（3）专注"人才"。人才培养的结构范式不仅关注知识和技能等"才"的元素，更包括处于人才结构基础层面、能够伴随人才终生成长的"人"的元素。"人"与"才"的双元人才观，是当今世界的普遍共识，也代表着教育发展的先进理念，是我国人才培养中需要根本性重构的首要理念。因此，"一体多元"人才培养模式以"精神成人，专业成才"的理念，致力于培养一流跨境电子商务人才，解决人才培养与人才需求脱节日趋严重的问题。

2. 目标定位是基础保证

跨境电子商务专业"一体多元"人才培养模式，将人才培养目标定位于培养"一流"跨境电子商务技术技能人才，以"精神成人，专业成才"的理念为指导促进学生全面发展，旨在培养具有国际视野、人文情怀、专业素质的复合型技术技能人才。该目标的确定有3大突破。

（1）"成才"与"成人"并重。落实立德树人根本任务，不只是知识和技能教育，而是凸显全面发展培养理念，均衡地关注人格建构、品格锤炼和精神塑造，培养具有高尚人格情操与商业伦理的人才，在目标中体现为国际视野、人文情怀和专业素养并重。

"精神成人"与"专业成才"是人才培养目标的结构双重性。精神方面，跨境电子商务人才，首先要具备坚定的理想信念、爱国主义情怀，以及品德修养等。其次，作为跨境电子商务人才，具有尊重利益相关者的关键素质，恪守商业生态系统规则的商业伦理与现代商业精神。青年学子尚未涉足商业实践，商业伦理的培养必须重视人文情怀培养，以人文情怀滋养心灵，包含人文精神、责任担当、团队合作、善于分享和恪守底线等方面。专业方面，基于人才学视角对能力的基本理解和技术技能人才培养的基本属性，将跨境电子商务人才的专业能力具体化为跨文化沟通能力、跨境平台运营能力、互联网营销推广能力、网络信息技术开发及应用能力、物流管理能力、风险控制能力、解决问题能力、创新创业能力等八个维度。其中，跨文化沟通能力是指能够根据消费者语言习惯和文化习惯，熟练地利用外语与客户沟通，处理客户的咨询问题，包含售前、售中、售后咨询，客户回访等；跨境平台运营能力和互联网营销推广能力，是指除了具备传统的外贸人才的进出口通关、商务谈判等能力，还需要很强的类目运营和新媒体运营能力，能把握用户需求，对需求进行调研分析，不断优化产品，提升用户量，提高用户活跃度，通过各种活动和运营手段提升销售额；网络信息技术开发及应用能力，是指电子商务平台搭建、编辑和管理能力；物流管理能力是指订单管理、跨境保税仓储管理、供应链运营等方面的能力；风险控制能力是指熟悉国家金融法律法规、公司法、民法典等,熟练掌握及运用各种风险评估及风险控制工具,有较强的风险意识,较高的风险化解、项目操作能力;解决问题能力,指运用掌握的知识、信息、经验和常识,解决商业实践中复杂性、新颖性和不确定性的重要问题和突出问题的实战能力;创新创造能力是指创造性地突破既有科学技术、商业模式或者制度规则,并取得商业成就的能力。

(2) 突出多元性与复合型。突破知识和技能培养的单一性和片面性,"一体多元"人才培养模式重视结构拓展和能力拓展。结构拓展是将专业教育活性化,注重人才的学习能力和创造能力,以此为本,全面开发人才的团队合作与管理能力、解决问题能力、创新和创业能力;能力拓展是由专业教育到跨专业的融合,聚焦电子商务知识与技能,同时又涵盖经济、信息、文艺等多领域。

(3) 具有多样性和特殊性。基于全面发展的培养理念,拓展社团活动、创新项目、创业孵化等个性化成长空间,设置柔性选择机制,提供应用型、复合型和创新型的成长通道和培养模式。同时,作为地方性高职院校,注重融入地方经济发展特色和湘商文化,着力培养服务地方经济发展的新生代、培养服务湖南跨境电商产业发展的新湘商。另外,跨境电子商务专业"一体多元"人才培养模式,将人才培养目标定位于"一流",最终实现"专业一流、模式一流、人才一流",专业是基础,模式是路径,人才是成果,三个"一流"逻辑贯通、一脉相承。

上述培养目标充分考虑个性化发展的自由空间,突出了国际视野、人文情怀和专业素养的三个结构要素,同时为人才提供多种类型发展路径,体现"一体多元"人才培养系统的柔性,充分发掘人才培养的能动性。一是应用型人才。在国际视野和人文情怀基础上,突出技能、知识和解决问题等实战能力。二是复合型人才。强调跨专业复合,培养精通电商的跨专业复合型人才,强调品行与能力复合,培养品质优秀、能力出众、富有人文情怀、德才兼备、富有精神趣味的复合型人才。三是创新型人才。培养具有创造精神的创新型人才,开发其冒险精神、创业精神与能力,将其培养成创业型人才。创业不仅仅是创立新的企业,也包括在既有组织内部的创业活动,例如创业型管理、经营、服务等。这些组织包括商业性质的公司企业,也包括非商业性质的社会组织、政府机构和非营利组织。

3. 路径选择是关键环节

跨境电子商务专业"一体多元"人才培养模式,设计了思政教育、通识教育、专业教育和创业教育四大路径。四大路径复合联动,发挥内在整合效应,形成齐头并进的人才培养路径新格局,落地人才培养理念,具有三重功效:一是均衡地支撑专业成才与精神成人的人才培养理念,通过将思政教育、通识教育与双创教育纳入人才培养系统,有效地解决传统专业教育难以胜任的"人"的教育问题;二是统一地作用于人才的国际视野、人文情怀与专业素养等培养;三是为应用型、复合型和创新型人才奠定平台基础,大大拓展人才培养的源泉。

由单一的专业教育进路向四大路径齐头并进,需要破解四大路径的异质性问题,打破四大路径的刚性边界,柔化接触界面,形成复合联动的耦合机制。首先,要按照人才培养理念与目标,配置和规划每个路径的属性,实施"电商+"策略,思政教育要着眼"电商",通识教育要关联"电商",专业教育要立足"电商",双创教育要凸显"电商";其次,以人才培养方案为抓手,基于人才培养目标,面向培养对象,将四大路径整合,落实"三全"育人(全员育人、全程育人、全方位育人);最后,以学分制为抓手,建立四大路径之间的柔性选择机制,在学分底线刚性要求的前提下,通过学分互认、学分互换,为学生提供个性化发展的自由空间。

(1)关于思政教育。跨境电子商务,除了需要在网络技术上保障电子商务交易流程的安全通畅,还需要有正确的价值观,欺诈欺骗等行为、虚假的信息、诚信的缺失等都是思想层面的问题,需要加大思想政治教育的力度,引导正确价值观,干预网络欺骗以及诚信缺失的虚假交易等行为。因此,"一体多元"跨境电子商务专业人才培养四大路径中的思政教育尤为重要。

(2)关于专业教育。在专业范畴与核心机制上显著区别于传统人才培养模式,不仅关注本专业知识和技能的教育,同时将多个专业知识和技能纳入,建立多专业融合的人才培养系统。如何打破专业界限,有效融合异质性的专业知识和专业教育,是人才培养实施环节需要破解的命题。跨境电子商务专业"一体多元"人才培养模式,实施"电商+"策略,建立电子商务专业群,按照专业内在关联和人才培养目标导向,进行纵横交叉融合,实现多个专业"电商化",形成办学合力,发挥整体效应。在此基础上,重点创新整合机制,不断探索和优化多专业整合的结构、模式与机制。

4. 载体优化是有效举措

跨境电子商务专业"一体多元"人才培养模式的主要载体是"多元"教学活动,各活动之间协同是构建培养系统和培养模式的有效举措。"多元"教学活动包括课堂教学、校内实训、社团活动、创新项目、企业实践、社会锻炼、创业孵化、顶岗实习等,增强育人的时代性、针对性和实效性,实现全方位育人。将教学活动从教室课堂拓展为多元教学活动,发挥多元活动的耦合效应,以"学生中心、教师发展、课堂开放"的教学文化为基础,强化各教学活动的协同,发挥叠加与耦合效应,为学生学习成长创造良好环境,将培养系统落地。

跨境电子商务专业"一体多元"人才培养模式突破了传统课堂的封闭和分散结构,通过系统完整的体系结构与多元联动的交融机制,在培养目标与理念的高度统领下,实现各教学活动之间相互结合、相互促进、相互渗透、相互融合,在学生素质与能力的培养中发挥叠加效应与耦合效应。针对课堂教学,开展创造化改造,教师角色转变为导师角色,"教"的行为转变为"创"的行为,师生关系转变为共创关系,成为"一体多元"的核心驱动力,驱动学生寻求创造。教学由"满堂灌"向"师生共创"的创造化改造,有元认知突破、教学形态创新、教师角色转换等三个重点。元认知突破,是指学生在学习活动中开展感知、记忆、思维等认知活动的同时,对自身认知活动进行积极的监控和调节;教学形态创新,是通过建设多元形态的教学资源,突破传统教材的知识量和信息量有限的弊端,基于移动互联网等信息技术,打通线上线下两个阅读情境,采用O2O模式拓展学生学习空间、优化学习行为、提高学习效率;教师角色转换,是教师范围由校内拓展到校外,将实践领域的专家大师纳入教学团队，给学生注入高度异质性、鲜活生动的前沿思想和技能。

5. 保障机制是重要手段

从系统论看，绩效取决于系统资源投入和利用效率。跨境电子商务专业人才培养模式的创新，在投入方面需要突破资源瓶颈，在过程方面需要建立内部质量保证体系，进行全面的质量管理和有效监控，对绩效进行系统客观的衡量，构成人才培养的逻辑循环，为人才培养系统的持续优化构建多重保障机制。

（1）人才培养的资源保障基础。"一体多元"人才培养模式的资源需求是多方位的，对资源获取、组织与管理提出了丰富性和多样性的要求。如何将资源更高效地整合成人才培养的动力，是人才培养面临的挑战。顺应"一体多元"的人才培养要求，以人才培养为中心，确保充分的资源投入，在投入层面上为人才培养持续注入多样性资源和丰富能量，形成人才培养"立体矩阵"的新格局，包括"校内与校外""线上与线下"和"硬件与软件"等三个维度。"校内与校外"方面，与传统人才培养资源局限于校内资源不同，"一体多元"人才培养模式不仅挖掘校内资源，充分共享相关优势专业资源，还将资源获取的空间拓展到校外，有效获取和集聚企业与社会力量，深化产教融合，校企合作，通过共建实训基地、创新工作室、创业孵化基地、众创空间等，搭建人才培养协同平台；"线上与线下"方面，充分利用互联网技术和新一代信息技术，在传统课程资源基础上开发精品在线课程，搭建学生活动社区网络，形成线上线下互动的O2O人才培养格局；"硬件与软件"方面，在强化和巩固教学设施设备建设之外，更加注重校园文化塑造，形态多样的文化资源给学生心灵以启迪。

（2）人才培养的质量监控。建立内部质量保证体系（如图3-2所示），探索具有专业特点的诊改工作机制，打造与实施目标链和标准链，在学校、专业、课程、教师和学生五个层面开展螺旋诊改，充分发挥制度和文化引擎作用，切实履行质量保证主体责任，推动人才培养质量提升。根据人才培养目标和培养方案的基本要求，建立规划和计划构成的"目标链"，保证发展方向不走偏；制定和完善专业标准、课程标准、毕业标准、双师素质标准、顶岗实习标准、教学管理标准等构成的"标准链"。同时，基于持续改进理念，加强制度建设，优化监控机制，建立由目标保障、组织保障、资源保障、监督系统等构成的质量保障体系。

（3）人才培养的绩效呈现。人才培养系统的绩效评价，是人才培养质量不断提升的关键手段。人才培养的绩效呈现在投入绩效、过程绩效与人才培养最终绩效等三个层面。基于人才培养全面绩效管理的理念，从投入、过程和成效两个层面构建七个维度的人才培养绩效评价标准体系。七个维度包括学生成果（学业水平、竞赛成绩、学习成果）、高质量就业（就业率、创业率、起薪水平）、学生满意度、用人单位满意度、教学业绩考核以及社会评价。设立具有多元评价主体的绩效管理体制，包括学校、学院和专业自评，在校学生评价，第三方专业机构评价，毕业生评价，用人单位评价和社会评价。同时，建立全过程绩效管理机制，包括人才培养目标规划与设定、过程质量跟踪与全面绩效评价、绩效反馈、调整与纠偏等。通过人才培养全面绩效管理，持续不断地优化和创新"一体多元"人才培养模式。

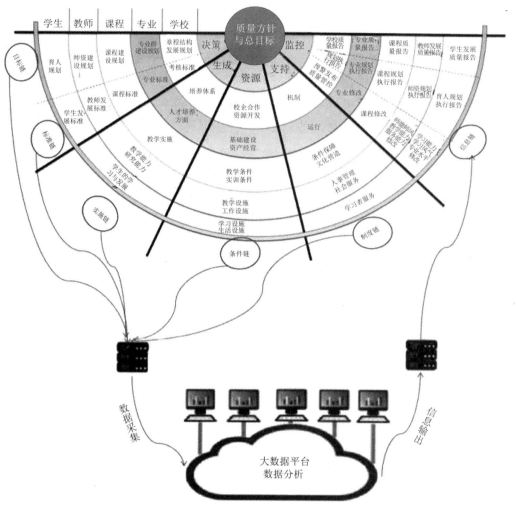

图 3-2 质量保障体系框架

3.4.3 人才培养模式创新的运行机制

人才培养模式具有系统完整、模块完备、逻辑严密、协同耦合的特点，是专业生态体系中的独特自组织系统。由系统科学理论可知，跨境电子商务专业"一体多元"人才培养模式，虽已确立了理念与目标，明确了格局、策略、方法等，还应当建立完善的运行机制，确保过程实施顺利和结果有效。

1. 前提——理念统一机制

人才培养核心理念统领人才培养总体格局与实践发展。培养优秀人才，包括将人格精神、人文情怀与品质行为教育等作为人才培养的根本使命，将专业教育拓展到思政教育、通识教育和双创教育，全面提升人才培养质量，形成卓越导向、特色鲜明、结构完整的人才培养总体目标，这是必须统一的理念，也是人才培养模式创新的前提。

跨境电子商务专业立足新时期人才培养要求和跨境电商产业人才需求，基于人本主义视角的职业教育功能定位、精神成人与专业成才等全方位培育人才的理念架构，决定了"一体多元"人才培养模式的总体目标、发展路径、实施策略与机制等。职业教育发展和跨境电商产业发展迅速，如何前瞻性地适应教育要求和人才需求，从未来视角看待当前问题，要求必须坚守核心教育理念，才能达成人才培养目标。为此，通过制定科学合理的人才培养方案集中解读，通过制订合理的教学计划达成意识上的一致，体现专业特色与优势，由共性到特性、神聚而形展，形成上下一致的凝聚力与系统指向。

2. 基础——跨层融合机制

职业院校人才培养要建立融合机制，实现传授基础知识与培养专业能力并重，强化学生职业素养养成和专业技术积累，将专业精神、职业精神和工匠精神融入人才培养全过程。遵循职业教育、技术技能人才成长和学生身心发展规律，处理好思政教育、通识教育、专业教育和双创教育的关系，以及理论教学与实践教学、学历证书与各类职业培训证书之间的关系，整体设计教学活动。

跨境电子商务专业"一体多元"人才培养模式，通过四大路径融合、跨专业融合、教学融合等三层融合机制，推进校企合作制定和实施人才培养方案，强化多元活动相融合的教学方式，做到教师引导、师傅指导、自主学习等并重，开展订单培养、现代学徒制、企业新型学徒制等做法，普及项目教学、情景教学、模块化教学等方式。

第一层融合：四大路径融合。以人才总体目标为引领，重构人才培养的思政教育、通识教育、专业教育与双创教育的四大路径，基于主体、融合、交叉、协同等策略，破解四大路径之间的异质性和边界刚性问题，践行人才培养理念，支撑人才培养目标。具体而言，首先按照人才培养理念与目标，配置和规划每个路径的属性，实施"电商+"策略；其次，以人才培养方案为抓手，基于人才培养目标，面向培养对象，将四大路径整合，形成科学合理的人才培养方案；最后，以学分制为抓手，建立四大路径之间的柔性选择机制。

第二层融合：跨领域融合。基于人才培养理念和目标，实施"电商+"策略，融合经济、信息和人文领域的知识和技能，促进复合交叉、多线融合，形成纵横交错的融合拓扑结构。首先，开发个性化的人才培养方案，构建模块化课程体系，向学生提供个性化的学习产品与学习服务；其次，采用多位教师合作的模块化教学新形式，通过学分认定和互换的方式，激励学生跨专业选修课程，开展多元教学；最后，制定一系列考评机制、激励机制和约束机制，激励优秀教师承担课程开发、课程教学以及活动指导等工作。

第三层融合：教学活动融合。教学活动融合是指课堂教学、校内实训、社团活动、创新项目、企业实践、社会锻炼、创业孵化、顶岗实习等"多元"教学活动相互融合的具体方法，践行精神成人、专业成才的基本理念，通过理念融合、内容融合、方法融合等融合机制，实现四大路径通过相应的教学活动与人才培养对象链接。首先是理念融合，即全面发展理念，突出跨境电子商务专业特色、融入湘商元素，通过"电商+"将多元教学活动整合成为一体。其次是内容融合，即多元教学活动所培养的精神、知识、技能和素质结构，面向人才培养目标，具有完整性。最后是方法融合，采用校内校外、线上线下、国际国内等多维空间，推动以学生为中心，普及推广项目教学、案例教学、情景教学、工作过程导向教学等，广泛运用启发式、探究式、讨论式、参与式等教学方法，推广混合式教学、理实一体教学、模块化教学等新型教学模式，推动课堂教学革命，实现"一体多元"课堂融合。

3. 核心——多重交融机制

人才培养模式是人才培养的多种主体、多种培养方法，特别是多种不同的知识源泉，在人才大脑和内心发生内在的发酵、内化和升华,是人才培养取得预期成效的枢纽机制。

(1) 四大路径融合机制。为破解四大路径融合、跨领域融合和教学活动融合的难题,跨境电子商务专业"一体多元"人才培养模式设计了系列机制以促进聚合。一方面,建立思政教育、通识教育、专业教育和双创教育的跨路径融合机制,以"电商+"打通多重边界,实现有效融合,解决不同教育知识的差异。基于知识内在的逻辑关联与契合属性,选择性地进行架构。针对思政教育,推进思政课程和课程思政建设,围绕立德树人根本任务,把思政课程与课程思政教育教学相统一,探索实现思政课程与课程思政的有机结合;针对通识教育,以专业教育为出发点,推进通识教育与专业教育相互兼容,注重对专业知识的超越,注重引导学生对整合知识的追求,注重对学生人格的养成,达到通识教育的目标;针对创业教育,将其融入人才培养全过程,灌输大众创新、万众创业的时代理念,培养创新精神、创业意识、创新创业基本技能,服务专业人才培养。

(2) 跨领域的融合机制。通过多元融合、双向交叉,培养具有国际视野、人文情怀、专业素养的复合型技术技能人才。为此,设计跨专业领域融合机制,协同开发模块化课程体系,推进经济、信息、人文等领域知识融入和融合,让学生能够结合电子商务、国际贸易、市场营销、客户服务、生产管理、行政财务等多个领域的跨境电商活动,将技术、商务与管理有机地结合。

(3) 多元教学活动的协同机制。通过顶层战略设计和系统知识规划、多元主体交互和多元课堂协同效应的实践检验,不断对多元教学活动的精神、知识和技能元素在协同的过程和成效进行取舍,以确保"一体多元"产生"化学反应",对学生的学习具有显著作用。

(4) 全面能力开发机制。在思想引导、知识传授的基础上,构建跨境电商专业人才能力结构,并基于四大路径融合、跨领域融合和"一体多元"教学活动协同,针对能力结构不同维度设计能力开发机制,开发人才的全面能力。能力是面向现实问题,对知识、信息、经验和常识等进行创造性整合,以形成解决管理中的"人"和"事"等问题的才干,是知识的进一步活化。基于市场调查和实践探索,以人才理念为核心,以人才培养总体目标为导向,形成"能力根基、能力支柱和能力升华"的范式结构。能力根基,即学习能力和创造能力,内隐于人才能力结构的底层,是人才能力开发的核心与首要任务,在此基础上,开发具有显性特征、在实践中直接创造价值的诸多能力,包括解决问题能力、团队合作能力以及领导力。能力支柱,即解决问题能力和团队合作能力,是商业实践中解决具有"复杂的、不确定性的或者没有先例的"等特征的重要现实问题的能力,与他人合作情境中需要具备的沟通、协调、服从、主张等能力,是能力结构的两大支柱。能力升华,是领导力和创新创业能力,在快速变革的跨境电商生态环境中进行创新和创业,发挥卓越的领导力,以战略管理能力和个体领导魅力开创事业。

(5) 伦理德行养成机制。培养学生的自主学习和探究行为,培养学生的独立担当、承担责任的积极意识,锤炼学生的共生品质。其中,特别注重学生的责任担当、团队合作和乐于分享的道德品质。责任担当方面,通过专业教育过程中通识教育的文化熏陶,以及双创教育的实战模拟,培养学生强烈的解决问题意识。跨境电子商务专业"一体多元"人才培养中,寻求教育向德行养成,为学生设置学习中的生命状态和特定情境,促进学生以多元教学活动的方式,置身德行养成的真实情境之中,通过过程深度参与和学习体验来养成品格。

4. 保证——持续优化机制

人才培养系统的构建与完善,是围绕人才培养目标进行的持续改进过程,具有动态性和变革性。秉持持续改进、不断优化的人才培养模式建构理念,跨境电子商务专业"一体多元"人才培养以人才培养质量标准的持续改进作为基本指引,以人才培养过程的持续改进作为实现路径,以人才培养力量的持续改进作为持续优化的关键保障。

(1) 人才培养质量标准持续改进。针对人才培养质量建立长效机制,构建"及时反馈、动态管理、持续改进"的质量改进模式,通过多个途径积极推进人才培养质量持续改进。一是人才培养模式和方案持续优化,人才培养质量标准的持续改进。聘请专家把脉专业建设现状,为专业结构调整和专业发展提供规划思路;通过在校内设立专业的教学督导、学生评教、过程检查以及学生满意度调查等方式,进一步完善专业人才培养各环节的要求与制度。二是改进人才培养模式和教学环节。根据毕业生和用人单位的反馈,不断改进人才培养模式和教学环节,提高专业人才培养定位和目标与经济社会发展需求的契合度,促进人才培养质量保障体系的持续改进。

(2) 人才培养过程持续优化。一是开展学生评教活动。围绕课程计划、课堂组织、作业情况、课外学习等主要教学环节,将学生的学习要求和意见及时反馈给教师,加强师生间的信息互动,同时通过学生对教师和课程的满意度评价,引导教师进行教学反思和改进。二是探究教学方法改革。充分利用泛雅课程平台、"学习通"移动学习平台的教学大数据,引导教师积极开展课程教学方法改革,不断探究混合式教学、翻转课堂、形成性评价等课程教学改革。三是课堂开放周活动。教师教学发展中心组织全校性公开观摩和研讨活动,促进教师相互学习交流,提高教师教学水平;全过程的教学检查,每学期定期开展贯穿于教学活动的期初、期中、期末检查,加强督导监督作用。

(3) 人才培养力量持续提升。一是加强教师培训。推进青年教师导师制,充分发挥老教师的"传帮带"作用,开展骨干教师和卓越教师培养计划,开展"诊断课""示范课""公开课"等系列活动,提升教师教学能力。二是加强项目引导。持续鼓励和推进教师教学改革和探索,激励教师投入培养方案优化、人才模式创新、教学方法改革等研究,提升教学改革和教学研究水平,提高教学效果。三是完善教师激励。开展"课堂教学优秀教师""教学活动优秀指导教师""竞赛指导优秀教师""学生最喜爱老师"等评选活动,并对教师教学改革优秀成果给予奖励,设置教学为主型的高级职称晋升渠道,量身定制教学为主型的高级职称申报业绩条件,优先选拔在教学中业绩突出的教师,激发教师教学积极性。

3.4.4 人才培养模式创新的现实反思

高职院校专业建设必须与时俱进,充分考虑到国家战略需要和社会经济发展需求。教育教学改革的根本目的是提高人才培养质量,所以,当历史的发展对高职院校的人才培养提出了更高要求时,就必须对现行的人才培养模式进行改革。

1. 破与立,理论创新的突破

理论建构是一个破与立的过程,先破后立是新事物发展的基本哲学规律。跨境电子商务专业"一体多元"人才培养模式的研究与实践，反映了职业教育发展趋势、技术技能人才培养特点，还反映了跨境电商技术技能人才培养的复杂性，在系统论、协同学方面的理论有创新突破。

（1）系统论的突破。在当前职业教育快速发展的趋势下，在招生制度、学制、教学目标、专业设置、课程衔接等关系复杂、因素众多的复杂问题面前，人才培养模式重构是当前职业教育的一大热点。跨境电子商务专业"一体多元"人才培养模式运用新思路和新方法，以培养什么人、如何培养人、为谁培养人为出发点，解决人才培养如何符合新时代要求、专业人才如何适应产业发展需求、如何促进学生个性化发展、教育教学手段与方法如何契合教育技术发展等四大问题，将"成才"与"成人"深度融合，形成完整的系统，提高人才培养质量，凝练专业特色，实现职业教育的可持续发展。

（2）协同学的突破。协同学在物理学、化学、生物学及管理科学等许多方面都取得了重要的应用成果。针对协同效应和自组织现象，协同学能够解决一些系统的复杂性问题。在职业教育和跨境电商快速发展的前提下，高职院校跨境电子商务技术技能人才培养存在诸多问题，教育教学各个环节存在割裂与脱节现状。为了应对这些问题，提高人才培养质量，跨境电子商务专业"一体多元"人才培养模式应用协同学，实施"电商+"策略，实现四大路径融合、跨领域融合、教学活动融合，推进领域交叉、协调发展。

2. 体与用，教育精神的回归

在中国哲学中，体与用的关系始终处于辩证统一的逻辑联系中，十分微妙。现代著名哲学家熊十力认为，"体"既是"本体"同时又是"主体"，"用"既是"现象"同时又是"功用"。在跨境电子商务专业"一体多元"人才培养模式中，始终坚持"一体为本"和"多元为用"，即积极发挥主渠道育人作用，确立主体地位；同时，打造和促进"多元联动"育人平台，开展多类型、多层次和多途径协同育人模式。总之，"一体"为核心，"多元"为辐射，这种多元化大课堂的精神旨归正是全面、全力和全程提升人才培养质量，不断强化内涵式教育和全方位育人。

按照"多元联动"的要求，开展多类教学活动的全方位协同育人，辅助和服务于主体，在重视主体的前提下，不断拓展教学活动类型，实现与国内外院校、行业、企业等全方位协同育人，强化互联网思维，创新思政教育，形成既接地气又有内容的全员育人风气，真正做到全方位育人、全过程育人的新格局，不断提高学生的能力和素质。

3. 知与行，育人理念的深化

职业教育作为一种类型教育，不是简单传授知识、讲授理论，应当将知识和理论转化为实践，在实践中重在培养精神、能力和素质。这就涉及"知"与"行"的理论问题。在《尚书·说命中》提出"非知之艰，行之惟艰"，思想家王阳明提出"知行合一"的育人理念。

事实上，高职院校教学的主要任务是传承方法、探究未知、培养创新，为学生的创造奠定基础，因此，"知"与"行"的辩证问题是首先要重视的问题之一。跨境电子商务专业"一体多元"人才培养模式以"知"为根本，以"行"为关键，以知促行、以行验知，形成了多元、开放、协同的人才培养模式，让学生有更多的机会参加各种教学活动，让学生在全面掌握知识、理论的基础上，不断提高创新能力、动手能力和运用能力等综合素质，真正做到"知行合一"。

4. 鱼与渔，人才培养的成效

教育的终极目标是习得与改变，培育人文，化成天下，其关键在于鱼与渔两种方式。

第一种是鱼。简单传授知识，教处于主动，学处于被动，教与学之间简化为一种纯粹的单线秩序关系。这种简单的单线秩序教授与学习关系始终处于重复状态，效能不高。正因如此，古语道："临渊羡鱼，不如退而结网。"讲的正是"退而结网"的重要性，即掌握获得鱼的工具——网，就是获取新知识、新理论、新技术的手段、途径和方式，超越原始的单线秩序教授与学习关系。这是一种历史的进步，但依然停留在工具主义教育阶段。

第二种是渔。创新能力培养的不仅仅是捕鱼的工具，还需要掌握"渔"的技术、方法与能力。跨境电子商务专业"一体多元"人才培养的改革与实践，根本上是"授人以渔"，根本是培养人才、成就人才，最直接的教育价值体现是能够将学生塑造成创新型、实践型和应用型的人才，服务社会进步、服务经济发展和服务国家建设。

第4章
课程体系——人格与能力融合

"能力本位"以专业技术能力为切入点,以确保所培养的学生能够履行岗位职责为基本原则,是当前职业教育教学的重要理念。"能力本位"课程体系是在分析岗位能力的基础上,确定课程门类、课程目标、课程内容、课程结构和课程活动方式,通过课程教学使学生能够掌握从事某种职业的能力①。随着社会经济和职业教育发展,以及职业教育改革实践不断深入,"能力本位"课程体系的缺点也逐渐显露,为顺应时代要求,"人格本位"理念逐渐被人们所接受,通过人格教育帮助树立学生正确的人生观与职业观,强调先做人、再从业,使学生能够健康、全面及自由地发展②③。

基于此,本书提出构建人格与能力深度融合的课程体系,人格教育与专业教育在教育全过程中互补互渗、相互通融,不仅能让学生顺利就业,而且能让学生在工作中找到获得感、幸福感,同时,还能够让学生具备创业的素养与能力,使职业教育能够真正为学生未来的人生带去改变。

4.1 各类课程与思政课程的同行同向

2016年12月,习近平总书记在全国高校思想政治工作会议上发表重要讲话,指出"各门课都要守好一段渠、种好责任田,使各类课程与思想政治理论课同向同行,形成协同效应"。2019年3月18日,习近平总书记在北京主持召开学校思想政治理论课教师座谈会并发表重要讲话,再次强调"要坚持显性教育和隐性教育相统一,挖掘其他课程和教学方式中蕴含的思想政治教育资源,实现全员全程全方位育人"。习近平总书记的重要论述指明了高职各类课程和思想政治理论课必须同向同行、协同建设的根本方向④。

高职院校的课程,从类别看,包括思政课、通识课和专业课,其中,通识课包括公共必修课、公共选修课和专业限选课;从形式看,包括第一课堂、第二课堂、第三课堂。高职院校各类课程与思政课程的同行同向是以"立德树人"为根本任务和核心目标,课程体系开发应坚持马克思主义理论为指导下的育人导向,开展思政资源渗透,形成所有课程之间立体、交叉、全面的协同育人框架,让每一个学生树立正确的世界观、人生观和价值观,成为

---

① 覃睿,刘梦雪,史娅琪.职业教育的转向:从能力本位到可行能力本位[J].职业技术教育,2017,38(25):28-33.
② 耿立华.基于人格本位理论的高等职业教育人格教育模式构建[J].中国成人教育,2011(10):54-56.
③ 齐迹.论"能力本位"与"人格本位"相结合的职业教育模式[J].继续教育研究,2016(10):63-65.
④ 中共中央宣传部.习近平总书记系列重要讲话读本[M].北京:学习出版社,人民出版社,2016.

德才兼备、全面发展的独特个体，承担起中国特色社会主义事业建设者和接班人的职责①。

4.1.1 同行同向的理论基础

高职院校各类课程与思政课程的同行同向是以马克思主义理论为核心遵循，以实践论为出发点、认识论为着力点、价值论为落脚点，同时，中西方协同理论以及马克思协作理论为各类课程与思政课程的同行同向提供了理论依据。除此之外，教育学中思想政治教育相关理论以及学科、跨学科、合作教育的理论也能为高职专业课程体系建设中所有课程间实现共同育人提供科学基础②。

1. 马克思主义相关理论

实践论、认识论和价值论是马克思主义的重要理论，各类课程与思政课程的同行同向最终旨归是实现人的自由全面发展，这是马克思主义对于人的发展的重要理论的体现，是人才培养的目标指向，也是马克思主义对于人的发展的重要观念，是高职人才培养的目标指向③。

（1）马克思主义的实践论是出发点。马克思主义认为实践是人类生存和发展的最基本的活动，"全部生活在本质上是实践的。"自人类产生之后，就开始了实践活动，通过实践来认识世界和改造世界，使自然界和人类社会在人类的实践中发生着变化，同时实践也改变着人本身。教育是社会生活中的一部分，生活是由人作为主体构建起来的。实践在教育中处于核心地位，学校教育的各种形态、各类机构以及一切教学、管理和服务活动，都应当自始至终将实践作为本位贯彻其中④。

首先，实践具有客观实在性。"人的思维是否具有客观的真理性，这并不是一个理论的问题，而是一个实践的问题。人应该在实践中证明自己思维的真理性。"一方面，教育教学内容是已有的实践结果，是人们通过在实践中形成且认为是正确的内容，通过课堂的教学将其传授给学生；另一方面，教学中、教材中的知识是一种间接的知识，需要学生在实践中不断检验。社会的发展和人们认识水平的提高，不断地验证何谓真理、何谓谬误，何谓正确的价值、何谓错误的价值，因此，教育活动是一种实践活动，教学的目的也要通过实践活动来实现。因此，高职专业课程体系建设都应坚持实践决定论，不能停留在某个点一成不变，真正尊重真理、追求正确的价值。

其次，实践具有主观能动性。实践是人类特有的活动，实践在其本质上体现的是人的主体性，即主观能动性。过去在教育活动中，人们往往认为教师是主体，向学生传授知识、价值与能力，这种"教师主体"限制了学生主体性的发挥。后来，从"教师主体"发展到"学生主体"，这种观点又放弃了教师在教育活动中的主导权。近年来，提出了"教师主导＋学生主体"，强调了在教育活动中各主体发挥主观能动性，教师要掌握教书育人的主动权，学生通过学习实践来建构认知体系，这一过程中，要重视调动学生自己的主体性，发挥

---

① 戚静. 高校课程思政协同创新研究 [D]. 上海：上海师范大学，2020.
② 王明建，江涛. 学校课程体系建设的理论与实践研究 [M]. 北京：中国社会科学出版社，2017.
③ 思想政治教育学原理编写组. 思想政治教育学原理 [M]. 北京：高等教育出版社，2018.
④ 马克思主义基本原理概论编写组. 马克思主义基本原理概论 [M]. 北京：高等教育出版社，2018.

实践的主观能动性。

高职院校各类课程与思政课程的同行同向，就是以马克思主义实践观为基础，学生在实践中发现问题并分析和解决问题，不断调整自我实现社会化，并完善和发展自己。这种同行同向的课程体系以实践观为基础，将课程的改革从知识本位转化为知识、能力和价值的一体化，将知识、能力学以致用，将价值内化为品格素养。同时，同行同向是促进学生在实践活动中知行合一，帮助学生加深对主流价值观的认同，将理论知识结合具体问题分析并运用到实践，不断在实践中完善自我和发展自我①。

（2）马克思主义的认识论是着力点。马克思主义的实践论和认识论是一体的，实践论是研究高职专业课程体系的出发点，认识论就是着力点。认识的本质是主体在实践的基础上对客体的主观能动反映，实践决定认识，认识的目的是实践。毛泽东在《人的正确思想是从哪里来的》一文中指出，"一个正确的认识，往往需要经过由物质到精神，由精神到物质，即由实践到认识，由认识到实践这样多次的反复，才能够完成。"认识运动是一个辩证发展的过程，由实践到认识是认识的第一次飞跃，从认识再到实践是第二次飞跃，认识只有回到实践中，为人们检验、发展和掌握，才能推动下一步的认识过程，这也是认识运动必然遵循的规律。这样的循环往复过程是贯穿于教育活动中的，学生对课程学习是一种对间接知识的掌握，通过学习他人的实践成果来获得对事物、规律的认识②。

高职院校思想政治教育是学生在课程学习中接受价值观的传授、培养与引领，是接受认识输出的过程，是学生接受外来东西的过程，此时学生对于课程内容的认识还比较浅层，也没有进行实践的验证；将思政课程所学融入和贯彻到通识课、专业课的教学活动，引导大学生在实践中深化思政课程所学，加深对专业的认识，让知与行对接和互动，完成学生知情意行的升华过程，增强他们的责任感与追求更高层次的内驱力。

（3）马克思主义的价值论是落脚点。价值是客体对于主体需要的意义，价值是人的客观需要，从一定意义上说，人类社会是一部人们不断追求、创造和享有价值的历史，也是一部人们根据自己价值改造世界的历史。价值具有激励、制约和导向作用，作为个人有其不断激励自己实现全面发展的自我价值，作为社会有其引导和凝聚各方力量的核心价值，作为政党有其为之努力奋斗的政治价值。马克思主义价值论中认为实现全人类的解放以及每个人的自由全面发展是最高的价值目标，当然，马克思是从"现实的人"出发来探讨人类的全面、自由发展，指出人的发展不仅仅是智力的发展，还包括人的体力、人的志向与兴趣、人的道德品质、人的各方面才能、人的自由个性、人的社会关系等全方位多角度的发展③。

2018年9月10日，在全国教育大会的讲话中，习近平总书记强调"培养德智体美劳全面发展的社会主义建设者和接班人"，从青年学生的理想信念、价值取向、知识学习、意志品质、思维能力、创新精神、社会实践、使命担当等方面进行了深刻论述、系统阐释，这些论述都将人的全面发展作为一个重要的价值导向，也为专业课程与思政课程的同行同向指明

---

① 郑永廷. 把高校思想政治工作贯穿教育教学全过程的若干思考——学习习近平总书记在全国高校思想政治工作会议上的讲话 [J]. 思想理论教育，2017（1）：4-9.
② 毛泽东. 毛泽东文集（第1~8卷）[M]. 北京：人民出版社，1993-1999.
③ 白显良. 隐性思想政治教育基本理论研究 [M]. 北京：人民出版社，2013.

了方向。

高职院校各类课程与思政课程的同行同向的探索，体现了马克思主义价值论的核心理念，离不开人的全面发展理论的指导。高职专业课程体系建设强调真理与价值的统一，真理决定了认识世界的科学性，价值则决定了改造世界的方向性，任何成功的实践都是真理与价值的统一。专业课程能够提供更多的可能去激发学生的潜能，帮助学生开展对自我、对他人、对外部世界以及相互价值关系的探索，从智力、能力、人际关系等各方面进行提升，满足学生的主体价值需要，从而努力实现全面发展、自由发展和充分发展。

2. 协同相关理论

协同相关理论是当今各学科、各系统加以运用的科学理论依据和方法指导。在西方协同论、中国古代协同思想以及马克思主义关于普遍联系理论和合力论的指导下，开展高职院校专业课程与思政课程同行同向的研究，具有现实价值和意义。

（1）西方协同理论。协同理论（Synergy Theory）起源于20世纪70年代，是由德国物理学家哈肯所创建的，他认为"自然界是许多系统协同组织起来的统一体，这许多系统就称小系统，这个统一体就是大系统"①。一个系统就是一种环境，在大的系统中，各个小的系统之间相互作用、相互制约，从无序实现有序，维持着大系统的平衡。有序和无序不是绝对的，在一定条件下可以转化。在一个系统内，如果各个子系统不能相互协同，甚至出现了排斥和否定，那么就会出现无序状态，严重的将导致整个系统的崩溃。相反，如果各个子系统能相互协同、配合，凝聚合力，发挥各自功能，最终激发整体功能，那就是有序的运作。系统的整体功能不是小系统的简单相加，而是小系统之间相互作用，目标是使子系统发挥功效，使大系统呈现最佳功能，也就是经常被表述为"$1+1>2$"。

教育是一个由多要素组成的复杂系统，高职院校人才培养是通过教育教学中的各个子系统的相互配合，实现教育的目的，教师、学生、课程、教材、制度、评价等都是关涉是否能够协同的子系统。以协同理论来研究高职院校各类课程与思政课程同行同向，就是要协同好各要素以及相互关系，协调思想政治理论课、通识课和专业课三类课程的关系，协调课程中知识、能力、价值三维目标的关系，协调教学目标、内容、方法的关系，协调教师、辅导员、学生的关系，协调第一、第二、第三课堂之间的关系，协调整个系统与外界的物质、能量和信息的交换关系，使这些子系统实现无序到有序的转变，形成各子系统同步、协调并优化的效果，避免各子系统脱节、割裂等问题，实现各类课程思政功能的最大化。

（2）中国协同思想。协同理论虽是当代西方提出的理论，但其实协同这一概念在我国古代早已有之，内涵也十分丰富。《汉语大辞典》中，"协"字有调和、调整、帮助、辅助、和洽等含义；东汉许慎在《说文》中提出"协，众之同和也"，这里的协是和睦、融洽的意思；《国语·周语》提到"纪农协功"的意思是共同；《礼记·孔子闲居》中"协此四国"是指调整和调和。中国传统文化中还有非常多关于协同、各元素相互配合和制约的表达。例如阴阳学说认为万事万物都有阴阳两面，两者既对立又统一，但阴阳两面又不是绝对的，可以相互转化，一个事物要协调发展必须保证阴阳两者的协调，不能阴盛阳衰或者阳盛阴衰。

---

① TYLER R W. Basic Principles of Curriculum and Instruction [M]. Chicago: University of Chicago Press, 1949.

老子《道德经》中将宇宙生成也表述为"道生一，一生二，二生三，三生万物。万物负阴而抱阳，冲气以为和"，讲的就是宇宙生成与万物之间蕴含的关系①。

中国古代关于协同的思想渗透着中国哲学的智慧，阐述着自古以来有序、完善的和谐思想，追求着万事万物的平衡。在教育系统中，家、校、社会三者联动、教书、管理、服务三育人的统一，全员全程全方位育人的体系构建等无一不是对协同的最好表述。在思想政治教育中，教师是主导，通过教学手段、方法将教学内容通过课程传授给学生并开展相关的思想政治教育。学生是主体，要对教师传授的知识、能力和价值内容发挥主观能动性，将其吸收，并能内化于心外化于行。但是从协同的视角来看，还存在着一些不协调的现象。例如，部分专业教师认为思想政治教育是思想政治理论课教师和辅导员的事，与自己无关，课程是进行知识传授的载体，应该保持价值中立，这使得各类课程思政的内容各自为营、协同不够，途径难以渗透，难以达成有机融合的整体，各类课堂阵营分裂、壁垒分明，无法实现有效协同。

（3）马克思主义关于普遍联系观。马克思主义的普遍联系观指出了事物是普遍联系的，联系是指"事物内部各要素之间和事物之间相互影响、相互制约、相互作用的关系"。恩格斯在《反杜林论》中曾说过："当我们通过思维来考察自然界或者人类历史或我们自己的精神活动的时候，首先呈现在我们眼前的，是一幅由种种联系和相互作用无穷无尽地交织起来的画面。"这种联系具有客观性、普遍性、多样性和条件性。联系的客观性是指联系是客观存在的，世界上每一种事物都和其他事物相联系；联系的普遍性不仅指每一事物与其他事物有联系，还指事物内部的不同要素也相互联系，同时整个世界都是相互联系的统一整体；联系的多样性是说事物的联系并不相同，丰富多样；联系的条件性是说在一定条件下，事物之间的联系能够发生改变，人们可以在遵循规律的前提下，创造积极的条件改变事物的联系。马克思主义关于联系的理论就是一种协同的理念，要求坚持全面、发展的眼光看问题。

高职院校思想政治教育不仅仅要考虑课程的协同，还应考虑到课程思政中各个要素之间的协同。如果单纯只强调思想政治理论课这一要素开展课程思政而忽视其他类型课程，就会导致思想政治教育的不平衡；如果单纯只强调辅导员开展思想政治教育而忽视专业教师，就会妨碍整体育人功能的发挥；如果单纯只强调第一课堂开展思想政治教育而忽视第二、第三课堂，就会影响全过程、全方位育人效果的实现。因此，应从联系和发展的角度出发，用整体性和全局性的目光探寻高职课程思政协同创新这一系统内部各子系统之间的协同机理，做到通观全局，处理好整体与部分、部分与部分的关系，使高职课程思政真正做到协同育人。

3. 思想政治教育理论

自人类有了思想，就有了教育，有了阶级社会，就有了思想政治教育。在任何阶级社会都有思想政治教育的相关理论，只不过称呼不同，理论内容、时代内容不同而已。

中国古代开展思想政治教育的主要理念表现为外在的教化和内在的修养两大方面。在外在教化方面，中国古人在教育过程中非常注重对受教育者的因材施教、启发诱导和言传身教。孔子说"不愤不启，不悱不发，举一隅不以三隅反，则不复也"，就是说要善于抓住

---

① 哈肯. 协同学大自然构成的奥秘[M]. 上海：上海世纪出版社，2015.

"愤"和"悱"的时机来进行启发,循循善诱,启发受教育者举一反三,容易收到好的效果。古代的思想政治教育还非常强调言传身教,要求教师以身垂范,给受教育者作出榜样,"其身正,不令而行;其身不正,虽令不从。"中国古代的思想政治教育的理念强调润物无声,强调循循善诱,这些理念在今天尚有其现实价值,都是高职院校课程中开展思想政治教育可以采用的重要方法,吸取中国古代思想政治教育理念的精华是开展高职课程思政协同创新的应有之义。

马克思主义关于人的教育的理论是马克思主义理论中的重要内容。1866年马克思在《临时中央委员会就若干问题给代表的指示》一信中指出,"阶级的未来,从而也是人类的未来,完全取决于正在成长的工人一代的教育。"恩格斯在《致国际社会主义者大学生代表大会》中对大学生提出了希望:"希望你们的努力将获得成功,能使大学生们意识到,从他们的行列中应该产生出脑力劳动无产阶级,它的使命是在即将来临的革命中同自己从事体力劳动的工人兄弟在一个队伍里肩并肩地发挥重要作用。"

在中国社会主义革命、建设、改革过程中,中国共产党在做思想政治教育工作中也形成了一套行之有效的科学的工作理念和方法,这些宝贵经验是值得继承和发扬的。中国共产党自诞生以来,就将思想政治工作作为其他一切工作的"生命线",这些理念和方法在思想政治理论课中得到了很好的发挥,同样也适用于课程思想政治教育中。早在1938年,毛泽东就对陕北公学的同学们提出"坚定不移的政治方向",制定了"德才兼备、又红又专"的社会主义建设者和接班人的教育总体目标。1957年,在《关于正确处理人民内部矛盾的问题》中,他将"全面发展"具体化为德育、智育、体育等几方面的发展,特别强调要"培养高尚的人",主张"三育并重,德育为先"。进入改革开放新时期,面对变化了的社会环境,邓小平总结了新中国成立以来的正反两方面经验,在1985年全国科技会议上提出了"有理想、有道德、有文化、有纪律"的四有新人要求,"有理想"就是有"社会主义、共产主义理想",这种理想是共产党人无论在社会主义建设中遇到多大的困难都继续坚持下去的信念源,是学生报效祖国、时刻保持自身向上的动力源。党的十三届四中全会以后,以江泽民同志为主要代表的中国共产党人在建设中国特色社会主义的实践中提出"三个代表"重要思想,在北京大学建校一百周年大会上江泽民表达了对大学生的殷切希望:"希望青年们以胸怀祖国、服务人民为座右铭,在学校里全面提高自身素质,为毕业后挑起现代化建设的重担打好基础,要立志到祖国和人民最需要的地方去,努力为中华民族的伟大复兴贡献自己的智慧和力量。"党的十六大以来,以胡锦涛同志为主要代表的中国共产党人以"培养什么人,如何培养人"为根本出发点,切实加强和改进思想政治工作,明确思想政治工作要"育人为本,德育为先"。党的十八大以来,习近平总书记发表了一系列关于"思想政治工作"的重要讲话,在哲学上以马克思主义唯物论、辩证法、历史唯物主义等基本观点为基,在理论上继承和发展了中国共产党成立90多年来在思想政治工作的生动实践中形成的重要指导思想,提出了思想政治工作要在六个方面下功夫,"要在坚定理想信念上下功夫,要在厚植爱国主义情怀上下功夫,要在加强品德修养上下功夫,要在增长知识见识上下功夫,要在培养奋斗精神上下功夫,要在增强综合素质上下功夫",这为开展思想政治工作端正了所行方向,道出了可行路径。

4. 合作教育理论

合作教育起源于19世纪的美国，辛辛那提大学首创合作教育，20世纪60年代被世界各国所采用，成为比较普遍认可的人才培养模式。合作教育强调不仅教授学生职业技能，也让学生学会生存，即学会基本技能、思维能力和个性品质这三部分基础，同时掌握合理利用与支配各类资源的能力、处理人际关系的能力、获取并利用信息的能力、综合与系统分析能力以及运用各种技术的能力。合作教育的本质就是寻求人才培养与现实市场对人才的需求以及国家、社会对人才要求之间的平衡，目标就是培养既有知识又有能力，而且在道德、人际、人格等各方面都较为优秀的专门人才。

在中国，强调将理论与实践相结合的理念是"知行合一"，明朝王守仁最早提出"知是行之始，行是知之成"，意为认识事物的道理和践行其事本就是一件事，是密不可分的。中国现代教育家陶行知先生也以此为信念，他在《什么是生活教育》里提出的学校社会化、教育生活化、学校即社会、教育即生活等理论也是强调学生不仅仅要知道理论知识，还要进行践行，做到内化于心外化于行。

高职专业课程体系不仅要求实现知识、能力和价值三维目标在第一课堂的一体化，还努力将知识、能力、价值三维目标从第一课堂迁移到第二和第三课堂。课堂是各门课程实施的阵地和渠道，传统意义上讲，教学是第一课堂，实践是第二课堂。随着互联网的发展，网络则成为第三课堂。当下高职三类课堂并没有实现真正的互相贯通、互相支撑。高职专业课程体系以合作教育理论为指导，根据第一课堂学生所学设计第二和第三课堂的活动，用知识—能力—价值这根线串起知与行，将课程思政一步步从上到下落实、落细、落小。

4.1.2 同行同向的主要内涵

体系是若干有关事物互相联系互相制约而构成的一个整体，课程体系是学校各类课程的整体排列、组合和优化，具体到某一个专业就是围绕专业培养目标而设置的全部课程要素以及各要素根据作用和功能的不同进行排列组合。

1. 同行同向的基本原则

2017年12月，教育部发布《高职思政工作质量提升实施纲要》，2019年8月，中共中央办公厅国务院办公厅印发《关于深化新时代学校思想政治理论课改革创新的若干意见》，2020年5月，教育部印发了《高等学校课程思政建设指导纲要》，均要求把思想政治教育贯穿人才培养体系，实现各类课程与思政理论课同向同行。高职思政教育是一项系统而长期的工程，有其科学性和思想性，也有其适应规律和超越规律，只有遵循基本原则，才能保证规范有序。

（1）系统性与长期性原则。高职各类课程与思政课程的同行同向是一项系统工程，包含着复杂而不可分割的因素和环节，这些内容是一个具有内在逻辑和联系的整体，必须从整体上把握，决不能相互割裂或顾此失彼，片面、孤立地强调某一方面会导致整个系统的失败。从课程建设方面看，对教育主客体的分析和把握、对课程目标的定位和设置、对课程教材的选择与更新、对方法途径的使用和创新，等等，这些因素和环节按照一定的逻辑组成，而这些因素和环节又受到社会发展、人的需要等因素的影响，具有动态性。因此要驾驭这个复杂的体系，解决其在当下所应发挥的时代使命，必须坚持系统性原则，用整体的视角进行动态的把握。从专业人才培养方面看，要根据专业培养目标，处理好课程与课程之间的逻辑关系，注意课程间的衔接与配合，确定课程在不同学期学习的深度和广度，尤其是对新增加的课程的必要性要做评估，避免课程的重复。从学习者方面看，人的发展是一个不断变化发展的过程，而不同的学习者具有个体差异性，只有运用系统的方法才能在尊重个体差异的前提下为学习者提供合理的教育内容和方式，使不同的个体都能在自己原有的基础上逐步提高，也才能做好不同学段的衔接工作。

系统本身就是一个长期建设的过程，高职专业课程体系必然是能够在长时间内贯彻落实"立德树人"根本任务且可持续发展的框架结构。目前许多学校将课程思政视为一项阶段性的活动或者是运动式的短期行为，有相当一部分建设不稳定，连续性差。为保障高职各类课程与思政课程同行同向的井然有序，就要制订严格的发展计划，促使不同专业按照自身所处的阶段有目标、有重点、有步骤地发展，制定出具体的、前后衔接一致的阶段目标，不能随意超越或人为揠苗助长，保证各类课程与思政课程之间能够按照内在逻辑连贯开展。

(2) 科学性和思想性原则。科学性和思想性原则的统一指向的是教书与育人的统一。科学性即客观真理性，指任何学科理论都必须解释研究对象的本质和规律，以达到对事物真理性的认识和把握。不论是自然科学还是人文社会科学，任何一门学科之所以成为科学，都是因为按照学科本身所发现的本质，运用一定的逻辑，由特定的概念、范畴和原理等进行表述，在揭示研究对象的规律性中建立起来的。高职各类课程与思政课程的同行同向的基础就是保证课程教学的科学性。只有科学性的教学实现了，思想性的教学才能实现，也更能令人信服；反之，如果教学没有科学性，再好的思想性也像空话、假话、套话。

思想性与科学性是同步的，不是两个分割的部分，把思想性融入教学中，为科学性增加价值判断，这样才是真正的课程思政协同。思想是思想政治教育的核心概念，思想政治教育是教育者使社会思想政治品德成为受教育者的个人思想政治品德的实践活动，在这一含义中展现出了一对矛盾范畴，即教育者所掌握的社会思想政治品德与受教育者思想政治品德水平的矛盾，思想、政治、品德三个概念构成了思想政治教育的最核心的内容，笼统来讲，三者都是人的意识，也可以说是思想。在我国，社会思想就是以社会主义核心价值观为代表的凝聚最广泛人民的价值，社会主义核心价值观所宣扬的"富强、民主、文明、和谐、自由、平等、公正、法制、爱国、敬业、诚信、友善"是社会主义社会的内容，同资本主义社会所宣扬的"自由、民主、人权"有着根本性的不同。因此课程体系建设必须牢牢坚持思想性原则，使学生掌握理论知识，树立崇高的理想信念，坚定中国特色社会主义道路自信、理论自信、制度自信和文化自信，为中华民族伟大复兴中国梦添砖加瓦，为实现共同理想和最高理想付出一代又一代人的努力。

(3) 适应性与超越性原则。邱伟光、张耀灿在《思想政治教育原理》一书中提出了"适应超越律"，即要尊重受教育者意识层面的道德水平和需要，又要以此为根据，超过教育对象已有的道德水平和需要。马克思指出，人开展任何实践都要被社会和环境等客观因素制约和限定。适应性一方面是指"教育要与社会的经济、政治、文化等等相适应，培养出适应社会需要的人"，另一方面是指要适应和符合受教育者的身心发展状态。高职各类课程与思政课程的同行同向必须遵循适应性，必须立足于社会存在决定社会意识这一客观规律，考察受教育者思想形成和发展的独特的物质生活方式和身心发展规律，有针对性地组织和实施思想政治教育。

超越性是指思想政治教育在人才培养上具有先导性和超越性，一方面是指既有现存的关于思想政治品德等层面的规定，同时还有对现有状态超越并主动面向未来的引导；另一方面就是通过教育与引导，使受教育者自身也能产生自觉的、超越的力量。人类的这种精神力量的无限性，能够引领人们不断提高思想境界水平，在有限的生命中不断累积文明的成果。高职院校课程思政协同创新就是面对理想与现实、个体与社会的不同视角，在充分考虑已有的思想政治品德基础上，提出符合受教育者全面发展的新内容和新要求。因此，高职院校课程思政协同创新体系构建中，要源于现实又要高于现实，帮助受教育者树立正确的世界观、人生观、价值观，同时又能确立远大抱负和坚定理想信念，驱动受教育者不断超越现实，不断实现人生价值。

2. 同行同向的逻辑关系

要构建一个体系，必然要注意体系中固有的、本质的联系，也就是要把握好各个要素间的逻辑关系。高职各类课程与思政课程的同行同向主要是如何有效地将思想政治教育融入教学各环节中，这里主要分析专业教学与思想政治教育的关系。

学习本身就是一个融合教育和教学的过程，教师交给学生知识，同时还要交给他们学习方法和学习技能，最重要的是灌输努力学习的理念，使学生保持积极进取的学习态度，明确未来的学习目标。教授知识是最容易解决的问题，但端正的学习态度、正确的学习目标就是思想政治教育工作的内容，这些都不是靠思想政治理论课教师灌输的，而是要靠教授这门专业课程的教师引导的。

在专业教学中融入思想政治教育就是首先要解决好学生对学科和专业的认同、产生对专业的兴趣、形成科学的思维和专业精神、培养正确的职业理念和社会责任感等问题。做好这些思想政治教育工作与专业教学工作是相得益彰、相互促进的。其次要解决好专业知识体系中所具有的思想政治教育元素，深入挖掘，使专业教学和思想政治教育自然地联系在一起，达到你中有我、我中有你的状态，让课程有深度、有广度、有温度。对于学生来说，即使意识到教师在教学中加入了思想政治教育的内容，也能认同和接受，能够体会到这是专业教学必不可少的一部分。

3. 同行同向的责任主体

习近平总书记在全国高校思想政治工作会议上指出，党要掌握高校思想政治工作的主导权，保证高校始终成为培养社会主义事业建设者和接班人的坚强阵地；教师是人类灵魂的工程师，承担着神圣使命；思想政治工作队伍要拓展选拔视野，抓好教育培训，强化实践锻炼，健全激励机制，整体推进高校党政干部和共青团干部、思想政治理论课教师、哲学社会科学课教师、辅导员班主任和心理咨询教师等队伍建设，保证这支队伍后继有人、源源不断。因此，高职院校党委要对各类课程与思政课程同行同向行使主导权，推进以思想引领课程，真正回答好"为谁培养人""培养什么样的人""如何培养人"这三大重要而紧迫的问题。

(1) 党的主导权。党委要高屋建瓴,在把握高职院校思想政治工作全局的基础上,从宏观上主导课程思政协同创新工作的进行,把方向、管大局、作决策、保落实,创新体制机制,注意与其他各项育人工作互动相融。思想政治工作作为思想引领工作,是党的意识形态工作的重要组成部分,各类课程与思政课程同行同向是思政工作的重要内容,需要在课程教学中坚持党的领导,牢牢掌握高职院校思想政治工作主导权,引领和整合社会思潮,大力弘扬主流意识形态,形成最广泛的政治意识认同,提高社会主义意识形态工作在高职院校思想政治工作中的分量。

因此,首先,党委应担负起政治责任,切实把高职院校各类课程与思政课程同行同向作为一项政治任务来推行,将其与中国特色社会主义事业建设者和接班人的培养相结合,与共产主义远大理想相结合,与中国特色社会主义理论自信、道路自信、制度自信和文化自信相结合,而不是可推可不推,也不是只在党员教师中推,在非党员教师中不推,更不是推得动的课程才推,推不动的课程不推。其次,党委应担负起组织责任,明确具体责任分工,成立领导机构,负责改革方案制定、政策出台和资金保障等,调配一切需要的资源,协调各职能部门和二级学院的关系,保证高职院校课程思政协同创新在校内的运转畅通有效。最后,党委应担负各类课程与思政课程同行同向的推行责任,充分调动一线教师的主动性、积极性和创造性,指导二级学院和职能部门制定责任清单,将责任落实到人、分工到位,并对实施情况进行检测和评估,及时纠正改革中的错误,摆正方向、指明道路,确保取得好的效果。

(2) 教师的主体性。教师是课程实施中最具主观能动的因素,是高职院校各类课程与思政课程同行同向的主体。师生在教学中的相互关系,经历了"教师主体""学生主体""双主体"和"教师主导,学生主体"等发展。"教师主体"认为"教师为主体、学生为客体",即教师决定了课程的目标、内容、方法、环节等,学生是教师的教学对象。随着学生自主学习理念的提倡,主张一切以学生为中心,"教师为主体"变为"学生为主体",认为所有的教学活动目的是使学生获得知识和能力,因此教学是学生在教师的帮助下开展的学习活动。"双主体"主要指教师和学生均为主体,将教学分为"教"与"学",在教的领域中,教师是主体,在学的领域中,学生是主体。随着研究的发展,以交互性交往为基本形式的"教师主导,学生主体"在教学领域中开始渗透,强调在教学交往中民主平等的交往关系,教师与学生双方是对等的,都以参与者的姿态参与相互的教学关系。不论是"教师主体",还是"学生主体""双主体",或是"教师主导,学生主体",不可否认的是教师的重要作用,除了知识传授和能力培养,价值引领也是以教师的思想影响学生的思想、以教师的价值引领学生的价值引领,同样需要教师的主体性的发挥。

(3) 各方的执行力。高职院校各类课程与思政课程同行同向,是一个巨大的系统工程,每一个部门、每一个教职工都应守好责任田。从党委的宏观把握到教师的一线实施,还需要职能部门、二级学院和思政工作队伍的执行责任的落实,才能保证每一门课、每一节课都能收到好的效果和反馈。虽然在这一系统中,各职能部门、二级学院、思政工作队伍扮演的是辅助性角色,却必不可少,它们能够有效协调各方关系、资源,提供平台、支持。

建立由教务处牵头、党委宣传部、人事处、学生工作处、团委、马克思主义学院等相关职能部门和二级学院各负其责的工作机制。教务处应积极推行教学改革,在教学评价、考核中明确课程思政的比例，设计课程思政教学规范和质量评估指标，保障课程思政能顺利推行；教师工作部和党委宣传部应在广大的一线教师中挖掘课程思政的先进典型进行宣传，号召所有教职工能以此为榜样；人事处应加大对教师师德师风在准入以及教师职称评定时的标准，对积极实施、开发课程思政的教师优先评定；学工部、团委等部门应不仅仅局限在第二课堂，应联合教师，使思政课教师、辅导员参与到通识课、专业课教学实践中；马克思主义学院作为课程思政实施的理论指导单位，在课程的开发和实施中把握深度、广度和温度，保证正确的理论做指导；同时还有各学科系所间教师的交流沟通，等等。这些使教师感受到不是自己一人参与改革，而是所有部门和教职工都同向同行。

4.1.3 同行同向的体系构建

课程体系是指学校各类课程互相联系互相制约而构成的一个整体，也就是课程的整体组合、排列与优化，具体到某一个专业就是围绕专业培养目标而设置的全部课程要素以及各要素根据作用和功能的不同进行排列组合。在高职院校各类课程与思政课程同行同向的体系构建要素中，国家和社会对于人才培养的要求，是体系建设的缘起，应时时把握、全程贯穿。根据体系的建设，构建起高职院校教师协同育人意识和能力培育机制、教学实施与管理机制、平台机制、保障机制，使高职院校各类课程与思政课程的同向同行能够得到有力保障。

"高校立身之本在于立德树人"是习近平总书记在全国高校思想政治工作会议上提出的，这就意味着高职院校在人才培养过程中需要全面贯穿落实"立德树人"这一理念，以思想政治工作为起点，全面统筹推进各项工作的有序开展。因此，构建全课程、全过程、全员的协同育人体系，是育人全覆盖的基本路径，也是"立德树人"理念的具体实施落地。

1. 全课程协同体系

（1）知识、能力、价值三维目标协同。任何知识都并不是独立存在的，都是经过人类经验的总结和规律的发现而得来的，知识的背后往往就是技能，当知识和技能与人的主观意识相结合的时候，一定会带有价值追求的特征。因此知识、技能和价值是不可分割的，甚至可以说知识会陈旧、能力会落后，而价值却是永远引领着人类的方向。

在学校教育中，课程是承载思想政治教育元素的载体。课程目标是课程实施的前提和基础，是课程开展所要达到或呈现的效果。明确了课程目标是课程设计的首要环节，对课程目标进行准确分类就具有重大意义。高职院校专业课程体系构建，应明确知识传授、能力培养和价值引领三维目标，并通过教学设计、教学方法等实现三维目标的统一。

知识传授目标是指学生在课程中所要学习和获得的学科相关的知识，包括概念、范畴、原理、规律等等。任何一门课程呈现的基础就是知识，没有知识的课程不能称为课程。知识传授是指通过学习使学生对知识有一定的记忆、理解和应用，对知识的记忆即人脑对学习过的事物的识记、保持、再现或再认，学生在学习中对教师教过的内容进行识别和记忆，并在内容再次出现时进行回忆和再认；对知识的理解是通过知识内在逻辑的联系进行推断、分析、解释等，学生不仅知道是什么，还能知道为什么和怎么样；对知识的应用是指用已有的知识去解决同类或相关问题的过程，也就是学生能够举一反三，将知识在不同情境下合理运用。

能力培养目标是指学生在课程中所掌握的能够解决或完成相关任务的综合素质，包括一般能力和专业能力。一般能力是一个人所拥有的较为普遍和基础的能力，比如组织、沟通、协调、语言能力等，在工作、学习和生活中经常使用或调动这些能力；专业能力是学生所学习专业中培养的特殊技能、方法等。通常能力与知识的掌握和储备有关，但一个人的知识丰富不能代表其能力也一定高。

价值引领目标是指学生在课程中所感受到的体验性认识以及产生的情感态度，是一种价值判断。高职院校人才培养应坚持中国共产党的领导和为人民服务的底色，课程目标设置也必须为巩固中国特色社会主义制度服务，培养出的人才也必然要投身于改革开放和社会主义现代化建设中。教师的责任就是在课程中指导学生树立正确的、积极的价值观，即以社会主义核心价值观为引领，以马克思主义立场、观点、方法为依据，引导学生在正确的道路上全面发展。

三维目标是课程目标的三个方面，三位一体不可分割。以知识传授为基础，以能力培养为根本，以价值引领为核心，知识传授是基础性目标，能力培养是发展性目标，价值引领是旨归性目标，三者相互递进、相互推动。

（2）专业群、专业、课程三级协同。课程是具体的教学科目，是构成专业的基本要素。每一门课程都以知识传授、能力培养和价值引领三维目标为指引，实现课程育人目标。但是，每门课程不是孤立的，各门课程在专业当中的地位、比重、目标各有千秋，共同汇聚支撑了专业设置，实现专业人才培养目标。各专业又是根据学科设置和市场需求开设的，既有自身存在的逻辑起点又有相互的交叉和对应。因此，高职专业课程体系的全课程育人要做到专业群、专业、课程的三级协同，一个学科下各个专业下各门课程是一个整体，从而在系统论的视野下去达到"1+1>2"的育人效果。

高职院校专业是按"专业大类""专业类""专业"三个层次来设置，专业下又设置了相关课程。其中，专业处在中间，链接上下，上承专业群，下接课程，最为关键。高职院校以培养符合社会要求和产业需求的技术技能人才为目标，这样的角色和定位决定了高职院校专业、课程都应将这一根本要求作为开展教学活动的目标和追求。高职各类课程与思政课程同行同向，要求从专业人才培养方案开发和课程体系设计着手，实现三维目标贯通。专业人才培养方案与各门课程是辐射关系，专业人才培养方案所设置的人才培养目标辐射专业下各门课程，同时在既定的人才培养目标定位下，各门课程集聚在一起，围绕人才培养目标，发挥各门课程的内涵与特色，共同指向专业人才培养方案所制定的人才培养目标。

因此，高职各类课程与思政课程同行同向必须从专业人才培养方案入手，构建知识为基、能力为本、价值为核的三维目标，将课程思政理念融入专业课程体系之中，并据此指导各门课程融入思政元素的开发，实现课程思政理念下专业观的调适，促进专业人才培养方案及各门课程的整体提升。当然，在每门课程设计三维目标及推动实施时，要注意不能"一刀切"，不能将专业课程与思想政治理论课混淆，要保持专业课原有的属性，处理好课程教学中正确的政治方向、价值取向和专业知识与能力导向的关系，避免出现专业课程"泛思政化"倾向，尤其是一些意识形态属性较强的专业课程，要更加精心仔细地开展课程设计，注重学生的感受和接受度。

(3) 思政课、通识课、专业课三类课程的协同。育人要回归教学主渠道，但不能仅限于思想政治理论课，专业课、通识课也负有育人职责。课程体系的构建首先要以内容为本，对思政课、通识课、专业课进行不同层面的改革创新。思政课主要开展马克思主义理论教育教学，通识课在培育人的综合素养过程中牢铸理想信念、凸显社会主义意识形态功能，专业课重点强化科学精神、人文情怀、创新能力、职业素养和工匠精神养成，每门课程的育人功能、育人价值得到全部发挥，就自然实现了全课程的协同。

2. 全过程协同体系

传统意义上，课程教学往往指第一课堂的教学，但其实还远未完成完整的育人任务和环节，学生在课堂上所学的理论知识不是枯萎的符号，还需要在具体实践和应用中使价值观念内化于心外化于行，这也是全过程育人的要求。教学是第一课堂，实践是第二课堂，网络则成为第三课堂，构建全过程育人体系必须覆盖学生接受教育的三大阵地，努力实现三类课堂相互支撑。

（1）融合三类课堂思想政治教育目标。以第一课堂课程思政目标为统领，将第一课堂的目标贯彻到第二、三课堂当中，实现三类课堂融入式设计。第一课堂的专业教师在授课时就应考虑到课程总目标和课时分目标，每一项目标如何通过第一课堂讲述和第二课堂实践达成，同时如何回应第三课堂网络上的各种声音。第二课堂在开设实践活动时应考虑活动的目的、是否能够将第一课堂的知识融入活动设计中、是否符合学生的心理特征、是否符合时代的发展要求、是否有可行性等，还应注意结合第三课堂中学生关注的热点问题，在实践中让学生感知和体验；第三课堂则应紧紧抓住学生的兴趣和爱好，主动开设相关自媒体和公众号，用学生喜爱的语言、表情、方式等进行表达，回应好第一、二课堂。这样，课程思政理念不仅仅贯穿在第一课堂主渠道中，还要实现从教室第一课堂到实践第二课堂的映射和迁移，同时要覆盖到网络第三课堂，真正打通第一、二、三课堂阵地，让学生在第一课堂学到的知识在第二课堂进行有效的实践，并使学生学会辨别和应对第三课堂的不同声音，也能用第二课堂和第三课堂中获得的知识、能力与价值去支撑第一课堂中的所学，真正实现全面、立体化的课程思政。

（2）结合三类课堂思想政治教育的方法。三类课堂开展课程思政的方法各有特点、各有所长，需结合三类课堂思想政治教育方法的优势，以更好地巩固各类课堂教育的成果。在第一课堂中理论教育法是主导，第二课堂中实践教育法是主导，第三课堂中则主要是看教育内容而选择疏导教育法、典型激励法等。理论教育法是教师有目的、有计划向学生进行理论知识的教育，不管是专业课还是思政课以及通识课，在第一课堂中往往都是以讲授为主，以学生学习和接受相应理论知识为目的。

理论教育非常重要，人们的行为总是受思想的引导，如果以正确的理论做指导，行为的正确性就大大增加，而以错误的理论为指导，行为往往也很难正确。而人们脑中正确的理论并不是自发形成的，只能通过外面灌输进去，也就是必须要通过系统的学习才能被较好地掌握。理论一旦被接受，就会形成强大的精神动力，指导人们的实践。在运用理论教育方法的时候，要避免"教条式""满堂灌"的方式，必须做到摆事实、讲道理，注意发挥学生的主体性，充分调动积极性，同时关注学生接受信息的差异性，因材施教、因势利导。

实践教育法与理论教育法相对应，是组织、引导学生积极参加各类实践活动的方法。实践是检验真理的唯一标准，是人们思想发展的动力。实践教育法可以加深对理论认识的层次，能够不断提高动手能力和解决问题能力，同时提高认识能力。在实践教育中，存在着情境体验、参观考察、社会调查、志愿服务、专业实习等多种方式。

疏导教育、典型教育、激励教育、感染教育等方式方法穿插在三类课堂中，尤以第三课堂居多。在网络世界，理论灌输难以吸引关注，实践教育没有平台，只能通过以情感人的方式，吸引学生、黏住学生。其中疏导教育是指进行疏通和引导，以民主平等的身份开展，广开言路又能殊途同归；典型教育则是通过典型的人或事引导学生学习、对照和追赶，主要分为朋辈典型、偶像典型和榜样典型，可接受性和感染性相比疏导教育，大幅提升；激励教育是通过有机结合精神激励与物质激励、外在激励与内在激励，持续激发学生的主观能动性，鼓励学生勇敢追求自己的目标，并能付出超乎寻常的努力；感染教育是通过艺术感染、情境感染、情绪感染等方式，让学生在不自觉或无意识的状态下被感染浸润。

（3）打通三类课堂思想政治教育的渠道。落实课程思政协同的全过程育人，必须打通三类课堂思想政治教育的渠道，真正做到互联互通。在打通三类课堂思想政治教育渠道的时候，要紧紧把握住一个原则，就是从课程出发，落实第一、二、三课堂，实现知识传授、能力培养和价值引领的相互迁移和映射。这里要将辅导员、班主任等为主阵地的思想政治教育与第二课堂区分开，既不是让课程的第二课堂越俎代庖去完成辅导员、班主任的思想政治教育工作，也不是让辅导员、班主任放弃思想政治教育第二课堂主阵地而成为课程教学的附属。三类课堂思想政治教育仍然以课程为出发点、以授课教师为主导设计三类课堂课程思政的目标和方法，在实施过程中，主动争取最大限度的资源和平台，使三类课堂的渠道贯通。

3. 全员协同体系

每一位教师都有育人职责，要守好一段渠、种好责任田，这是习近平总书记对每一位教师提出的明确要求。教师是教学的骨干力量和课程的授课主体，在传授知识、能力培养和价值引领方面发挥着重要作用，其育人意识与能力决定着课程思政目标能否落实，是打通课程思政全课程和全过程的关键所在。"亲其师，信其道，尊其师，奉其教"，教师应自己首先明道、信道，以身示范引领学生。课程思政要求每一门课程教师结合专业与课程内容及特点，用马克思主义立场、观点和方法教育学生，坚持理论与实践相结合，帮助学生解决思想、心理、生活等实际问题，以深厚的学术素养、优秀的思想品德、良好的道德情操影响和引领学生成长成才。

要实现课程思政全面落实，根本上要培育教师的育德意识和育德能力。首先，要加强对教师育德意识和育德能力的考察和培训。在聘用时对教师的育德意识和育德能力多维度考察和把握，实行"一票否决制"；同时组织教师课程思政的岗前培训、定期培训，系统规划高水平师资队伍的建设，尤其要加强教书育人的责任感与使命感的渗透，定期开展课程思政的研讨、分享活动，教学方法与案例探索，教案撰写与实践教学评比等；还应将教师的课程思政的开展作为职称评定、评奖评优的一个重要环节，调动教师的积极性，多角度提升教师的育德意识和育德能力。其次，要帮助教师研发课程思政教案。成立由一线教师和思政专家组成的小组，研发课程思政方案，进行教案、大纲编写和思政资源挖掘，建设课程思政的示范精品课；对具有较强育人资源的课程，开发示范精品课，从课程内容、课堂组织、教学方法、实践教学等环节进行展示，建设教学资源库。

积极调动所有教师的育人意识，提高育人能力，实现协同合力育人，各部门、各教师打破原有壁垒，形成合力育人的局面，做到协同互联、协同互通、协同互动。协同互联，引导学生思想，就是采取多元的形式，如面对面、网络等方式多与学生进行思想沟通和交流，了解学生思想动态，解决思想和实际困惑，做好引导工作。教师间也应增强联系，交流所带、所授课班级学生的思想情况，掌握更翔实的资料，以利于双方更好地、更有针对性地开展工作。协同互通，督导学生学业，就是指教师要互相沟通，关心学生的学业，帮助学生改进学习方法，积极指导学生开展社会实践和科研活动，推动学生自我发展和成长。协同互动，指导学生人生，就是指通过一系列活动不断加强教师与学生之间的互动，在互动的过程中教师身体力行，为学生的人生做好指导，帮助他们做好规划，成为学生的知心朋友和人生导师。

4.2　通识教育与专业教育的有机融合

爱因斯坦认为，虽然专业教育可以使人成为一种非常有用的机器，但是却不能使人成为一个和谐发展的人，因此，仅仅用专业知识教育人是远远不够的。学校将注意力过度放在专业教育上无疑是一种短视的行为，虽然能够在特定时期内满足经济社会发展的人才需要，但是却难以适应未来新经济、新业态、新技术背景下对技术技能人才的需要，这是因为人才人文底蕴、创新能力和知识全面性的缺失。因此，通识教育与专业教育的有机融合为未来高职院校发展指明了道路。

4.2.1　有机融合的基本思考

实施通识教育的基础是打破专业限制，在科学技术高度分化又高度交叉融合的今天，更要突破专业藩篱。但是，高职院校的院系和专业藩篱依然存在，即使各高职院校近年来陆续推行专业群建设，但以院系为单位的内部专业整合的痕迹仍然明显，院系对通识教育的认可度不高，还是强调专业教育的重要性。因此，通识教育与专业教育有机融合，需要深入分析其内涵、要求和学理依据。

1. 通识教育的基本内涵

通识教育（General Education）也称作普通教育、一般教育。我国教育学者顾明远主编的《教育大辞典》指出，通识教育是近代关于教育目的和内容的一种教育思想以及据此实施的教育。在高等教育阶段，指大学生均应接受的有关共同内容的教育，通常分属若干学科领域，提供内容宽泛的教育，与专业教育有别。

（1）通识教育的定义。通识教育的起源可以追溯到古典的博雅教育，以培养"理智的自由人"为目标，其教育对象以上层社会的"有闲阶级"为主，以文法、修辞、逻辑、几何、算术、天文、音乐"七艺"为教育内容。文艺复兴时期所倡导的人文教育以及19世纪由纽曼提出、并在欧洲产生重大影响的自由教育，都是20世纪中叶以来不断兴起的通识教育思想的理论源泉。

1828年，耶鲁大学发布了著名的《耶鲁报告》（The Yale Repert of 1828），报告中使用了 General Education 一词。

1829年，美国博德学院的帕卡德教授撰文提出，大学应当给青年一种 General Education，一种古典的文学和科学的，一种尽可能综合的（Comprehensive）教育，它是学生进行任何专业学习的准备，为学生提供所有知识分支的教学，这将使得学生在致力于学习一种特殊的、专门的知识之前对知识的总体状况有一个综合的、全面的了解。帕卡德已经是在通识教育的现代含义上使用 General Education。"General Education"的译法，如果直译应译为"普通教育"或"一般教育"，我国台湾学者将它译为通识教育。

在英语中，General 有全面、普通、广泛、全体、综合、总合、不限于某一部分等义。从哲学角度理解，General 包含着宇宙万事万物，是宇宙万事万物的本源、存在的依据和发展变化的始因。因此，General Education 就是教导人对万事万物追根溯源、求真问因的活动。在古汉语中，"通"有通晓、通过、通达、贯通等义。《现代汉语词典》中释"通"作"没有堵塞，可以过去""有路达到""透彻了解""普通、一般""整体、全部"等，"识"作"了解""辨别""学问""见地""智慧"等义，是认识活动的过程及结果。可见，"通""识"与英语 General 的含义是相通的，不过，比较西方对 General 的理解，中国人更赋予"通识"以新的内涵。我国台湾学者认为，把 General Education 译为"通识教育"是最为精当的。中国文化将 General 的理解进一步深入到人生观、价值观、历史观和审美观领域，集中反映了中国文化对学问人生、知识智慧、道德文章、做人做事等完美境界的追求。

对于通识教育的内涵，学者们众说纷纭。我国李曼丽等学者搜集了从19世纪初期通识教育一词被提出以来到目前为止的、具有一定代表意义的著作，以及著名学者对通识教育内涵的50种左右表述，从性质、目的和内容三个角度定义了通识教育的概念。他们认为，就其性质而言，通识教育是高等教育的组成部分，是所有大学生都应接受的非专业性教育；就其目的而言，通识教育旨在培养积极参与社会生活的、有社会责任感的、全面发展的社会的人和国家的公民；就其内容而言，通识教育是一种广泛的、非专业性的、非功利性的基本知识、技能和态度的教育[①]。

通识教育之"通"就是要求学生能通达不同领域之识，使学生兼通于"何以为生""以何为生"两个领域，这样才能形成完整、完美的人格；而通识教育之"识"，不仅局限于"知识"之识，除理性知识以外，还包括人的情感、意志、责任等在内，不仅局限于知识的获得，而且着力于全面人格的培养。因此，通识教育的目的在于为学生提供多学科、跨学科的知识，提供丰富多彩的文化背景，提供深入思考问题、研究问题的取向和方法，提供必要的学术规范，从而全面培养学生分析问题和解决问题的能力，为学生成人成才和人格养成服务。

（2）通识教育的特点。通识教育不是为了学生眼前的就业，而是为了学生一生的受益；通识教育既不是为专业教育打基础，也不是为专业教育做补充；通识教言本身是为学生成人成才这个目的服务的。回顾国内外大学通识教育的历史，通识教育可归纳出以下3个特点：

---

① 李曼丽，汪永铨. 关于"通识教育"概念内涵的讨论［J］. 清华大学教育研究，1999（1）：3－5.

①基础性。即通识教育不是某一专业的纵深教育，也不是为专业教育服务的，而是有重点地提升人的各方面基本素质的较高层次的基础性教育，是为了培养学生的民主法治、自由平等、公平正义的公民意识，帮助学生树立有理想、有抱负、有责任感的人生目标。

②人格性。通识教育实际上是围绕人的人格成长展开的，是为了培养学生的诚实、守信、正直、宽容的人格。通识教育融入了"人的文化视野与能力、认知头脑、价值与道德观、情感与意志"等内容，这些都是人格中的重要方面，这些方面的状态好了，人格的状态也就好了。

③认识性。通识教育让学生学习自然科学、社会科学、人文科学，培养学生的批判性思维能力和沟通表达能力。

④文化性。通识教育鼓励学生正确认识文化传统，尊重和学习其他文化形式，能够欣赏文学艺术作品。提高大学生的文化品位、审美情趣、人文素养和科学素质，是通识教育的主要目标。

通识教育的目的，就是要使学生有比较广阔的文化视野，了解人类文明的精髓与社会生活中的文明规则，有判断是非、自觉反省、表达沟通的理性头脑，有价值的辨别能力与正确的道德准则，有美的情感意趣与坚强意志的修炼及开放、合作、豁达的胸襟，使人的行为习惯乃至气质性格变得有教养，人格变得比较完善通达。

2. 专业教育的基本内涵

人类高等教育的起源可以追溯得很远。古希腊时期柏拉图的"阿加德米"学园被公认为是较早进行高等教育的场所。在中国，高等教育起源于殷商时代的"右学"。这些古老的教育形式与现代大学相距甚远，与现代大学有着"血缘"关系的还是11、12世纪产生的中世纪大学。从中世纪大学的产生及其办学模式不难看出，大学教育开始带有比较强的专业性。中世纪大学主要是培养专业人才的职业学校，只是在有限的意义上可以说它是为学习本身的概念而存在的。大学在满足专业、教会和政府对各种人的需要的过程中不断发展[①]。现代大学就其起源而言已不同于古典意义的大学，它们与行会类似，专业教育也随着科学技术的发展和学科的分化而逐渐从人文教育中分离出来，并得到了快速发展。今天知识剧增的程度与知识更新的速度，超过了以往任何时代，而且还在加速，因此，大学分学科或专业培养人才是一种必然的选择。

（1）专业的定义。目前，各重要辞书及教育著作对"专业"的定义各不相同。《教育大辞典》中"专业"译自俄文，是根据社会职业分工、学科分类、文化科学技术发展状况及经济建设与社会发展需要划分的。高等学校据此制定培养目标、教学计划，进行招生、教学、分配等项工作，为国家培养、输送所需的各种专门人才；学生按此进行学习，形成自己在某一专门领域的专长，为未来的职业活动做准备。《现代汉语词典》中"专业"是指高等学校的一个系里或中等专业学校里，根据科学分工或生产部门的分工把学业分成的门类。这里，"专业"指学业门类，其划分依据为科学分工和生产分工。厦门大学编写的《高等教育学》中，"专业"指课程的一种组织形式。联合国教科文组织所编写的《国际教育标准分

---

① 胡建华. 高等教育学新论 [M]. 南京：江苏教育出版社，2004.

类》中,没有出现"专业"一词,对应出现"课程计划"。大学由农学、文科、教育、工学等名目繁多的系或学院组成。学生在某系选择一组课程计划,这一组课程计划内常有些课程要到其他院系去上。也有这种情况,同一种课程计划,由于重点不同,往往在一个以上的系中进行。可以分析得出,"课程计划"与"课程的一种组织形式"内涵相同,也与美国高校中的专业概念相同。卢晓东、陈孝戴在《高等学校"专业"内涵研究》一文中对"专业"定义较为完整科学:专业就是课程的一种组织形式,学生学完所包含的全部课程,就可以形成一定的知识与能力结构,获得该专业的毕业证书。

综合以上概念,可以确定"专业"有以下3个特点:

①专业是高等学校培养学生的主要载体,按照一定的标准划分不同领域。

②专业依托于课程的组织和设计。

③每个专业都有一个科学的知识体系。

(2) 专业教育的内涵。专业教育的定义,学者们众说纷纭,没有一个统一的结论。《国际成人与继续教育词典》中,对专业教育进行了明确的定义,表述如下:专门面向那些地位比较高的职业而开展的职业教育就是专业教育[1]。《美国教育百科全书》中也对专业教育进行了定义:存在那样一些职业,除手工方面的技能之外,还需要专门针对这门职业的学术方面的知识,我们所说的专业教育就是为了满足上述职业的要求而进行的很正式的教育和相关的训练[2]。美国学者索洛姆(Solomon)和悉尼(Sidney)对专业教育概念的表述是:专业教育能够帮助学员获取一些专门的能力,这些能力是指能够准确判断出某些专门的需要并且能够自主决定采用合适的措施。与此同时,专业教育既是专业理念形成的过程亦是一个学员社会化的过程,以本专业领域的习俗、伦理道德、成员关系和专业内成员所共同认可的行为来教育学员的过程[3]。英国学者大卫·沃森(David Watson)对专业教育概念的表述是:专业教育是指把学生培养成具有胜任力的专业人士的一个过程,还提供就职之后的课程和继续教育以确保已经入职的专业人士在社会变化中保持其专业性[4]。

从以上的定义来看,专业教育与职业有着密不可分的关系,但是专业教育又跟职业教育有着很大的区别。专业教育的内容不仅限于职业教育,还要把学生培养成为专业人士、领域专家等高层次的人才。从这个角度来说,专业教育是指为专门职业培养专业人才的教育。专业教育既包括入职之前的教育,也包括入职之后所进行的继续教育。通过比较正式的、持续时间较长的专业教育,受教育者获得专业领域相关的理论方面知识和适合实际情况的实践技能,培养出服务理念与客户利益至上的专业伦理。这种专业教育既源自实践,亦基于研究,非常强调在实践中培养受教育者应用专业知识和进行可持续发展的能力,培养受教育者的创新技能和批判意识[5]。

---

[1] 胡建华. 高等教育学新论 [M]. 南京:江苏教育出版社, 2004.
[2] 徐今雅,朱旭东. "专业教育"辨析——兼论专业教育与高等职业教育的关系 [J]. 复旦教育论坛, 2007 (6): 29-34.
[3] SOLOMON H, SIDNEY M, Professional Education in the United States [M]. Westport, Conn.:Praeger, 1994.
[4] HAZEL B, DAVID W. Developing Professional Education [M]. Buckingham Philadelphia, PA: The Society of Research into Higher Education & Open University Press, 1992.
[5] 王玉. 专业教育的成果评价及持续改进研究 [D]. 大连:大连理工大学, 2017.

专业教育常见的目标包括：将知识和基本价值观融合成专业伦理，能够理解核心概念，使用合适的方法和实践相关技术，获得进行专业实践所必备的能力和进行可持续发展的能力。这种教育的目的是培养出有责任观念的专业人士，通过提高他们对不断完善专业知识和实践技能的重要性的认识，确保他们在专业领域里进行持续发展的能力。英国学者彼特（Peter）在《专业教育》一书中对专业教育的培养目标进行了详细的阐述。彼特认为专业教育的培养目标是打造具有胜任力的专业人士，包括：受教育的学生应当有专业伦理观念，深刻领悟完美的实践和服务的重要性；专业教育要教授给学生足以应付现实情况的知识与技能，或者能够提高已经入职者的知识和技能；通过专业教育发展受教育者的批判意识和终身学习理念。

因此，就培养目标而言，专业教育以培养"专才"为目标，教育价值取向的功利性强，强调实用和为学生将来从事的职业做准备；就教育内容而言，专业知识按系、专业分割，分门别类，专业口径一般很窄。

3. 有机融合的学理依据

专业教育和通识教育是教育的两部分，它们的性质虽然完全不同，但两者却不能割裂或对立。事实上，教育界之所以对大学应实施专业教育还是通识教育争论不休，就是因为此两者紧密联系，不可分割，它们共同构成大学教育之目的。基于此，许多学者认为大学教育应该整合通识教育与专业教育，使学生既掌握"何以为生"的知识和本领，更领悟到"为何而生"的人生意义和生存价值。将"有限的目的"（使学生具有谋取生存手段的外在目的）与"无限的目的"（超出人的自然存在直接需要的发展之目的）统一起来，达到人的全面自由和谐的发展。

（1）马克思关于人的全面发展学说。教育是一个影响人身心发展的过程，这种影响的目标是使人"更聪明，更富有，更高尚"，其终极目标是使人全面自由和谐地发展。马克思在吸收前人的卓越思想的基础上创立了全面发展学说，从分析现实的人和现实的生产关系入手，指出了人的全面发展的条件、手段和途径，使人类千百年来的一个浪漫主义理想成为一个完整的科学体就在于，他在现实生活中考察人的发展状况，尤其是从现实生产方式对人的发展走向健全的局限，看到了全面发展将是个历史进程，而在这个进程中，生产力的充分发展是决定性的因素。

①人的体力与脑力的协调发展。一个人既能从事脑力劳动，又能从事体力劳动，体脑分工完全消失，这样的人才能成为真正的全面发展的人。然而由于严格的社会分工，人的体力与脑力被迫处于长期的分离与对立的局面，理所当然也只能造就出片面发展的人。马克思认为，劳动力是"体力与智力的总和"，由此可见，马克思认为体力与脑力的协调发展才是人的全面发展。

②人的才能与品质的多方面发展。在阶级社会里，由于严格的社会分工，一个完整的人被分解为部分，其中一些才能与品质得到了发展，但是其他一些才能却受到抑制和摧残，从而得不到很好的发展。马克思主张必须"培养社会的人的一切属性""每一个人都无可争辩地有权全面发展自己的才能"。

③人的全面发展是个人发展与社会发展的统一。马克思认为，个人离不开社会，他总是

在一定的历史条件下和社会关系中从事社会活动的社会现实人。也正是因为如此，个人的发展必须与社会的发展保持协调一致，个人才有可能得到真正的全面发展。马克思关于人的全面发展学说是我国实施教育改革的理论基石，也是教育改革的最终归宿。通识教育与专业教育的有机结合是为完善人才培养模式做出的改革尝试，同时也是实现人的全面发展的一种有益推动。

（2）科学与哲学之间存在张力作用。从科学发生和发展的外在机制看，科学与哲学之间内在地存在着一种张力结构，这种张力作用主要体现在：一方面自然科学是哲学发展的基础，是推动哲学前进的根本动力，自然科学的发展是哲学思想产生和发展的源泉。如自然科学在发展的过程中必然会面临一些难题，从而促使人们对这一难题不断认识和反思，并加以解决，因而不断获得自然科学的重大突破，而这一过程正是自然科学不断向哲学提出新问题与新挑战的过程，从而推动哲学不断地发展。另一方面哲学的发展反过来又影响并作用于自然科学的发展，换句话说，哲学对科学的发展具有指导作用。如哲学的方法论和认识论可以为自然科学研究提供直接的支持，能够提升、丰富或改进科学家的理论思维。科学基础理论中离不开哲学预设，形而上学对于科学来说也并非多余。要进行理论思维，就不得不使用对世界的一般性的观点，使用认识世界一般规律的那些方法，以及那些反映自然界普遍联系的基本概念和范畴。

通识教育与专业教育的有机结合，是立足于哲学（人文）与科学之间内在的张力结构，力图改变当前我国大学人为造成的"一条腿走路"现象，实现人文与科学（或科学与哲学）两条腿走路，不仅重视对"形下"的科学知识的掌握，而且更加重视对"形上"的科学哲学的智慧追求，以此来实现培养拔尖人才的目的。

4.2.2　有机融合的问题检视

对部分高职院校进行调查，从人才培养目标、课程设置和课程实施方式进行比较研究，分析专业教育和通识教育实施状况，发现存在一些问题。一是忽视了对学生合理知识结构的探索，对学生社会交往能力、语言表达能力、审美能力、创新能力的培养不够，对专业素质的培养较重视而对学生"做人"方面的教育强调得并不多。二是人才培养重心普通不高，注重学生的操作技能的培养，注重对学生进行完整、系统的操作训练，缺乏层次性和多样性，对人文教育不够重视，高素质、复合型的教育不够突出。就通识教育实践而言，还存在管理体制问题和师资问题。由于我国一直将专业作为一个实体，各专业有各自的教师、仪器设备、学生、经费。而且专业水平既代表学校办学水平又体现教师学术水平，因此，学校将大部分精力用于专业建设，教师也致力于提高自己的专业学术水平。通识教育课程被认为是与学校、教师水平无关的课程，讲授通识教育课程的教师得不到重视，在地位、待遇、进修机会上均不如专业课教师。

1. 认识分歧

通识教育和专业教育不能有机结合的主要原因是未形成一种统一的认识，致使通识教育与专业教育之间关系定位存在模糊性、多样性和不确定性。关于通识教育是否就是文化素质教育、人文教育或者文理教育，如果认为是，其原因是什么，如果不是，它们的关系又是怎样的,这种种理论认识上的模糊性和不确定性,必然会直接影响到高等教育实践改革中如何来处理通识教育和专业教育的关系,如果这些问题都解决不好,何谈实现通识教育和专业教育的有机结合,即便是结合了,也不过是流于形式罢了。

2. 只得其形

知识分为技术性的知识、应用性的知识、原理性的知识、哲理性的知识等四个层次,由低到高,由具体到抽象,由实际操作到理论思辨,层层深入。高层次知识是对低层次知识的指导或阐释,低层次知识是高层次知识的实践和应用。其中,技术性的知识、应用性的知识和一部分原理性的知识属于科学知识的形下部分,是专业教育的主要内容;而哲理性的知识和一部分原理性的知识属于科学知识的形上部分,是通识教育的主要内容。科学知识是一个有机的整体,形上与形下不可分离,形上知识为体,形下知识为用,理想状态上四个层次的知识教育应该体用一致,体和用相互配合,相互促进,这样通识教育与专业教育才能够达到有机结合。而现实状态却是科学知识的形下与形上脱节,使得通识教育与专业教育的结合"只得其形",人才培养急于求成,缺乏长远眼光,从而导致教育的功利思想浓厚,重人才培养的应用性、实用性,而忽视基础性、理论思辨性的培养,专而不博,且专而难精,缺乏人文积淀,尤其是哲学的理论素养。

3. 壁垒森严

不同专业之间都有各自的边界,缺少沟通交流,真所谓"鸡犬相闻,而老死不相往来";即使在同一专业内部,也被人为地将本是一体的课程体系划分成条条块块,阻断了课程之间的沟通交流,严重阻碍了良性发展。随着科学技术的不断发展,课程有其内在的发展逻辑,它不断遵循着"分化—整合"。

4. 改革不彻底

随着职业教育改革不断深化,学分制也逐渐成为热议话题,虽已成为高职院校普遍采用的教学管理制度,但仍处在探索改革之中,问题依然存在,实行的并非真正意义上的学分制。学分制的实质就是让学生有自主选择专业、自主选择课程和授课老师、自主选择学习方式的权利。

4.2.3 有机融合的策略建议

通识教育与专业教育究竟如何融合,该如何运作,在融合时应遵循哪些原则,这一系列问题都需要认真研究,这些也是通识教育与专业教育有机融合中最核心的问题,直接影响到课程设置的合理性及课程体系的科学性。

1. 融合原则

(1)选择性原则。高职院校应保障学生选择专业和课程的自由,并积极指导学生自由选择。广泛开设各种选修课程,目前已成为课程改革的普遍趋势,这是学生获得多方面知识的保证。选修课的设置使高职院校的教学工作灵活多样。对学生来说,他可以根据自己的水平和兴趣选学适合自己需要的课程,增强对自己的兴趣和信心,发挥个人的特长和才能,当然也扩大了知识面。对学校来说,可以发挥教师的积极性和特长,也可以尽快地把科技和生产中的发明创造反映到教学内容中去。增加选修课比例有利于打破专业的限制,为学生辅修第二专业或转换专业提供便利,也有利于各高职院校根据学生需要和社会需要灵活设置专业,从而有利于学生全面自由地发展。

(2) 综合性原则。综合性原则指大学应向学生提供多学科的知识和多方面素养的训练,促进学生综合能力的提高和健全人格的养成。科学技术迅猛发展的一个特点是综合化、整体化趋势加强,科学与人文相互渗透和融合的趋势加强。自然界本身是一个整体,而学生也应是"完整的人",即便为增强学生今后的适应性,大学的课程设置也要突出综合性。

(3) 层次性原则。专业教育应遵守由基础到专深的循序渐进规律,通识教育也有层次性,教育应由浅入深,将课程有机联系起来,形成完整的课程体系。

(4) 个性化原则。这是指进行课程设计时应根据各校的历史与现状,针对学生的不同特点,因校、因专业来安排组合人文、自然、社会科学课程,形成具有个性特色的课程体系。不同类型的学校,不同类型的专业,课程设置都需做适合自己特点和实际情况的研究,不可能所有专业都按照一个模式来组合人文、自然及社会课程。学校、专业、学生三方面的个性特点,均是设计课程体系时应认真研究的问题,也只有突出个性的课程设计才是真正有价值的设计。

2. 融合机制

高职教育现行的机制是专业机制,具有三个鲜明特点:一是自上而下的机制,是指教师是被动主体,扮演执行者的角色,难以突破专业的限制去进行课程上的新探索;二是惰性机制,是指专业一旦设定,就有专业教师、学生、设备和设施、教学机构和环节,很难根据社会需要及时改动,设置新专业更不是轻而易举的;三是把人才等同于产品,这是因为专业直接对应于社会发展的实际需要,专业划分往往越来越细,培养的人才的规格越来越对应于具体的职业或产品,不利于宽口径培养人才。基于此,建议以课程机制取代专业机制,淡化专业界线,采用"大专业"人才培养模式,培养宽口径人才。

(1) 淡化专业,强化课程。课程机制的基础性工作是淡化专业,强化课程。教学主管机构把专业的改造权与设置权下放给学校,淡化对专业的控制;同时,把专业的规格性作用限定在最基础的层次上,教师、学生和师生教学活动开展、教学实施过程逐步淡化被专业的束缚;其次,尝试设置真正的大专业,逐渐淡化专业的界限,拓宽专业的口径。强化课程中教师的主体地位,能够让教师在确保基本教学任务完成的基础上,根据每个教师所擅长的领域增设新课程,创新教学内容、方法和形式。

(2) 加强基础,拓宽口径。关于三年的高职教育是否能够培养出符合要求的高技能人才这一问题,曾经一段时期内在我国教育界存在过争议。目前,大家一致认为,高技能人才的培育,离不开真实工作岗位的历练,而学校仅仅是培养相关技术技能的基础。因此,基础理论、基础知识、基本技能的学习与训练应在学校教育阶段得到进一步加强,学生有了坚实的基础,可以更有利于后期专深专业教育的学习,也更有利于学生今后的可持续发展。目前,我国的高等教育已进入普及化、大众化,接受高等教育的学生与日俱增,其中很大一部分学生并没有在中学阶段掌握扎实的基本功,更无法过早、过深地进行专业教育。

(3) 减少必修课,增加选修课。在课程设置过程中,以学生自主选择为原则,尽可能给学生更多自由选择空间,也就意味着需要增加选修课比例,降低必修课比例。未来还可以探索跨院系、跨学校选课，还可以尝试打破学年限制，允许学纵向课程，同时，学生还可以根据自己的实际情况决定是否辅修第二专业和提前毕业。增加选修课还有利于学生拓宽专业口径，因为必修课过多会大大限制学生的精力和时间，从而基本没有拓宽专业口径的可能。总而言之，不同学生的基础、兴趣、实际需要存在很大差异性，为了尽可能满足学生全面发展，需要学校提供给学生更多自主选择的课程的机会。

（4）注重融合，提倡开放。新时代，科技发展的速度日新月异，各行各业相互融合、渗透的程度越来越高，这就要求人才有综合型、跨界型的能力和素养，也就意味着高职教育需要改变传统割裂的课程体系，注重相关课程的融合，注重跨学科课程的开设，培养学生综合的实践创新能力、解决复杂社会问题的能力。课程在设计过程中，尽可能多地考虑现在和未来可能面临的社会、行业、产业问题，尽可能实现各相关专业课程相互之间的开放、共享、融合，实现各类"割裂"课程的相互渗透，让学生在具备"做事"的这一看家本领的基础上，还具备"做人"的品德修养。这样，培养的人才既对接社会的需求，又对接个人可持续自由和谐全面发展的要求。

4.3 双创教育与专业教育的价值共创

双创教育不是一种孤立的教育，从内部来看，它与专业教育的融合是一条必由之路，这并非对双创教育的延展和渗透，而是对高职教育作为知识密集区价值的基本皈依，解决的是创新创业需要的内生动力问题。而从外部看，高职创新创业教育是嵌入一个良性的生态圈的积极作为，它与政府、企业等外部元素的互动，构成了创新创业教育可持续的大环境，解决的是创新创业需要的互生共养问题。创业教育价值的最大化应当需要内外部因素的共同推动，这也是高职教育亟待建构的协同体系。

4.3.1 价值共创的内在逻辑

1. 双创教育的基本定义

创新创业教育的相关概念自1991年在东京创业创新教育国际会议中被提出以来，受到了广泛的关注。此次会议认为：应将培养具备创新意识、创新技能和热衷于丰富自身创业理论的高素质人才作为创新创业教育理论的教育目标。把"双创教育"作为一个语言符号进行分析时，可以发现其所表现的内涵是随着社会的变迁而不断发展变化的。创新创业教育"语义泛化"，是不同社会发展时期及不同群体对"教育和创业"关系问题认知的集中体现。我国高职创业教育的"语义泛化"，经历了引申、抽象、含混三个阶段，杂糅了"鼓励师生高科技创业的教育""鼓励创新、完善素质的教育""鼓励各类创业、促进充分就业的教育"等内涵。在很长时间里，国内高职创业教育存在明显的借鉴和模仿的倾向，创业教育并非对我国传统高职教育的"简单扩展"和"同向延伸"，而是对我国高职传统教育的"额外添附"和"方向调整"。分析我国高职创业教育语义泛化历程可以发现，虽然参与作用的主体类型不断增多，数量不断扩大，使得创业教育语义的内涵不断地丰富，但其对内涵深度的拓展却尚显不足。

"创新创业教育"的定义于我国2010年颁布的《关于大力推进高等学校创新创业教育和大学生自主创业工作的意见》中得以确定。伴随着社会的发展和双创理论的不断完善，相比较于培养出社会企业家而言，创新创业教育理论更重视对受教育者的创新思维培养和创业技能的提升。在我国当前"全面深化改革"的背景下，教育改革也势在必行。基于这一原因，创新创业教育应以传统高职院校教育理论专业为基础，依据不同的专业特点来进行全面化的融入工作，以此来丰富传统教育理论，在与专业教育进行紧密融合的基础上，采用"课堂+课外实践"的教学模式，培育学生的创新精神，以此来引导学生发散创新思维，提高其创新和创业的积极性。

2. 价值共创的必然性分析

（1）培养模式改革的必然性。刘广（2014）指出，在创新创业教育理论的理论探究层面和实践经验上来看，专业教育与创新创业教育的理论结合虽然暂时存在着理论背离实践的弊端，但将其科学性的理论结合工作是一种必然的趋势[①]。从当前少数院校开展创新创业教育竟是为落实文件被动地开展的情况上来看，余于（2007）认为，还未能在教育改革的背景下，将双创教育的人才培养机制纳入其中，仍然与专业教育有着本质性的区别[②]。

职业教育的快速发展，应基于提升学生自身素质的目的来构建完善的课程教育理论体系，将创新创业教育融入专业教育中，是有效的实现途径之一。但是，王琳琳（2018）认为，大部分高职院校仍基于提升学生专业能力的目的来设置专业并进行相关教育，不仅缺乏对学生进行创新思维的培养，还缺少对发散学生想象能力的训练[③]。伴随着社会经济的发展和创新意识的提升，部分院校虽然意识到了双创教育在促进学生就业和提升学生综合素质等方面所起到的积极作用，但受到课时限制和教学内容等多重角度的影响，没能很好地将双创教育融入专业教学中。实践证明，二者的有机结合不仅是提高学生综合素质的重要举措，也是高职院校在进行改革人才培育机制时的工作重点。所以高职院校在进行理论教学时，要摒弃传统以理论为主的弊端，重视实践的需要，以社会需求为目的，创新人才培养模式，整合课时安排频率，在此基础上将传统的专业教育体系加入双创教育中的创新思维和实践技能，从而使创新创业教育与专业教育进行理论上的融合，借助二者之间紧密的联系来提升学生的创新能力与实践技能，为学生过渡到创业阶段作有效的理论支持。

（2）职教理论体系的必然性。在传统教育机制中加入创新创业教育理论时，应以传统的专业教育理论为基础，在培养学生专业技能的前提下，加入对学生创新思维和创业意识的培养。引导学生在学习过程中平衡职业发展规划和提升自身理论素养之间的关系，以此来培养高素质的创业人才。值得注意的是，在融入双创教育理论的进程中，不能脱离受教育者传统的专业教育，而是应该依据其专业特征来进行有针对性的双创理论培养。借助一些成功者的创业故事等来激发学生发散创业思维和提升创新积极性。有效实施双创教育的基础是学生掌握扎实的专业理论知识，创新创业教育不能摆脱专业教育而单独开展，脱离了专业教育为学生讲解创新创业是单薄而无力的，因此高职院校双创教育发展的科学性要求与专业教育相融合。

[①] 刘广. 高职院校创业教育培养体系建设探索[J]. 产业与科技论坛，2014，13（16）：139-140.
[②] 余于. 特色的教育 特色的收获——记齐齐哈尔大学创造教育研究中心[J]. 中国发明与专利，2007（7）：83.
[③] 王琳琳. 大学生创新创业教学实践模式分析[J]. 河南教育（高教），2018（3）：55-60.

3. 价值共创的实践作用

在传统的专业教育基础上加入创新创业教育，不但可以提升学生的专业技能，而且能对其创新意识和实践能力加以提升，以此来提高自身素质，强化受教育者在创新创业进程内的主体地位。二者的有效结合能够起到相辅相成的作用，从而具备较大的现实意义。

（1）提升专业教育程度。教育程度的高低，决定着国家进步的速度。创新创业教育是职业教育改革的重要方向，能够为学生由学习者到创业者的过渡提供创新型培养，学生在实践中运用专业理论知识，既检验了理论知识，又在实践中学习新的知识。创新创业教育作为新型的教育模式，将其纳入以往的教育模式中，可以使职业教育专业呈现出多元化特点。将创新创业教育与传统的专业教育结合起来，可以使学生在学习专业理论的基础上来提升实践程度，从而深化自身习得的理论知识。综上所述，上述两种教育理论的有效结合不仅可以扩大传统教育理论的范围，还能为提升教学水平等工作提供理论支持，从而进一步促进教育的改革和高素质人才培养的进程。

（2）完善双创教育体系。构建创新创业教育理论体系并不是一蹴而就的，需要循序渐进、潜移默化地深入推进。促进经济社会转型发展需要高职院校发展和推进创新创业教育，同时针对学生的创新精神与实践能力开展双创教育也是提高教育教学质量、深化高等教育改革的内在需求。从我国当前推进创新创业教育理论的发展进程来看，该专业的推进过程中呈现出了模式化的特点，未能体现出专业教育自身的特点，使二者仍然处于"疏离"的现状，无法达到学生获取多元创新创业知识的欲望[1]。一个学生在创业的初始阶段所接触和运用的创业理论往往受到其专业理论知识的影响，因此创新创业理论具备一定的单一性特点。在高等教育教学过程中，受教育者习得理论知识的专业教育具有举足轻重的作用，也是能够促使受教育者获取成功的基础理论。综上所述，高职院校在构建创新创业教育理论体系的过程中，应基于专业教育来进行推进。只有在传统的专业教育理论系统中逐渐加入创新思维和理论，才能在最大限度上提升学生的发散创新思维和创新实践技能，进而为学生明确学习目标。

4.3.2　价值共创的现状分析

当前，专业教育中创业价值观引导不足，与社会创业存在脱节现象。对创业教育的基本认知形成了创业价值观，这是双创教育的原动力，深刻影响着双创教育的水平和受教育者的接受情况。

1. 现状问题

（1）创业价值观问题。创业价值观对于大学生创业的形式与内容都有着较大的影响，并且在创业行为进行中会不断地对创业者的创业路径进行调整与矫正。在产生创业成果的时候，创业价值观还会帮助创业者进行创业行为再评估，从这一点来说创业价值观应充分尊重受教育者的个性发展，契合受教育者身体与心智的发展水平，避免教条式的灌输学习。一项对500名学生进行的大学生心理问卷调查显示，认为创业目的是"为国为民"的只占20%，为自己挣钱的占70%，还有10%是为了荣誉。麦克思公司报告显示，大学生自主创业比例

---

[1] 张松涛. 建构主义的知识观和学习观[J]. 山东外语教学，2002（4）：54-56.

仅为 1.6%，并且数据显示，中国大学生 80% 想创业，实际创业的仅为 0.01%，可见大学生对创业行为的热情与认知度还有待提升。

（2）与创业社会现实脱节。以目前在中国较有影响力的"挑战杯中国大学生创业计划竞赛"为例，这项赛事自 1999 年开始以来，对大学生的创业行为起到了一定的启发作用。但由于政府主导的评奖机制，导致参赛高职学生人数剧增，成为高职教育成果考核的一场比拼，然而获奖的创业计划却很少能够进入市场，延伸到实际的创业行为中。我们同时关注到，近年来高职建设的"创业产业园""创业孵化班"等创业平台不断推出，然而仍有相当比例停留在功利价值阶段。这类创业教育多集中于理论教授，创业实践的科技含量不足，往往停留在地推式的低水平贩卖型企业，这种创业形态本身就是先天不足，后天的持久性也不会太乐观。创业教育的成功与否，最终体现在创业成果的可行性方面，脱离了现实需求和市场规律，创业教育只会形成"理论灵通、实践尴尬"的局面。

（3）"疏离化"发展明显。高职院校的育人使命是其核心的存在价值，在这个框架之内，不断完善学生的专业教育，衍生第二课堂能力教育是其完成使命的重要途径。然而时至今日，双创教育往往在专业教育之外，凭借学生工作、社会合作等行政形态推进，呈现出疏离专业教育的情况，两者各自发展，速度、频率皆有不同，交叉互动较少。已经形成较为完善系统的专业教育对于学科建设体系下的培养方案有着较为清晰的定位，双创教育因为发展的相对滞后及高职院校自身底气的不足，往往没有被列入专业教育的框架之内，成了一个独立的教育板块，多数高职院校通过社会合作机构及团委组织下的创业竞赛、创业孵化班等进行创业教育，理论教授都难以保证深度和广度，实践效果难免达不到预期。因此我们对双创教育的基本认知首先应当进行升级，双创教育与专业教育的相对割裂状态应当得到弥合。

2. 原因分析

由上述分析可见，目前我国高职院校十分重视双创教育与专业教育价值共创的发展，将其纳入人才培养的战略全局高度来考虑，创建第一课堂和第二课堂进行互补的模式，为之付出艰辛的探索和实践。然而问题还是比较突出，其主要原因是教育观念不强、学生参与不深、课程设置不佳等。

（1）教育观念不强。调查显示，32.1% 的学生认为创新创业教育与专业教育之间密切相关；认为创新创业教育与专业教育之间有关系，但关系不大的学生占比 56.4%。可见在目前的教育体系中，虽然创新创业教育有一定的成效，能够在学生就业以及创业方面起到积极的促进作用，但是还没有完全地和专业教育进行融合，学生对双创教育的定位不够明确，对二者融合的观念不够深入。在参与问卷调查的学生中，有 60.3% 的学生认为虽然学校开设了创业教育选修课程，但与专业知识课程结合并不紧密，只是作为通识课的身份，反映出学校开设创新创业教育并没有开展到位，以至于学生对其停留在就业教育等狭隘的认识上。

我国高职院校主要通过专业教育来培养高素质人才，进行专业教育是高校培养人才的主要方式；但是作为新兴的教育模式，创新创业教育能为学生的教育形式增添新的途径。创新创业教育主要指引学生的就业思维，激发学生建立创业的观念，促进学生具备创业的技能，打好创业的技能基础，此种教育模式将成为促进学生就业的主要手段。从本质上讲，创新创业教育与专业教育关系密切，二者之间能够互相促进，互相补充完善，互相融合，从而提高学生的整体水准。

（2）学生参与度不高。调研结果显示，相同性别相同专业不同年级的学生创业意愿有所不同，对专业课中涉及的创新创业知识，表示非常强烈的同学占比 14.1%，积极性较为强烈的同学占比 34.4%，对此反应一般的学生占比高达 42.6%，对此没兴趣的学生占比 2.6%，还有 6.2% 的同学没有关注，表示不清楚。从学生对学校开展创新创业教育的了解情况来看，虽然学校层面在倡导创新创业教育与专业教育的融合，也积极开展各项活动促使二者深度融合，然而，在二者融合的实际操作中，学生并不积极主动。而学生是创新创业教育与专业教育融合的直接受众，对于直接参与的中间环节学生积极性不高直接影响双创教育与专业教育融合的效果。

（3）课程设置脱离学生背景。学校着力打造通识教育、专业教育、能力拓展为载体的创新型专业课。在专业教育中，将创新能力和创业素质培养融入专业课程的知识模块中，但是没有针对不同课程、不同年级的学生予以区别对待。调查发现，不同性别的学生创业意识有明显差异，女生的创业意识高于男生的创业意识。通过对相同性别不同年级的学生在课程比例如何分配方面的调研发现，不同年级的学生对双创课程要求的重点不同。但是学校在促进双创教育和专业教育进行融合时，忽视了不同年级学生的专业需求，就学生对自主创业所需的帮助而言，有 67.2% 的学生认为把创新创业教育渗透进日常专业课程教育，潜移默化慢慢培养。目前，学生就业并不容易，存在诸多困难，所以，在校学生期望能学到经过创新的专业课及本专业其他方面的知识，更多了解本专业最前沿的动态，也更有效地为未来创新创业夯实基础，然而学校没有把问题聚焦到不同阶段的学生需求，这也间接阻碍了创新创业教育与专业教育融合的开展。

3. 理论思辨

双创教育的成功与否将对经济社会发展的延续性产生重要的影响，抓住发展契机，合理配置资源成为必要的措施。为了更好地完成创新创业教育，可以引用"耦合理论"，将其作为一种理论探索，并希冀对创业教育与专业教育的融合问题之破解有所启示。

在物理学上，耦合指两个或两个以上的体系或两种运动形式之间通过各种相互作用而彼此影响以至联合起来的现象，如放大器级与级之间信号的逐级放大量通过阻容耦合或变压器耦合。耦合理论作用于创业教育与专业教育时，发现两者同样存在着培育人才的目的，都仰仗理论和实践的操作方法，都是高职院校育人使命的重要体现，而且在教授的内容上又可以互相补充和激发。

（1）数据耦合，双创教育与专业教育的基本交流。数据耦合是耦合状态的基本和常见模式。之所以说这是耦合的基础和常见模式，是因为数据相合是简单变量的迁移，也就是两个变量在基本数据上的交换。我们知道双创教育要培养的是具有浓厚的创新创业热情、扎实的专业基础知识和敏锐创新精神的大学生创业者，依据创业教育需求在专业教育中设置相关专业、师资数量等基本参数，或直接吸收专业教育对于学生基本理论知识的传输都将是有益的探索。例如，要实现一个金融领域的成功创业典型，创业者必然要有金融学、市场营销学等领域的专业基础知识作为支撑，双创教育就可以直接利用专业教育的成果，并通过自身鲜明的实践优势催化学生的创业热情。与此同时，专业教育正是要通过实践中的育人成果，来不断调整专业设置和教授方法，双创教育成果的外显性反过来促进了专业教育不断地升级自身格局，例如市场需要大量的财会人才，高职院校就可以及时进行专业调整，以适应和满足市场需求。数据耦合的优势在于简单而易于操作，在较短的时间内就能形成一定的教育规模，而不需要对双方的教育形式和教育内容进行大的调整，也可以及时适应新的教育培养方案。

（2）控制耦合，双创教育与专业教育的核心疏通。工程学认为，如果一个模块通过传送开关、标志、名字等控制信息，明显地控制选择另一模块的功能，就是控制耦合。简单地说就是一个模块在核心层面上对另一个模块的支配状态。这对我们的启发是，双创教育和专业教育在互动中可以保留大部分的枝蔓，而在核心的教育理念、教育内容层面进行深沟通。与内容耦合不同的是，控制耦合仍然是量的引入，而内容耦合已经进入质的改造。这种耦合状态的优势在于保留了专业教育在传统高职教育方案中的支配地位，同时又在关键环节上适应创业教育的现实要求。高职院校的双创教育活动如何使创新创业知识与其他课程知识实现更均匀、更精细的复合，主要取决于两个方面：一是创新创业知识与其他课程知识点各自"打散"的精细度；二是这两类知识点在各自"打散"后相互吸引和排斥的状态。当两类知识点"打散"后越精细，契合度越高，那么它为受教育者接受的可能性就越大。因此，创新创业知识与专业教育的深度契合，能够使学习者将原有知识结构与多种思想相联系，更容易将所学知识迁移到新的情境中，改变传统浅层学习中学习者被动接受的局面。所以，高职院校可以依据创业教育的核心要求，对专业教育进行适应性打造，"创业社会学""创业设计学""从医创业学"都可以成为有益的尝试。大量的学科结构性调整，集中性的嵌入创新创业理念，将起到极大的引领作用。

（3）内容耦合，双创教育与专业教育的主次融汇。当一个模块直接修改或操作另一个模块的数据，或者直接转入另一个模块时，就发生了内容的变化。人与人面对面接触能够提供知识溢出的渠道，而各主体存在的知识存量差异能够产生知识溢出的原动力。社会学家迪尔凯姆曾说过："正如我们的身体凭借外来的事物而获得营养，我们的心理也凭借从社会来的观念、情感和动作而获得营养。我们本身最重要的部分都是从社会得来的。"按照场论的观点，孤立的实体是不存在的，它们总是在相互作用中成就自己。

4.3.3 价值共创的主要措施

双创教育与专业教育的结合是内部的自我持续更新，高职双创教育与由政府、企业等构成的社会创业生态系统的互动则是一种互生共养。创业实践活动本身对知识的吸纳能力很强，双创教育对实践的要求度也高，它需要不断收集社会创业知识，并通过社会创新创业实践活动调整自身的教育轨迹。因此建构起合理的创业教育生态圈，找准创业教育的生态位尤其重要。本节讨论的就是双创教育吸纳社会资源，提升深度和广度的发展模式。

1. 持续推动校内外互动

高职双创教育不是高职内部封闭的孤立活动，而是一个复杂的系统工程。在高职与政府、企业和学生之间存在着微妙的利益关系，彼此依赖又互相促进，共同影响着创业教育的深度和广度。

（1）解决生态位"缺席"与"迷茫"。高职院校在校内创业教育过程中，由于吸纳有效外部资源的能力还比较弱，导致创业教育课程建设、教学活动设计、教学形式的时效性、前沿性不够。需要拓宽社会创业生态系统的生态位，提高创业教育的有效性，为社会输出更多优秀的创业人才，为已有的社会创业者提供有效及时的直接帮助。

（2）建构各方参与、协同分工的生态利益群。双创教育不应仅仅局限在几个有限的专业或领域内，应当构建尽可能开放的内容体系，探索尽可能多样化的教育形式，激活学生的思维，激发学生的创意热情，让学生拥有更多探索新商机、尝试实践新想法的机会。

2. 完善"价值整合"机制

双创教育的核心价值当然是培养具有创新精神的创业人才，这样就需要多元化的价值体系，需要有允许差异化、求同存异的氛围，需要有培育批判精神、思辨精神和创新精神的外部环境，通过师生、生生间精神、意识、心灵层面的触碰与浸润，帮助创业者尽可能地实现自我价值、绽放自我生命。

3. 角色归位与资源配置

做好高职价值审视，将核心环节做强做精。高职院校是双创教育最直接、最核心的主体，能不能发挥好自己的教育功能直接关系着双创教育的实现价值。在开展双创教育之前，高职院校首先应该对自己在价值链中的定位有清醒的认知。显然，作为高职院校，首先是知识高度集中的地方，各种专业理论的积淀形成了科学的育人系统，先进的实验室和优秀的师资力量保障了育人工作的深度，这是保证双创教育持久发展的重要前提。其次，基于我国政府和社会各方联合办学的现状，高职又是各种资源的汇集地，在产业链中又天然具备借用资源发展自身的可能。高职院校应当首先依据校情，积极做好专业教育与双创教育的结合，通过开展通识教育和实践课程，为学生提供坚实的创业理论基础，形成一个有深度、有力量的知识圈，保障高职院校价值链的核心作用。其次，要积极聚焦全体教师的创新创业素质提升，提升学生群体的创业热情和水平。提高双创教育实效，推进高职双创教育发展的关键，是要改变目前各高职院校双创教育普遍着眼于要求学生做什么、怎么做的问题，而没有把对教师的要求放到重要的位置上。

4.4 电子商务专业群课程体系构建

外贸职院隶属湖南省商务厅，因此，专业链全面对接电子商务产业链。同时，对电子商务产业的发展现状、未来趋势和电子商务高素质技术技能人才需求进行了全面深入的调研，并建立了电子商务专业动态调整机制，以适应电子商务产业的不断优化升级，从而使电子商务人才培养的针对性、适应性不断提高。从 2015 年起，按照"对接电商产业、服务电商行业、培养电商人才、打造电商品牌"的办学思路，以电子商务为特色核心专业，按照"专业基础相通、技术领域相近、职业岗位相关、教学资源共享"的原则，设置由"电子商务""跨境电子商务""网络营销与直播电商""软件技术""计算机应用技术"5 个专业构成的"覆盖线上线下运营、兼顾国际国内市场"的电子商务专业群。

1. 专业群课程体系框架

电子商务专业群在学校通识课程体系改革的基础上，经过充分调研论证，把专业知识能力归纳为一个基础平台和若干个模块（每个模块可以包含 2~4 门课程），并将职业等级证书的内容融入课程模块之中，供不同专业（方向）及兴趣爱好的学生选择，以此构建了人格与能力深度融合的专业群课程体系，如图 4-1 所示。将所有开设课程按性质分为"公共基础""专业群基础"两类平台课程和"专业方向""专业拓展""公共拓展"三类模块课程；平台课程以必修为主，模块课程以选修为主；公共课程适用于所有专业群，专业课程适用于专业群内；形成了基于公共基础平台共通、专业基础平台共享、专业方向模块分立、专业拓展模块互选、公共拓展模块通选的模块化课程体系，满足了学生个性化成长需求。

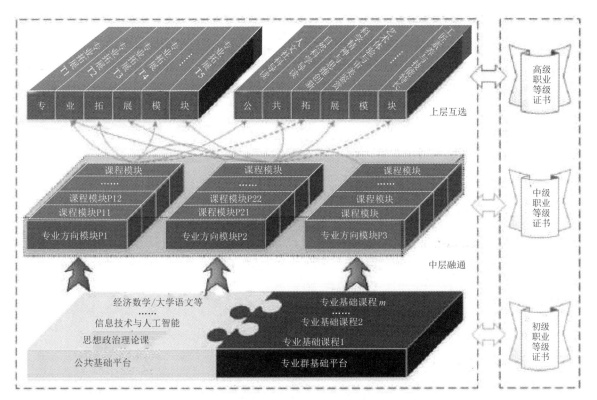

图 4-1 人格与能力深度融合的专业群课程体系

(1) 公共基础平台。根据国家要求由学校统一开设的课程，主要包括思想政治理论课、体育、军事、心理健康教育、创新创业教育、职业发展与就业指导、信息技术与人工智能、公共英语、经济数学/大学语文（其他专业）等通识课程。

(2) 专业群基础平台。学生在一年级不分专业，根据专业群中各专业共同需要掌握的知识技能开设相应基础知识和基本技能课程。专业群基础平台和公共基础平台在教学内容和要求上相互衔接融通，如，在公共基础课程教学中要结合专业群需求进行。

(3) 专业方向模块。根据专业群中各专业定位和培养目标，在二年级进行专业分流，并从专业群模块中选择 2~3 个模块学习专业技术知识和综合实践技能，以体现专业特色。

(4) 专业拓展模块。包括拓宽领域的横向模块、难度递增的纵深模块以及特色模块。学生在完成专业群基础平台和相应的专业方向模块基础上，既可以灵活选取横向拓展模块，完成第二专业辅修，也可以选取纵向模块，考取等级更高、难度更大的职业技能等级证书。

(5) 公共拓展模块。设置人文社科经典导读、自然科学经典导读、科学精神与思维创新、历史传承与哲学基础、社会研究与经济管理、当代中国与国际视野、艺术体验与审美鉴赏、工匠素养与技能特长等八个模块，每个模块下设基本单元课程，每门课程 1~2 个学分。

2. 专业群课程体系构建

(1) 专业群模块课程设置。电子商务专业群包括"电子商务""跨境电子商务""网络营销与直播电商""软件技术""计算机应用技术"5 个专业，除去专业群基础平台，根据职业岗位对专业群内职业能力进行分类，设置了 8 个专业方向模块和 6 个专业拓展模块，模块与模块间的教学进程，如图 4-2 所示。每个模块与一个或一类职业岗位（群）对应，由

2～4门理实一体化课程或实训课程组成，一般设置8～12学分，课程模块与职业技能等级证书的考取结合。如，网店运营推广模块包含跨境电商平台实操、跨境电子商务网店运营推广2门理实一体化课程和跨境电子商务沙盘实训、跨境电子商务B2B数据运营2门实训课程，学分分别为6和4，该模块对应阿里巴巴跨境电商B2B数据运营职业技能等级证书。

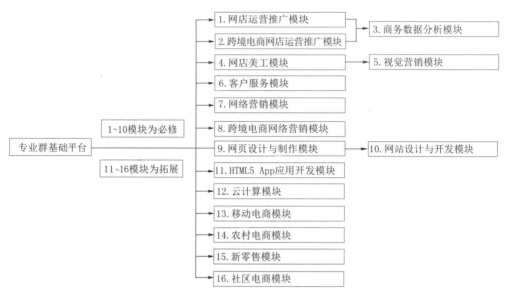

图4-2 电子商务专业群模块设置及教学进程

（2）专业群课程体系构建。各专业在修完公共基础平台和专业群基础平台课程后，根据专业定位和培养目标选择3个专业方向模块学习，然后，从专业拓展模块和公共拓展模块中选修有关课程，也可以从其他专业方向模块中选修。整个电子商务专业群课程体系实现了人格与能力深度融合，以"平台+模块"的形式呈现，具体如图4-3所示。

	顶 岗 实 习							
公共拓展模块	人文社科经典导读	自然科学经典导读	科学精神与思维创新	历史传承与哲学基础	社会研究与经济管理	当代中国与国际视野	艺术体验与审美鉴赏	工匠素养与技能特长
专业拓展模块	9.HTML5 App应用开发模块	10.云计算模块	11.移动电商模块	12.农村电商模块	13.新零售模块	14.社区电商模块		
专业方向模块	电子商务专业	跨境电子商务专业		网络营销与直播电商专业		软件技术专业	计算机应用技术专业	
	1.网店运营推广模块 3.商务数据分析模块 4.网店美工模块 6.客户服务模块	2.跨境电商网店运营推广 3.商务数据分析模块 5.视觉营销模块 8.跨境电商网络营销模块		1.网店运营推广模块 5.视觉营销模块 7.网络营销模块		3.商务数据分析模块 10.网站设计与开发模块	9.网页设计与制作模块 10.网站设计与开发模块	
专业群基础平台	电子商务实务	跨境电子商务实务		图形图像处理		网络信息编辑	市场营销	摄影基础
公共基础平台	思想政治理论课	体育	军事	心理健康教育	创新创业教育	职业发展与就业指导	信息技术与人工智能	公共英语	经济数学

图4-3 电子商务专业群课程体系

（3）专业群教学组织架构

为适应"平台+模块"课程体系教学需求，改变以专业为单位建立教研室的传统模式，根据专业群课程结构建立相关教学组织，设置以"模组"为核心构建的基层教学单位，实现专业群各类课程的协同。

设立专业群教学指导委员会，由二级学院院长（专业群带头人）任主任，统筹规划专业群课程设置和课程体系构建；依据专业群基础平台课程建立专业群基础课程模块组，负责平台课程的建设和教学；依据专业方向课程模块和拓展课程模块分别设立不同的课程模块组，分别负责各专业模块课程的建设和教学；每个模块都有主导的教师，每名教师都有擅长的方向，从而形成错位发展、各有所长的"结构化教学创新团队"。

课程体系构建不是课程设置的简单调整，还包括教学内容和教学方法改革，它们也需要适应模块化教学的教材，更需要师资队伍、教学条件以及管理制度的保障。因此，课程体系的改革不仅引领了教学整体改革，同时也有力地支撑了高职扩招、1+X证书制度的实施。后续将进一步深化改革，不断完善底层共享、中层融通、上层互选的人格与能力深度融合课程体系，推动专业群的建设，满足学生个性化培养需求。

第 5 章
教学改革——守正与创新同频

教学是人才培养的核心，是全面提高人才培养质量的根本。高职人才培养质量问题的凸显，使得教学改革愈发重要和紧迫。从价值目标来看，高职教学改革价值取向的嬗变过程总体上是一个走向人性化和现代化的过程，但因为对信息技术与课程整合的认识局限，也出现"矫枉过正"和"一哄而起"的问题，有必要依赖和合辩证思维，树立守正与创新同频的理念，明确教学改革的价值取向，坚持立德树人的根本任务，以引导学生智慧生成为目标，持续改革教学结构、教学模式、学习生态和教学评价。

5.1 明确价值取向

教学改革是一项实践活动，和其他社会实践活动一样，都会受到哲学思潮、意识形态以及社会价值体系的影响。价值取向引领着教学改革的走向，制约与影响其结果。因此，在教学改革行动之前，需要分析其价值取向，解读其根本内蕴，合理选择教学改革取向，以利于更好地推进教学改革实践。

1. 价值取向的内蕴

马克思指出，价值是从人们对待满足需要的外界物的关系中产生的，是人们所利用的并表现了对人的需要的关系的物的属性[1][2]。

教育哲学研究者认为，价值是人的需要与满足需要的对象之间的关系，是主客体之间的一种现实关系，价值不单纯是客体属性，也不单纯是主体需要，而是客体属性与主体需要之间的现实关系[3]。虽然，对教育价值的定义众说纷纭，但以能否满足受教育者需要作为对象，可以说是一种主导性的观点[4]。

关于价值取向的含义，迄今尚无统一的界说。袁贵仁认为，价值取向就是人们在一定场合以一定方式采取一定行动的价值倾向[5]。汝信指出，价值取向是指某一个人所信奉的，而且对其行为有影响的价值标准[6]。马志政等人提出，价值取向是在价值选择过程中决定采取

---

[1] 中共中央马克思、恩格斯、列宁、斯大林著作编译局. 马克思恩格斯全集（第 19 卷）[M]. 北京：人民出版社，1963.
[2] 中共中央马克思、恩格斯、列宁、斯大林著作编译局. 马克思恩格斯全集（第 26 卷）[M]. 北京：人民出版社，1973.
[3] 瞿葆奎. 教育基本理论之研究 [M]. 福州：福建教育出版社，1998.
[4] 马俊峰. 90 年代价值论研究述评 [J]. 教学与研究，1996（2）：57 – 61.
[5] 袁贵仁. 价值学引论 [M]. 北京：北京师范大学出版社，1992.
[6] 汝信. 社会科学新辞典 [M]. 重庆：重庆出版社，1988.

的方向①。本书在总结相关学者观点基础上提出，价值取向作为价值在社会作用中的具体体现，意味着价值标准所取的方向。从本体论的角度看，体现的是一种价值的指向性。因而，价值取向意指一定主体基于某种价值观在处置各种关系、矛盾、冲突时所持的基本价值立场、价值态度以及所彰显出来的价值倾向性，是主体的认知结构、兴趣与行为等的综合体现。

价值取向具有存在的广泛性和影响的重要性这两大明显特征。价值取向是人类惯常的存在方式之一，是人类活动的显著特点，主体的经济活动、政治运筹、政治参与、理论思考、学术探究、艺术创作等都有价值取向。价值取向是主观精神现象，对主体内外的作用和影响都非常大，决定着实践主体的思维方式、行为方式，统领着整个价值观念系统，左右着其他诸元素。同时，从价值取向自身来看，具有目的取向和工具取向两个层面，目的取向是主体存在和发展的最终追求，体现主体的价值观，具有绝对目的意义，工具取向是主体某一具体行为。

2. 教学改革价值取向的内蕴

基于教育教学质量提升的需要，学校和教师教学改革过程中所表现出来的一种意向或倾向，叫作教学改革价值取向。当学校和教师因为教学改革的需要，同时面临多种教学改革方案（包括观念、模式、方法、手段等）时，需要依托于一定价值观的指导，同时，结合自身的实际需要或利益，倾向或选择某一种方案。因此，从价值取向主体来看，教学改革取向是学校和教师对于教学理念、模式、方法与手段的取舍，是具有较强个性化倾向的价值选择行为，片面性、偏差性在一定范围内将长期存在。

由于缺乏理性的、严谨的精神指引，目前学校和教师的教学改革价值取向不一定是在理性状态下作出的选择行为，而是在一定程度上的自主、独立的选择行为，因此存在较强的经验色彩。大多数情况下，学校和教师的价值选择往往都会受到社会流行趋势、他人已有经验的影响。因此，目标理想性、主体差异性和社会制约性是教学改革价值取向的现实写照。

（1）目标理想性。学校和教师在观念形态上希望教学改革能够实现哪些价值需求是教学改革价值取向的理想"应然"状态。但由于受到周围客观环境、自身条件等诸多因素的限制，学校和教师在教学改革实践中无法遵循其所希望的理想"应然"状态，现实与理想会存在一定出入。

（2）主体差异性。教学改革价值取向总是与价值主体相联系的，具有明显的主体差异性。不同学校、不同院系、不同教师之间的教学改革价值取向存在差异性。不同学校和院系由于层次、类型不同，教学改革价值追求会呈现多元化的特点；不同教师，由于特殊的生活条件、生活阅历、生活态度，其兴趣爱好、价值追求也不一样，对教学改革的价值追求往往有不同的看法。

（3）社会制约性。教学改革价值取向不是学校和教师主观臆想的产物，并不能依赖于或完全依赖于其主观意志，会受到一定社会环境和客观条件的制约，也就意味着教学改革的价值需求必须依赖于一定的客观外在条件。

---

① 马志政，等. 哲学价值论纲要［M］. 杭州：杭州大学出版社，1991.

3. 职业教育教学改革价值取向的嬗变

职业教育作为一种跨界教育，是联系教育与经济社会最为密切的教育类型。然而，我国职业教育起步较晚，真正的发展是在改革开放之后。通过查阅职业教育政策指导性文件、具有代表性的学术文献和教学改革方案可知，改革开放以来，高职教学改革价值取向的嬗变具有4个方面的特征。

（1）由"社会"转向"个体"。我国中等职业教育在很长一段时间内都是我国职业教育的主体，而高等职业教育则起步晚。邓小平曾在1978年的全国教育工作会议上强调：普通高中教育远远超过于中等职业教育，目前，教育结构不甚合理、发展非常不协调等问题均长期困扰中等教育。因此，大力兴办技工学校、中等职业教育，对实现国民经济的恢复与增长具有非常大的意义。在此次会议精神的指导下，中等职业教育改革试点工作在教育部的积极推动下迎来了春天。1978—1985年，国务院、教育部陆续出台了《关于中等教育结构改革的报告》《关于加强与改进农村中等职业教育若干问题的通知》等一系列促进中职教育发展的政策文件，这些文件不仅提出了中等职业教育结构改革，还提出了具体的教学改革要求。具体来说，教学总体目标的确定、课程教学内容的设置、教学制度的制定等都需强调以社会为本位，因为，人才培养的最终目标是培养社会主义事业"接班人"。1991年，国务院又出台了《国务院关于大力发展职业技术教育的决定》（国发〔1991〕55号），文件对职业技术学校的布局、专业设置、教学内容和教学方法、实践性教学环节、职业技能训练等方面都做出了明确要求。因此，在很长一段时间内，职业院校对专业、课程的实用性、应用性高度重视，以期增强和提升专业、课程的就业服务功能，从而导致课程及其教学沦为了学生短期就业的工具，忽视了文化传统、道德教育等，学生个人的全面可持续发展得不到保障。总结来说，由于职业教育的人才培养目标过于重视实用性、技能性，造成了课程、教学改革无法让学生实现全面发展，人文价值、精神价值在学校的教育教学改革中的地位逐渐削弱。

个人发展观、主体性教育观、人本主义教学观等教育理念伴随着职业教育的发展日渐彰显，"人之所以为人"等有关人本主义论题也开始出现，由此，越来越多的教育研究者开始意识到"制器"不是教育的目的，"育人"才是教育的根本。所谓"育人"，是要把个体的人培养成能自由、全面、可持续性发展的人，能够尽可能地发挥个体的优势与潜能，能让个体所发挥的才能最大化地贡献和服务于社会、国家的发展。因此，关注人、关注人的生命逐渐成为职业教育教学改革的发展方向。2005年开始，国家职业教育改革试验区先后开始在四川、广西、天津及三峡库区设立，职业教育改革发展思路逐渐清晰，职业教育办学思想逐步明晰，职业教育初步实现了三大转变：从政府直接管理向宏观引导、从计划培养向市场驱动、从学科本位向能力本位。此后，职业教育的教学改革方案，各种文件、政策、讲话均不同程度地强调"以学生个体发展为本"应成为教育教学的基本理念，个体之间的平等应成为教学制度改革设计的根本遵循，实现学生全面、自由、可持续性发展应成为教学改革的终极目标，实现学生的个性化培养应成为课程内容、课程体系目标、教学结构、教学模式等方面改革的主要目标。2019年，在《教育部关于职业院校专业人才培养方案制订与实施工作的指导意见》（教职成〔2019〕13号）中，明确指出"坚持育人为本、促进全面发展"应成为人才培养的第一原则，同时，需要"鼓励学生自主学习""创新服务供给模式，服务学生终身学习"。

（2）由"专门"转向"复合"。改革开放以来，一直到"十一五"期间，从国家陆续出台的教育方针、政策可以看出，加强专业性是我国职业教育教学改革的主要政策导向。1991年至今，国务院先后印发"国发〔1991〕55号""国发〔2002〕16号""国发〔2005〕35号""国发〔2014〕19号""国发〔2019〕4号"等5个发展职业教育的政策文件，对职业教育培养的定位分别为"培养高级操作人员""培养实用人才""培养高技能专门人才""培养技术技能人才""培养复合型技术技能人才"。

在国家一系列政策和教学方针的指引下，职业教育逐步形成了以下特点：一是专业结构与"专业对口培养模式"相适应；二是课程体系力求专业化和实践性；三是课程开发以就业为导向；四是学生培养注重技能训练，弱化综合素质培养。

然而，我国职业教育课程体系的诸多问题随着经济全球化和现代社会对复合型人才的新要求而逐渐暴露，而且矛盾愈演愈烈，过于强化专业的取向和做法遭到了严重质疑。我国职业教育理论界也开始深刻认识到，培养学生各项基本能力、素养、丰富情趣等，需要依托于反映人类集体智慧结晶的基本的知识、方法和观念等，这些内容涉及面广，而不仅仅聚焦在专业这个单一维度。很快，倡导"专业建设重视专业群、教学改革重视复合型"的理论思潮被掀起，种种迹象表明，教育部和职业院校都在各自领域开启了一些新举措。仅在2019年这一年内，国家就密集出台了多个指导性文件，比如《国务院关于印发国家职业教育改革实施方案的通知》（国发〔2019〕4号）、《关于实施中国特色高水平高等职业学校和专业建设计划的意见》（教职成〔2019〕5号）、《教育部关于职业院校专业人才培养方案制订与实施工作的指导意见》（教职成〔2019〕13号），这些文件推动着职业教育改革走向深水区，主要包括高水平高等职业学校建设、骨干专业（群）建设、专业人才培养方案修订等方面。职业院校的改革也紧随其后，不少学校提出了"厚基础、宽口径、重能力、求创新"的人才培养理念，将通识教育课程、专业交叉、课程体系调整、学分结构等作为学校人才培养改革的当务之急。

（3）由"精英"转向"大众"。长期以来，中等职业学校以对口升学为己任、高等职业院校以订单培养和竞赛种子选手为己任，将精英教育理念贯穿于人才培养的始终，比如，在人才培养方案修订过程中立足"精英"；在教学改革过程中遵循"精英"培养模式；在课程体系优化过程中，注重课程的难度与深度，从学生的知识、能力、素养三方面培养的角度，开设更有利于精英化人才培养的课程。然而，随着经济社会的发展，就业市场对人力资源的需求也发生了变化，"精英"培养模式所培养的学生已经无法匹配就业市场，尤其当职业教育迎来大众化发展阶段，"大众"教育乃大势所趋。社会各界开始反思、批判、质疑"精英"培养模式，实用型、复合型、职业型技术技能人才的呼吁与需求与日俱增。

当前，"大众"培养模式已成为职业教育教学改革的主要方向，并已开始步入实践阶段。很多职业院校开始重视全体学生的共同发展，将更多大众思想融入课程的制度性设计中，强化职业知识技能的学习，弱化理论的学习，注重课程类型、方向的灵活多样性，加强课程的模块化重构，重视课程服务人群的广泛性、多样化。比如，根据不同层次、不同类型学生编制不同的课程教学方案；研发有效的，能够为有实际需求的学生提高远程教学的网络课程；根据不同类型的学生开发不同的考核评价标准和方式；根据不同类型的学生设计不同层次的教学内容，紧紧围绕如何让学生掌握人生长期可持续发展所需要的基本知识、能力、素养、方法、规范等。

（4）由"手工"转向"智能"。很长一段时期以来，职业院校的教学模式都是以讲授为主，"一根粉笔走天下，一个PPT贯始终"的现象是教师教学过程中的常态，严重缺乏互动、实操。直到21世纪，伴随着现代通信技术、互联网技术、计算机技术的高速发展，信息技术也给教育领域带去了思想上的变革、技术上的加强，交互、协作、开放、生成、多元、创新等关键词逐步涌现出来，教学实施策略、教育技术观均摒弃了传统的桎梏，迎来了崭新的生命，建构主义学习理论和认识论也逐渐登上历史舞台。当然建构主义并非空穴来风，而是从认知学习理论和经验自然主义发展演变而来，传统教学模式在一片质疑声、技术冲击与颠覆中，彻底落幕。紧随其后，以信息化教学为主要特色的新型教学模式开始崭露头角，传统教学模式在信息化教学这一现代教学理念的引领下，开始有了新的教学内涵、方法与手段等，为我国职业教育教学信息化的发展一路披荆斩棘，铺平了道路。同时，教学信息化推动教育创新，提高教学质量、深化教学改革的紧迫性与重要性也引起了教育部、各职业院校的重视。2010年，教育部率先启动职业教育专业教学资源库项目建设，该项目拟建成203个职业教育专业教学资源库，覆盖高职19个专业大类，如此举措，对促进教学信息化水平的提升，促进职业教育教学思想、理念、组织形式和教学内容的深刻变革，促进新型教育教学模式的创新，促进人才培养模式的变革都有着非同寻常的重要意义。高职院校作为教学改革的实施者，也开始不遗余力地开启了"智慧校园""数字校园"的建设，依托于网络技术、通信技术等现代信息技术，全面、规范、科学管理学校的教学、科研、管理等有关的所有信息资源，并用信息技术改造传统的教学管理系统、学生管理系统等，一场声势浩大的"数字化革命"悄然开启了。

时至今日，这场"数字化革命"还在延续，并有愈演愈烈之势。绝大多数职业院校都非常重视数字化学习与资源建设，不断完善信息化教学改革机制，倡导通过现代化教学手段的综合运用来提升课程教学质量；引导教师根据课程性质和特点恰当地运用新一代信息技术开展教学；努力开发网络课程，积极斥资建设智慧教室；倡导教师加强教育思想、教学最新理念、教育教学最新理论的学习力度，革新教师对信息技术、新时代背景下教师职业角色的认识，帮助教师从内心深处深刻认识到自身教学理念革新和转变的必然性与紧迫性；注重提升教师的信息化教学素养与能力，多频次开展信息技术在教学中的具体应用等相关的培训。一言以蔽之，低效的传统教学模式已然被时代淘汰，智能化、数字化、交互性、生成性的新型教学模式已经登上历史舞台，并成为主角。

4. 职业教育教学改革价值取向的原则与方法

毫无疑问，如何确立教学改革价值取向是个仁者见仁的问题，是一个重大而艰难的课题。但鉴于置身于同一时代和社会条件的各个职业院校教学改革，其价值追求有很多共同之处，因此，可以探索基本原则、机制和方法，以期消减和避免职业教育教学改革取向实践中的乱象，更好地引领职业院校教学改革步入健康、持续的发展轨道。

（1）教学改革价值取向的确立原则。教学改革价值取向不是非此即彼，不能过于极端，需要在各种矛盾与冲突中找到一个平衡，也就是始终坚持秉持和合的思想，做到"和而不同"，并在"和而不同"的基础上，对现代信息技术背景下的多种教学改革价值取向进行"和合共建"，教学改革价值取向的最终目标是创造出一种"类价值"。当然，实现这一目标，需要始终把握系统性、中和性、目的性、人本性、明晰性等原则。

①系统性原则。复杂性、多层次性、多元性等都是教学改革价值取向的特点，因此，教学改革价值取向需要遵循系统性原则，最大限度发挥教育教学理念、价值观在其中的导向和引领作用。同时，教师作为教学改革的实施主体，要避免作出背离自身、逆向而行、违心的价值取向，需要及时调整好自身的状态，及时排解自身的情境压力。一言以蔽之，合理的教学改革价值取向的确定，需要价值观念、学习者实际需求、实际情境等均达到一个最佳平衡状态。

②中和性原则。绝对的、唯一的形而上本体不是教学改革的价值目标、终极目标，否定多样、多极的"中心"或实体的统一性，也不是教学改革的价值目标、终极目标。教学改革的价值目标需要"置身于教育理论不断修正、补充与变换的时代""不能盲目地把某一种教育思想当作绝对的教条"，需要强调"以人为中心、以社会为基础"，需要始终坚持"专业性"关联"基础性"的观点，需要充分结合夯实公共基础与拓宽专业基础。同时，无论是开放、接纳与呵护，还是扬弃、批判与警醒，无论是顺应时代潮流的发展，还是坚持保持必要的追问与思考，都应该成为我们对待高职教育教学的信息化的态度，教学改革，路阻且长，任重而道远。

③目的性原则。实现教学改革和谐发展的目标，需要每一个学校、教师以追求价值目标的各个领域、各个层面的和谐为目标，需要在教学改革的实际行动中和处、和生、和达、和立、和爱。因此，杂乱无章、无头苍蝇不是教学改革，学校、教师在教学改革价值取向过程中，需要增强价值取向活动的目的性、需要注重整个价值取向过程中的价值观凸显，只有这样，才能让和合取向的预期目标得以圆满实现。

④人本性原则。以人为本是教学改革价值取向实践的关键，因为人才是教学改革活动的主体，只有坚持以人为本，才能将尽可能多的积极因素充分调动，并深度参与到教学改革的价值定位与实际谋划中。教学改革活动如果将人这一主体性忽略或淡化，低层级的主体总是被束缚、整合到层级较高的主体，那么，这样的改革活动与其说是主体的，不如说是上级的，导致人本精神缺场的批判，也容易带来取向结果的偏失。教学改革价值需要彰显主体的人本性，激发主体的能动性、创造性，进而为教学改革价值取向的要素、程度、进程确立主体保障。

⑤明晰性原则。教学改革受到价值取向的影响、制约，价值取向对教学改革有着很重要的导向引领作用。如果教学改革的价值取向不够明晰，也就是模糊不清，捉摸不定，这样的价值取向便失去了意义，没有起到引领作用，没有让大多数人领会其主旨与要领。如此这般，在学校教学改革的具体实施过程中也会偏离既有轨道，甚至反其道而行之。因此，定位明晰、鲜明、易于理解等都应该成为教学改革价值取向的基本遵循。

（2）教学改革价值取向的确定方法。思想上深刻认识教学改革价值取向是前提，这样才可能有后面的教学改革方略，但是教学改革方略不是盲目的、随意的，需要不断总结、反思和寻求转变。

①由过于关注改革内容转向更多地关注改革方略。目前，关于教学改革内容的研究成果不计其数，比如教学方法的改进、教学手段的优化等都是学者们关注的重点，但是，关于教学改革方略的研究却屈指可数。也就是说，大家把注意力都聚焦在"改什么"这一终极性、目的性问题上，而对于"如何改"这一过程性、手段性的问题却鲜有人问津。这里当然存在着明显的本末倒置，因为"如何改"无疑是"改什么"成功的必要前提。很多职业院校、教师都在被时代的洪流所裹挟着，当有人开始呼吁"提高实践能力和创新能力"时，大家就立刻跟进实践教学、创新教学与创新性人才培养的研讨，不知不觉将教学改革的基本问题、微观领域给彻底忽视，不能不说是一种悲哀。面对变幻莫测、风起云涌的教学改革实践，学校和教师需要深入探讨教学改革"改什么"的问题，但更需要重点关注教学改革"如何改"的问题。当大家开始重点关注教学改革方略时，研究者必然就开始关注教学改革的问题与价值、教学改革的历史与现状、教学改革的理论与实践，这样才能知其然更知其所以然，就能够很大程度上避免频频发出一些类似"应该做什么"的指令，就能够真正推进教学改革走入深水区。

②由单一维度视角转向复合维度视角。影响大、改革主体多元、涉及面广、运作流程复杂等都是教学改革的典型特点，实践中基于单一维度去探讨教学改革显然不可取，教学改革中需要尽可能平衡多方利益诉求，从而充分调动各利益主体参与的积极性。教学改革的过程一般首先需要生成改革的需要与设想，其次是制定、推行和实施改革方案，最后是评价改革成效，这其中的每一个环节都不容小觑，需要谨慎严谨的科学运作和专业化设计。尤其是随着教学改革的深入推进与探讨，改革主体的利益、权利、心理及文化等层面的问题必然会触碰、涉及。因此，教学改革仅仅基于单一的教育学视角显然有失偏颇、差强人意。学校和教师可以基于理论层面、经验层面或方法论层面等多维视角去探讨、检视教学改革中的基本问题，虽然基于不同层面教学改革所产生的效能可能不一致，但可以确定的是，基于多维度视角去研讨教学改革中的基本问题，可以更深入、更全面地理性认识教学改革。

5.2 引导智慧生成

1. 智慧生成是教育的核心价值

"智慧"一词的起源不是很明确。《牛津英语词典》指出"智慧"一词大概源于日耳曼族语言，在古英语中常被使用。《大不列颠百科全书》称"智慧"这一概念最先始于公元前3000年左右的古埃及文字记载中。虽然至今仍无其确定的含义，但古今中外的人们渴望智慧，对于"何谓智慧""如何获得智慧"进行着不断的探究。

（1）智慧的阐释。至今为止，"智慧"没有公认的解释，词典、学界都没有呈现完美的释义。《辞海》中的解释是"对事物认识、辨析、判断处理和发明创造的能力"，《现代汉语词典》中是"辨析判断、发明创造的能力"[①]，《韦伯斯特新世界词典》的解释是"基于知

---

① 中国社会科学院语言研究所词典编辑室. 现代汉语词典 [Z]. 北京：商务印书馆，1996.

识、经验、理解等的正确判断和采取最佳行动的能力"①,《牛津高阶英汉双解词典》的解释是"一种对于有关人生和行为的问题能够作出正确判断的能力;在目标与手段的选择中表现出判断的公正合理;对于什么是正确或适宜的能够作出真实判断,并有意采取相应的行动;具有感知和采用最佳方法和途径去实现目标的能力;其主要特点是审慎、认知判断能力强"②。本书对"智慧"的要素和关键进行梳理,试图比较清晰地认识"智慧",加深对其的理解。

通常认为,知识、思维和人格是智慧的三要素。知识和思维比较好理解,这里的"人格"包括心理学和伦理学意义上的"人格",指修养品质。孔子曰:"知及之,仁不能守之,虽得之,必失之。"意思是说,人们可以凭借聪明得到某样东西,但因为缺乏仁德,导致又失去。因此,可以认为,孔子认为既需要聪明才智,又需要仁义道德。洛克认为③,教育包括德行、智慧、礼仪和学问,提出"智慧使得一个人能干并有远见,能很好地处理他的事务,并对事务专心致志"。怀特海认为④,智慧是掌握知识的方式,并指出"古代哲学家希望引导和发展智慧,而不是传授知识和技能。"亚里士多德认为⑤,智慧可以分为形上智慧和实践智慧两种,并认为"理论"是把握事物的原因和原理,而"实践"主要是强调人的道德行为。苏格拉底在老师的基础上深入分析,提出"德性是实践智慧的形式"。可以看出,亚里士多德和苏格拉底都认为"没有德性的人是不可能具有实践智慧的,唯有通过实践才能使人具有真正的德性"。

因此,智慧的人不仅要具备相当的知识和好的思维,还一定要具备良好的品质。Anthony Liew 对智慧要素进行归类⑥,认为包括四类:第一类是包括认知、反思、判断、分辨、推理等在内的思维理论;第二类是包括事实性和程序性的知识,问题解决、计划,以及做决定的能力等方面的知识与技能;第三类是包括理解人的本性、认识与处理不确定性、理解错误信念、社会理解与相互作用、理解和处理生活实际等问题处理;第四类是包括正直、守信、勇气、公平、自制、慈善、正义、忏悔、谦虚、谨慎、尊重、理解等在内的品质。因此可以说,智慧包含基于整体感知、直觉把握形成的知性智慧,基于理论思考、规律认识形成的理性智慧,基于职业感、道德感、人际交往形成的情感智慧,还包含基于个体经验积累、实践感悟与反思形成的实践智慧。

(2) 智慧蕴含人文与和谐。对"智慧"的众多阐释中,都显性或隐性地传递着人文。"人文"是偏正词组,核心是"人",其集中体现重视人、尊重人、关心人、爱护人。因此,人文是重视人的文化,是一种思想、一种观念,是以人为本的思想,是对生命关爱的情怀。Anthony Liew 对智慧要素的归类中,第三和第四类凸显了智慧元素的丰富人文蕴含。可以

---

① Webster's New World Dictionary [Z]. New York: Simon & Schuster, 1997.
② 牛津高阶英汉双解词典 [Z]. 北京: 商务印书馆, 2004.
③ 约翰·洛克. 教育漫话 [M]. 傅任敢, 译. 北京: 教育科学出版社, 1999.
④ 怀特海. 教育的目的 [M]. 徐汝舟, 译. 北京: 三联书店, 2002.
⑤ 亚里士多德. 形而上学 [M]. 吴寿彭, 译. 北京: 商务印书馆, 1959.
⑥ LIEW A. DIKIW: Data, Information, Knowledge, Intelligence, Wisdom and their Interrelationships [J]. Business Management Dynamics, 2013 (4): 49-62.

说，没有人文滋养，就无所谓智慧。Baltes 和 Staudinger 认为①，智慧是人类最重要的积极人格特质之一，是实现美好生活的重要资源，是建构幸福人生的关键因素，它为人生中诸如怎样获得有意义和幸福的生活等问题提供洞察与指导。Robert 认为②，智慧能够将我们导向幸福人生，通过智慧发现通往幸福人生的许多路径。E. F. Schumacher 说，当前的整个人类处于道德危机之中，不是因为我们不懂科技，而是因为我们缺乏智慧，破坏性地运用了科技。西塞罗认为，智慧的功能是区分善恶。

和谐是"一致、协调、美"，通常认为是配合适当、协调的状态，与多元、宽容、和平、开放、发展等有着"本源"关系。和谐是对立事物之间在一定的条件下，具体、动态、相对、辩证的统一，是不同事物之间相辅相成、相同相成、相反相成、互助合作、互利互惠、互促互补、共同发展的关系。智慧涉及个人自身、人际关系以及人与环境，适应、改变与重新选择之间的平衡。Sternberg 明确强调智慧的首要特征是"平衡"，即通过平衡个人内部、人际间和个人外部的利益，在适应环境、塑造环境和选择环境三者中取得平衡，以获取公共利益的过程。因此，人们首先需要具备相应的知识、良好的思维，只有将智力、创造力和知识运用于不仅为个人利益，而且也为他人及所在生态世界的利益时，才是智慧的。高尚的人格对于一个智慧的人来说是不可或缺的，只有知识、思维、人格达到和谐状态，才是真正的智慧。

（3）智慧教育是智慧生成的途径。罗素曾经说，每一个人皆有智慧的潜质，智慧教育是引导人智慧生成的教育。教育包括学校教育、家庭教育、社会教育，也包括正式的教育、非正式的教育。教育家张楚廷先生认为，大学里，90%的教育蕴含于教学之中，如果把传授知识和训练技能作为教学的唯一任务，这种认识过于狭隘，教学不仅是传授知识，还包括培养智力和"心力"。张先生这一定义，接近"智慧教育"的内容了③。

怀特海提出，使人具有活跃的智慧就是教育的全部目的。智慧教育能够引导学生智慧生成，能够促进"个人知识"发展，能够始终关注人文与和谐，能够帮助学生获得幸福生活。与灌输所谓的智慧理论不同，智慧教育引导学生的知识习得、人格养成、思维训练，从而使学生个人智慧生成。总结来说，一是智慧教育引导学生自主分析处理学习资料，从而使信息内化于心；二是智慧教育帮助学生在体验、互动、探索、建构中，生成个人知识，从而使知识结构得到完善，心理过程得到充足，思维能力得到提升；三是智慧是在"理解真知、正确判断和恰当实施"的过程中潜移默化生成的；四是智慧教育让学生吸收、运用和拓展知识的能力得到提升，思维能力也得到提升，"从善"的意识也得到提升。

Anthony Liew 用 DIKIW 模型（如图 5-1 所示）表示了数据（Data）、信息（Information）、知识（Knowledge）、智力（Intelligence）、智慧（Wisdom）五元素的关系，数据是一无所知（Know Nothing），信息是知道"是什么"（Know What），知识是知道"如何"（Know How），智慧是知道"为什么"（Know Why）。许多人知道"做什么"，相当一部分专

---

① BALTES P B, STAUDINGER U M. Wisdom: A Metaheuristic (Pragmatic) to Orchestrate Mind and Virtue toward Excellence [J]. American Psychologist, 2000 (55): 122-136.
② ROBERT J S. A Balance Theory of Wisdom [J]. Review of General Psychology, 1998 (2): 347-365.
③ 张楚廷. 教学论纲 [M]. 北京：高等教育出版社，2008.

业人士知道"如何做",但只有智慧的人才知道"为什么能做,或不能做",通过认识智慧与数据、信息、知识、能力的区别和联系,才能把握智慧的生成。

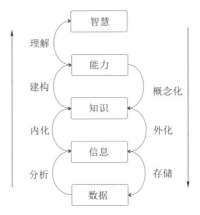

图 5-1　DIKIW 模型

由上可以看出,学生智慧生成可以分为获取信息、内化信息、重构心智、生成智慧等四阶段,其中有知识习得、思维训练和人格养成等三个基本要素。基于此,可以认为,智慧教育就是要引导学生善于获取、运用和拓展知识,善于思维和"从善"。人文与和谐是"智慧"的核心,也是"智慧教育"的核心,引领智慧生成的教育应当重视人文与和谐。

2. 知识习得是智慧生成的基础

知识是智慧生成的土壤,如何指导学生的知识习得,促进个人知识的生成,使学生善于吸收知识、善于运用和扩展知识,是引导学生智慧生成的基础。课程教学能带给学生什么知识,应该让学生习得哪些知识,以及教与学的理念、方法、目标等,是当前高职教育中有争议且较模糊的部分,而要让知识灵动,让智慧的土壤肥沃且充满生机,对这些内容的明确是非常必要的。

(1) 知识习得的现状。知识习得是学习之后对知识的获得。学术界认为,当前的高职教学没有关注学生真正意义上的知识习得,存在目标工具化、内容单一化、方法机械化等问题。较多高职课堂,在目标上,重视操作技能忽视智慧培育,工具和功利性过强;学习内容以表层的显性知识为主,对蕴含的信息探究较少;在方法上,以教师传授"真知"为主,较少进行内化而形成个人知识。

根据 DIKIW 模型的梯度,当前高职学生的学习主要是信息和技能积累阶段,尚未进行处理和分析,不会灵活运用知识,所积累的是许多个无序的"惰性知识"点。在教的方面,教师属于知识和技能传授者的固有角色,不论教学模式和课堂组织形式如何变化,其根深蒂固的是讲授、示范和训练,很少有引发思考、激励创造,更没有进行文化素养和意识的培育。在一项调查中显示,85%的教师认为通过教学提高了学生的知识和能力,60%认为培养了学生的综合能力,40%认为激发了学习兴趣、提升了思维能力、增强了自主学习与合作学习能力,不到10%认为提高了学生的综合文化素养、意识和能力,说明当前高职教学目标的单一、人文的缺乏和观念的固守。同时,教师上述自我研判,并不是建立在学生发展的整体关注上。

(2) 习得内容的设计。"人们除了学会理解各种类型的知识并使用它们,还应使之有所增长"①，这是知识经济时代对人的学习提出的基本要求。仅仅掌握知识已经无法适应日益快速发展的社会的需要，学习不仅是"摄取"的过程，更应该是"产出"的过程。知识创造学习提出了在掌握知识的基础上，创造新知识和开发新方法的诉求。

学习内容不仅仅是让学生了解概念或理论，还要让学生掌握技能，明确态度或价值。所以，在讨论学习内容的时候，要阐明学习活动所指事物的内容，还要思考学习者怎样理解。学习内容有两种属性，即专项属性和一般属性。专项属性是指学生习得的知识，亦即直接目标，体现在显性知识方面；一般属性是指学生通过学习掌握和发展某种特定的能力，明确某种态度、价值观等，这是间接目标，体现在隐性知识方面。

（3）习得活动的设计。转识成智的关键点是个人所具有的显性的、隐性的知识和直接获取的、间接经验获取的知识，简单来说就是"个人知识"。"个人知识"既可以是一种静态的"知识"，代表知识的存在形态，也可以是一种动态的"认知"，代表知识的形成过程。"个人知识"有助于受教育者实现自身的生成性、体验性、意义感和整体性，是一种对人生经验和阅历的反思性建构。

知识是教育实践中最基本的交往媒介，虽然教育开始于普遍性的、显性的、清晰的知识，其主要目标是引导学生结合个体状况与实际境遇条件对知识进行个人化，也就是将静态的普遍性的知识个性化、内化于心。将教育仅仅理解成让学生掌握知识，是对教育的一种曲解。从整体上来说，教育是使受教育者时刻准备好去迎接生活中的各种经历与挑战，对于生活中每时每刻出现的情况，能用相关的思想和恰当的行动去应对和处理。

学习过程包括认知（Recognition）、建立系统（System Building）和探索（Exploration）三个环节。教育应该如何围绕这三个环节设计教学活动，达成学生智慧生成的目的，关键是"指导"而不是"灌输"。鼓励学生自主积极的体验、反思、探索，这就需要教师明确有效习得环节，提升学生的意识，真正理解并创设"学生中心"，促进学生个人知识的不断生成和丰富，将教育从狭隘的知识教学引向意义更广泛、更深远、更丰富的智慧教育领域。

在教学设计和教育理念上要提升体验和互动。例如，教师预先布置与课程有关的学习活动，要求学生在课前完成，课堂上主要讨论或实践，重点是解决学生存在的问题和探寻新的发现。在这样的课堂上，学生们积极体验，展开多维互动，学生的注意力不是结论，而是视角、过程或方法。在讨论或实践中，同一个问题呈现出各种可能的解答，极大地打开学生的思路，学生在体验和互动中感悟的每一种解答都有支持或反驳它的种种理由。

3. 思维训练是智慧生成的关键

张楚廷先生曾提出包括信息（Information）、兴趣（Interest）、质疑（Inquiry）、智慧（Intelligence）、直觉（Intuition）的"5I"课程方案。兴趣是主动行为的"引子"，兴趣是智慧得以生成的重要源泉，对学生进行思维训练，首先要考虑的是如何激发学生的兴趣，从而让学生对各类信息自觉思考，产生内化或质疑。因此，教学改革要从唤起学生的兴趣入手，并确保兴趣的激发和保持贯穿始终。质疑是创造性思维的方法和手段，质疑导致智慧的生

---

① PAAVOLA S, HAKKARAINEN K. The Knowledge Creation Metaphor—An Emergent Epistemological Approach to Learning [J]. Science and Education, 2005 (14): 537 - 557.

成，直觉是智慧的一部分，隐喻不仅是一种修辞手法，而且是一种重要的认知和思维方式。所以，对学生兴趣的激发、质疑的鼓励、直觉和隐喻的发展等，需贯穿教学全过程。

（1）思维及思维训练。Sternberg 提出，智慧思维不是教师可以提纲挈领出能让学生原原本本照抄的原则或决定，而是学生自己需主动接受、内化和掌握的。

思维有广义和狭义之分，广义的思维是人脑对客观现实概括的和间接的反映，它反映的是事物的本质和事物间规律性的联系，包括逻辑思维和形象思维。广义思维包括很多种类，如创新思维、直觉思维、发散思维、隐喻思维、系统化思维等。而狭义的思维专指逻辑思维。

学生的思维训练是智慧教育的基本要素之一。教师在课堂教学中，采取创设思考性的课堂学习环境，使学生的隐性思维过程外显化，让学生明白其思维过程和方式，有助于其思维能力的进一步提升和发展。通过将思维训练和知识习得整合起来等，改善学生的思维质量和学习成效。加强学生的思维训练，根本的目的是使学生提升思维能力，学会思维，善于思维，发展智慧。

发展学生的思维，是智慧生成的关键，也是真正学习课程的保障。而当前的教学现状导致学生陷入一个"低级"的学习状态，隐没了其思维的活跃，更阻碍了其智慧的生成。许多学生失去了学习的兴趣，处于"被学习"状态，无疑影响着学生的学习质量和学习幸福感。关注学生思维发展的教学，是一个良性的循环，其各要素是相互促进的，再加上对学生人格养成的引导，让学生的智慧自然生成，而变智慧了的学生，更会学习，更善于思考。

（2）思维训练设计。从当前高职教学的现状和特点，以及学生的具体实际看，需关注对学生兴趣的激发、质疑的鼓励、直觉的引导、隐喻的提升。

①激发兴趣。兴趣对动机有决定性影响，兴趣在创造中拥有特殊的地位。教师忽视学生的兴趣，也就忽视了创造教育。教师要成为学生兴趣的引导者，首先需要清楚哪些是学生的兴趣源。张楚廷先生的"5I"方案中归纳了兴趣的三要点：一是自身相关性，兴趣是课程的组成部分，教师需要将课程本身的兴趣和学生自身的兴趣，以及兴趣的生成性和发展性联系起来；二是美学相关性，美学在任何课程及课程教学中都可独特存在，教师有义务去开发，这是兴趣乃至人生意义的基本源头之一；三是创造相关性，没有兴趣，就无所谓创造，而创造性又能激发兴趣。教师可以基于这几点引发学生的兴趣，呈现趣，发现美，创造新。

呈现趣，是指呈现内容之趣，呈现形式之趣。当前教学不是人文性的，其工具取向忽略了"人"，代之以丧失了生命力的枯燥的学习，扼杀了兴趣。另外，学生感到信息乏味的原因，一般是信息对于其太易或太难，或与之不相关。

发现美，是因为"爱美之心人皆有之""人是按美的规律构建的"。美是引导兴趣的最基本的牵引力。教师如能自觉发现美、创造美，并引导学生去发现和创造，学生一定是感兴趣的。

创造新，是通过新的视角、方法、内容等激发学生兴趣，引发学生积极的思维和创造感。教师需要开发新的信息，或以新的方式呈现信息。而了解学生、给学生充分的自由是前提，因为思维在最自由的状态下才富于创造性，才能领悟到创造性信息带来的新意和创造感。

②鼓励质疑。"为什么"三个字开启了生活中的很多智慧。一旦心中开始了思索与质疑，也就意味着开启了求智之道、智慧之本。质疑是一种思维方式，是一种品质，是创造性思维的方法与手段、更是人类创新的前提和探索的起点，人类智慧的生成、文明的进步，离不开质疑。质疑能力是优秀创造型人才不可缺少的能力，需要质疑者敢于质疑权威（包括书本知识和教师）、乐于且有能力发现问题和提出问题。

张楚廷先生曾在"5I"方案中提到质疑，认为质疑应该贯穿于教学实施的整个过程，应具有开放性、本体性、相伴性等特点。学生提问是教学的非常重要的、不可或缺的组成部分，引导和培养学生养成提问、质疑的习惯是优秀教师区别于一般教师的重要能力。当然，教师所提出的问题不应该总是指向标准答案的收敛性问题，而更多应该是开放的发散性问题，能够启发学生深度思考、辨证分析。一言以蔽之，使学习者一直处在质疑与思考中，是教育的真谛。

塞克斯图斯认为，人类有三种认知方面的缺陷：一是人一旦建立起某种关于事物原因的理论假设，往往就会固执地坚持这种假设的真理性和可靠性，甚至还会认定这个假设能解释一切现象；二是很多问题，尽管存在大量合乎逻辑的解释或者假说，但人们通常习惯于只用一种原因来解释，并且认为它就是唯一的解释；三是人们总喜欢用无序的原因去解释原本是有序发生的事情。因此，教师需要帮助学生建构知识体系，在生成个人知识的同时，需要引导学生养成质疑的思维习惯，从而让学生顺利实现转识成智。这就需要教师在实际教学过程中，通过问题的设置、提问的技巧、教学氛围的调节等，引导学生质疑和提问。

③提升直觉。直觉是不经过逻辑、不经过有意识的推理而识别或了解事物的能力。直觉包含认知、情感和行为等成分。直觉是一种普遍的生命存在，它不仅是走进生命深处的工具和方法，而且是生命本身的重要内容。直觉意味着理解的多样性，能把握思维无法把握的东西，可以使学生的天分得到充分发挥。直觉是智慧的一部分，而且是非常重要的一部分。课程教学应注重发展学生的直觉，如通过培养直觉而促进直觉多方位的发展。直觉能力的提升，能引发学生学习的兴趣，提高学习的信心，减轻学习的压力，增强学习的成就感。学生的直觉是在学习过程中逐渐培养的。

在教学中发展学生的直觉，需要创造条件鼓励学生实践，而非总是机械记忆和练题。教师可引导学生多途径、多资源、多方法学习的习惯和能力。让学生以不同的方式、在不同的地方与课程相关内容邂逅，鼓励学生获取信息、传递信息，让学生感兴趣起来，轻松起来。例如，教师可适当进行有关文献导读，鼓励学生选读文献。

虽然教育的根本目的不是直觉，但是在培养学生整体直觉思维的过程中，可以以发展学生的直觉作为突破口，引导学生全面发展个人的直觉，因为顿悟性、直感、快速的思维完全可以借助直觉而进行。因此，直觉的价值值得每一位教师重新审视，需要教师深度理解直觉体验、感悟生命的力量，在实际教育教学过程中激活、尊重学生的好奇心，捕捉学生的兴趣点，拓展学生的视野，发现学生的探究精神，引导学生愉快的直觉体验，使学生敢于创造，乐于创造，善于创造，提高创新能力，使学生通过心灵的体验来把握生命，理解生命，发展生命，使生命的活力充分展现出来，获得美好的生命过程。

4. 人格养成是智慧生成的根本

人格是智慧的灵魂，缺乏品质修养的人，不管其拥有多么渊博的知识，也不管其具备多么强大的思维能力，都不能以智慧称之。人格的养成，是一个人智慧生成的根本。对学生人格养成的引导，重点是人格关注，所有课程都有责任对学生进行情感、信念、价值观等的引导。学生的人格养成离不开教师的"智慧"引导，需要教师开发多元信息、创设人文与和谐，更需要教师自身智慧的发展。

（1）高职生主要人格问题。当前，高职生人格发展总体状况良好，大部分高职生关心国家发展和社会进步，努力进取，学习积极性高，创造力丰富，有强烈的成才意识，更将个人发展与社会进步紧密联系在一起。但是，受外界环境复杂性以及自身发展差异性的影响，一些高职生在人格发展过程中也表现出心理发展滞后、道德信念弱化、自我中心价值倾向、社会适应能力不足等不协调的特征。

①心理发展滞后。很多学生上大学之前，生活被限定在一定的圈内，过分注重知识和技能学习，忽视心理素质的训练，缺少接触社会或处理人际关系的经历。很多学生的内心是渴望独立的，渴望摆脱管束，自力更生。但是他们的社会阅历浅薄，心理承受能力差，缺乏独立思考和判断能力，需要教师或家长的正确引导。同时，社会环境带来的影响良莠不齐，海量信息资源的获取是学生一个自我选择的过程，他是怎样认知的就会怎样选择，做出怎样的行为。但是，他们的人格正处于塑造期，心理发展尚未成熟，自我意识并不完善，因而更容易受到感染和刺激，遇到困难时出现各种问题。

②道德信念弱化。在实现中华民族伟大复兴的道路上，新时代的中国青年应有强烈的道德信念，才能响应时代的呼唤，应对各种挑战，勇担重任。但是，部分青年学生的道德信念正在弱化，他们的道德责任感衰落，当遇到复杂情境或道德冲突时，会是非不明，善恶不分，甚至难以克服内心的矛盾，最终做出不符合道德规范的行为，且全然不顾他人的感受，自身也无不安或愧疚感。

③自我中心价值倾向。习近平总书记在纪念五四运动一百周年大会的讲话中指出，新时代中国青年应自觉树立和践行社会主义核心价值观，善于从中华民族传统美德中汲取道德滋养，从英雄人物和时代楷模的身上感受道德风范，从自身内省中提升道德修为，明大德、守公德、严私德，自觉抵制拜金主义、享乐主义、极端个人主义、历史虚无主义等错误思想，追求更有高度、更有境界、更有品位的人生，让清风正气、蓬勃朝气遍布全社会。当前随着全面深化改革的步伐不断推进，社会物质基础不断积累，人民生活得到极大改善，因而当代大学生生活在一个物质基础殷实的幸福年代。但是社会经济快速发展也带来了一系列问题，导致很多学生价值取向歪曲，以自我为中心，处处把对金钱的追求放在首位，物质欲望膨胀，急功近利，追求安逸，贪图享乐，甚至见利忘义，唯利是图，做出一些有悖于道德发展的事情。

④社会适应能力不足。很多学生对社会适应能力不足，主要表现为抗压抗挫能力不足。抗压能力是指在面对强大压力的情形下，个体的反应能力和承受能力以及应对能力。抗挫能力是指当个体遭遇挫折时，能摆脱困扰而免于心理与行为失常的能力，也就是个体经得起打击的能力。

（2）人格教育教学改革。在教育生态系统中，万事万物皆有其特定的承受力和耐受度，人格教育亦是如此。传统的人格教育已经不能适应当前学生人格发展的需要，应积极遵循耐度定律，以人格主体的耐受度为标准，以大学生为主体，把握最适度原则，大力推动人格教育教学改革。一方面积极转变教学思维，将大学生人格教育思维转向主体间性；另一方面，要坚持以师为范的教学原则，全面提升高校教师的人格素质，用教师的人格魅力感召学生。

①转变教学思维。传统的人格教育思维是单向的、线性传递模式，教师与学生之间地位不平等，形成了"主客二分"的状态。教师在教育过程中永远以居高临下的姿态苦口婆心地说教，成为人格教育过程的主体，而学生也是左耳朵进，右耳朵出，敢怒不敢言，成为人格教育过程中的客体。所以传统人格教育思维下的大学生人格教育多半偏于形式化，无法发挥应有的作用，也极容易被其他教育所取代。

人格教育思维转向主体间性也是立足于教育立德树人的根本任务，体现了以学生为主体，关爱学生，服务学生的教育理念。主体间性是教育中的一种"共生性存在"，主体间性的人格教育是一种追求全面、真实、平等、双向互动的教育，由传统的单极性主体走向交互性主体。

②坚持以师为范。孔子云："其身正不令而行，其身不正虽令不从。"对于教育领域来说也是同样的道理，教育者自身的人格感召力对受教育者影响巨大。正如俄国教育家乌申斯基所说："教师的人格对于年轻的心灵来说，是任何东西都不能代替的有益于发展的阳光，教育者的人格是教育事业的一切，只有人格才能影响人格的发展和形成。"

所谓教师人格，是指教师作为教育职业活动的主体，在其职业劳动过程中形成的优良的情感意志、合理的智能结构、稳定的道德意识和个体内在的行为倾向性。对于大学生来说，教师的人格示范是其最直接的榜样。如果教师自身人格失度，品行不端，不仅不会得到学生的认可，在学生中失去威信，难以立足，久而久之还会影响到学生健全人格的发展，起到消极作用。因此，全面提升高校教师的人格素质是大学生人格教育的关键一环，只有不断提升教师的人格素质，才能充分展现教师的人格魅力，发扬教师人格示范的育人功能。

5.3 重构学习生态

5G时代的到来，云计算、大数据、人工智能等现代信息技术的发展，给人类的生活、生产、学习、工作都带来了很大改变，同时，给人类的思维方式、文化观念等也带来了深远影响。教育教学也不例外，深受信息技术的影响。尤其是随着移动互联网的发展、移动智能终端的日益普及、云计算和大数据技术的发展与突破、新媒体技术的出现，教育资源、工具与环境等都有了新的教育形态，教育的组织、实施与评价等都有了新的教育模式，学习的理念与目标、内容的选取与结构、资源的形态与应用、活动的创新与组织、教学的策略与方法、师生与生生间的交互与相互影响等都有了翻天覆地的变化，整个学习生态都受到了深远的影响。

1. 学习生态内涵分析

从生态上讲，技术尤其是信息技术在学习领域的侵入与扩散，影响甚至改变课程及其学习生态。因此，明确学习生态的内涵，对分析学习生态的构成要素，厘清学习生态的各种关系，确定其结构和功能，建构或优化学习生态有着积极的实践价值和现实意义。研究学习生态，有必要厘清生态、学习生态等概念的内涵与外延，厘清它们与环境、学习环境等概念的联系与区别，进而明确学习生态的内在本质及蕴含。

（1）生态与环境。"生态"源于希腊语，作为科学概念于 1866 年由德国博物学家恩斯特·海克尔（Ernst Haeckel）提出，认为生态是有机体与周围环境之间的关系，旨在描述有机体与其周围环境之间的整体性关系，以及呈现出的平衡状态[①]。随着研究的深入，人们逐渐认识到"生态"除了意指关系，更意味着关系的和谐，即生物与环境及共同生活于环境中的各生物个体、种群等的平等相处、和谐共生的状态。

"环境"有"包围、环绕、围绕物"等含义，是相对某个中心事物而言的，意味着中心事物在其特定活动展开的过程中赖以持续的情况和条件。"环境"是围绕该事物的各种外在实体和条件，"生态"是指事物及其与其他事物间的关系总和。

（2）学习生态与学习环境。"学习生态"衍生自"生态"，是生态思想、理念、思维方式与原理在课程及其学习领域运用的结果。综观国内外的相关研究，对"学习生态"内涵的理解主要有三类：一是将学习生态等同于环境或系统，强调学习生态是一个包含多种因素，相互作用与影响的动态系统，认为它与自然生态系统类似，是维持和支撑学习共同体运行的环境或可以自我维持的复杂系统，认为不是某个或某几个因素影响了学习者的学习，而是各种因素共同作用的结果；二是将学习生态等同于学习共同体，认为学习生态是由共同兴趣、同一愿景而聚集起来的知识经验丰富、经历各异的学习者、教师、专家等组成的学习共同体，强调主体间的交互之于学习及其意义建构的重要作用，使学习由"个体获得与建构"转向"社会参与与创造"，教师亦由"知识的传递者"转向"共同的建构者"；三是将前两者观点进行综合，既认识到物质的实体环境之于学习的作用，又认识到有机生命间的交互、社群与文化等之于学习的意义，认为学习生态是学习群体及其所处的环境之间形成的动态系统，学习是多主体、多元素间相互作用的结果。

信息时代到来，物质环境已不能仅仅局限于物理环境，还包括虚拟环境。因此，有学者指出，学习生态系统指由学习共同体及其现实的和虚拟的学习环境构成的功能整体。

总的来说，环境或系统不是学习生态，学习共同体也不是学习生态，学习生态是指学习者、其他参与者、学习环境等相互影响、彼此交织、共同构造的自在、和谐状态，其中的学习是指理想的学习状态：能够在遵循学生自然发展规律的基础上，还能尊重学生的天性与自然特性，能够同时兼顾课堂学习和课前课后学习。其中的学习环境是指支持学习活动开展并取得理想效果的物理条件，主要包括工具、资源、情境、教师、学习者、辅导者等。其中的学习生态是指生态理念在学习领域的具体应用，具有关系性、整体性、过程性等特征，能够从整体、动态、关联的角度认识和理解各要素间的关系，能够为学习提供充足的给养，能够营造一种自在、和谐的氛围与状态。

（3）学习生态的内在本质。学习生态是在信息技术环境下产生的，依托于信息化手段、信息技术工具，建立起学生、其他参与者、环境、课程以及其他相关因素之间的动态平衡，从而使体现理念和价值的生态化学习得以实现。

"化"的过程是学习生态的第一表现，也就是充分依托于信息化手段、当代信息技术工

[①] 吴鼎福，诸文蔚. 教育生态学［M］. 南京：江苏教育出版社，1998.

具，灵活运用生态思想、方法与观念，从课程层面搭建良好的学习环境，营造和谐自在的学习氛围，使学习生态不断动态生成，持续优化，从而使整个学习生态始终朝着融洽、自在、和谐的状态不断自我迭代，实现"生态化"过程。

"化"的结果是指自在、和谐、融洽的学习状态，也就是让学习相关的各种要素之间的和谐共生、动态平衡的状态得以实现，当然，现代信息技术、信息化手段等环境的支持是前提。在这样一种学习状态下，学习者既可以了解学习内容的整体性与关联性，还可以在学习过程中实现个性化与差异化；学习者既可以感受到整个学习过程的和谐融洽，也可以感知到学习过程的动态平衡；学习者既可以获得知识，还可以参与、创造新的内容。一言以蔽之，学习生态是一个让学习者得以改变的地方，是一个灵魂唤醒灵魂的地方，是一个创造能力和创新精神得到培养、生命得到自由发展的地方，这一切都离不开学习生态中丰富而又真实的学习情境、渊博而又高质量的学习内容、持续的动态更新与迭代、敢于变化的开放机制、灵活多样的学习方式等。

因此，借助信息化手段和现代信息技术工具的支撑，学习生态这样一个整体关联、彼此关系、动态平衡的有机体，始终处于动态优化、迭代更新、持续发展的动态过程之中，始终是一个追求融洽、自在、和谐的理想主义者，整个学习生态系统日臻成熟、完善，距离"生态"理想状态越来越近，这一切都在成就着"生态化学习"这一人最理想的学习状态。

2. 学习生态构成要素

构成客观事物的基本单位是要素，现代信息技术环境支持下的学习生态主要包括以下要素：人、学习环境、课程；同时还包括各要素之间的相互影响与作用，彼此交互而达成的动态平衡、融洽和谐。

（1）学习环境的构成要素。从广义上来讲，学习环境可以指课堂、教室、学校或是社区，也可以指整个社会、文化和自然。从狭义上来讲，学习环境一般指以下几个方面：一是桌椅、黑板、多媒体、实训实施设备、教材等物质因素；二是教师、学习同伴等人的因素；三是人与人之间、人与物之间交互过程中形成的语言、肢体动作、思想的碰撞等。当然，人类对学习环境认识不是一成不变的，不同的视角和立场就会有不同的理解和认识，因为人类学习的过程、情境本来就是复杂的。

近些年来，随着现代信息技术、移动互联网、云计算、大数据、人工智能技术等的不断发展，学习环境有了全新的变化：一是各种多媒体工具、交互式体验、信息化手段等可以帮助学习者更好地学习；二是可以智能化地记录学习者的学习过程，对学习成果进行智能评测，同时，还根据学习者的个性化学习需求，提供个性化的学习资源、学习工具、学习路径。情境性、交互性、参与性是学习环境所表现出来的主要特征，随着大数据技术和学习分析技术的发展，个性化、智能化、自适应将是学习环境下一步迭代的方向。总的说来，影响学习环境的因素很多，其中技术就是很关键的因素，不同时代的技术水平造就不同的学习环境，当然，除了技术的影响，情境、社会交互、教学法等因素也是至关重要的。

（2）学习生态的构成要素。学习生态的产生源于生态理念及其思想在学习中的运用、演变和实践。也就是说，学习者与学习环境、其他学习参与者、各种其他因素彼此关联，相互影响，共同构造融洽、自在、和谐的状态。分析学习生态的构成要素，首先需要通过思考和回答"为什么学习、学习什么、如何学习"这三个问题，从而可以更好地理解学习的本质。一是为什么学习，这是思考和回答学习的意义与价值，属于学习价值观层面的问题；二是学习什么，这是关系学习的具体内容，离开了学习内容，那么学习就像是无源之水、无本之木，没有任何意义；三是如何学习，这是追问与回答学习的具体方式方法和途径。

因此，可以用"建构""获得""创造""参与"等关键词去理解学习的过程本质，当然需要基于生态视角去理解。总的来说，可以从以下三个层面去理解学习的过程本质：一是学习者个体获得、建构和自我感知的过程；二是一个社会交往互动、参与的过程，具体来说包括历史背景、社会文化、现实生活等；三是一种创造和生产知识的活动，主要依据人类创造和定义的概念、符号和工具等。

基于以上分析可以得知，学习生态要想达到一种理想的状态，也就是学习者与其他学习者、环境、其他因素彼此影响，相互作用，达到融洽、自在、和谐的状态，离不开环境的优化、学习过程中各相关因素的优化。学习生态的优化和建构需要的因素主要包括：学习价值（理念）、学习资源、学习内容、学习策略、学习活动、社会交互、学习情境、新型媒体、专业实训设备、现代信息技术工具、教师、学习者等。其中，学习环境可以从教学法、学习情境、现代信息技术、社会交互等维度考虑，当然离不开现代信息技术的支持。学习生态的构建、设计与优化可以从学习内容、学习情境、教学法、学习价值（理念）、现代信息技术、教师、学习者、其他学习参与者等维度综合考量。

3. 学习生态理论模型。

课程与学习在生态思想观念的统领下有了新的内涵和价值意蕴，即达成融洽、自主、和谐的理想状态。从现实状态走向理想状态是所有事物的发展规律，要实现这一目标，就必须要有合适的方法路径、理论框架、逻辑和策略等作为引领和指导，也就是要有适宜的战略、用心的战术。因此，优化学习生态的思考框架是前提，也就是战略，进一步厘清学习生态中各构成要素之间彼此关联和相互作用关系是重点，也就是战术，只有这样，才能为相关的具体实践提供思路和路径。

（1）学习生态构成要素及其关系。深入分析学习生态的各个要素，厘清各要素的内涵和外延，是重构学习生态模型的前提，同时，还要能知晓各要素与其他要素、整体之间的彼此关联，相互作用。具体来说，需要建构现代信息技术支持的学习生态优化课程。一是厘清学习生态中学习理念、学习内容、社会交互、现代信息技术、教学法、教师、学生、其他利益相关者等，其中教师、学生、其他利益相关者等是生物因素，学习理念、学习内容、社会交互、现代信息技术、教学法等是非生物因素；二是厘清学习生态中各因素之间的关系、与整体之间的关系等，这样才能更好地建构学习生态理论模型。

①生物因素与学习生态之间的关系。学习者、教师、其他利益相关者等作为学习生态的生物因素，他们与学习生态直接的关系是影响与被影响、作用与被作用的关系。也就是说，这些生物因素既是学习生态系统的受惠者、受制约者，又直接地改变与影响着学习生态系统；既是学习生态系统的消耗者，不断吮吸生态系统中的知识、信息与资源，又是学习生态系统的建设者、生产者，通过交流互动、思考碰撞，不断生成新资源、新内容、新知识。因此，学习者、教师、其他利益相关者这些学习生态系统的有机组成部分，始终与生态系统整体及其他非生物因素彼此动态关联、相互影响、相互作用、互为依赖，始终处于一种动态平衡之中。

通常来说，学习者在学习生态系统中所承担的角色是"消费者"，他们使用现代信息技术为依托的学习工具，消耗资源、吮吸知识、经验和信息，在持续的实践、参与与互动中，使知识得到增长，使技能得到提升，使所思所感得到升华，使智慧得到生成。但是，从另一个角度来看，任何一个学习生态系统中的学习者，他们是一个个独立的、有思想、有情感、有态度、有价值、有知识、有经验、有技能的生命个体，他们原本就是生态系统的一部分。因此，在学习生态系统中，学习者本身就是学习生态系统中一种独特的可用资源，他们远不止是资源、知识、信息的消耗者，也是新知识、新经验、新体验的创造者，也是学习生态系统的反哺者。

通常来说，教师在学习生态系统中的角色是"调适、优化和构建者"。也就是说，教师基于自身对理想的学习生态的理解与诠释，结合具体实际情况，构建、设计实际的学习生态。理想与现实实际不可能完全吻合，总会存在一定差距，因此教师需要有及时的调控、优化能力，根据具体实际情况和特殊要求，对理想的学习生态作出理解、判断与设计，也就是根据现实情况及时调整战略与战术，在理想状态与现实实际中取得一个平衡点，既适应现实的实际需求，又符合理想状态的学习诉求。

②非生物因素与学习生态之间的关系。学习理念、学习内容、现代信息技术、教学法、社会交互和学习情境等因素属于学习生态的非生物因素，它们彼此关联作用、相互影响，为学习方法、学习优化路径等提供了支持与保障，具体来说，主要包括学习资源、现代信息技术支持下的学习工具、学习环境与情境等。非生物因素是学习生态系统最基本的特质、最基本的构成，全方位地影响着整个学习生态系统，为学习者的学习提供了重要支撑作用，学习生态系统离开了非生物因素就如同空中楼阁，失去了意义。

a. 理念。理念是意识和精神层面上的概念，人们对现象或事物的理性认识、理想追求、认识和追求过程中所形成的观念体系都属于理念的范畴。学习理念统领着后续所有学习过程的开展，具体来说，可以从以下两个层面去认识学习理念：一是人们对学习生态中理想学习状态、过程的一种思考与揣度；二是人们对学习的设计、组织、实施等环节的理性认识与展望。学习理念会影响人们如何去认识学习，认识学习生态；会影响人们如何去构建学习，构建学习生态；会影响人们如何去组织学习内容，创设学习情境，应用现代信息技术，设计交互活动等；会影响人们如何去实现学习生态的融洽、自在与和谐。当然，学习生态与学习理念之间是相互作用、相互影响的，学习生态的构建与运作也会推动和影响学习理念的发展。

b. 内容。对于内容的理解，首先应该明确，内容从某种意义上来说，很好回答了"教什么""学什么"这两个问题。学习生态以课程为基础，探讨和研究学习和学习生态，课程是学习生态构建的基点。由此推之，课程也必定是内容的中心，课程内容逻辑必定是学习的主线。具体来说，包含了概念、规则、事实、原理、方法、策略、价值、态度等内容，这些内容既全面覆盖了理性、客观、普遍的科学知识世界，也全面覆盖了个性、感谢、主观的人类生活经验世界。

c. 教学法。对于教学法的理解，首先应该明确，教学法从某种意义上来说，很好回答了"如何教与学""为什么这样教与学"这两个问题。可以从以下几个层面去理解教学法：一是教学法深度思考与探讨了教与学的基本功用与价值追求，其中包含了对教与学思想理念问题的探讨；二是教学法深度思考与探讨了学习生态"理念"因素对于学习内容的选择与组织实施的影响；三是教学法能够引领整个学习生态领域。因此，教学法在学习生态中，主要是指学习者、教师、其他利益相关者用其所秉持的教与学的理念、思想进行具体的实践，其中实践主要包括方式、方法、手段、策略等。

d. 交互。交互对于学习、学习生态而言有着十分重要的作用与意义。因为真正的学习不仅仅局限于学习者个体的感知、获得与建构，还与学习个体与学习环境、学习内容、其他学习者的交流互动有关，还包括学习者个体与自我的深度交互，当然，这些社会交互与深度互动离不开历史背景、社会文化与现实生活的支撑。总的来说，交互因素可以促使学习、学习生态走向融洽、自然、和谐的应有之态。

e. 情境。杜威曾说过，思想起源于直接经验的情境。具体来说，可以从以下几个层面去理解情境：一是学习者的认知、意义建构和理解需要情境提供真实的背景；二是活动的开展、问题的解决需要情境提供实践场所；三是学习过程中，意义关联的建立、迁移、情感体验的增强、兴趣的激发需要情境提供背景；四是学习过程持续保持深度与韧性需要情境提供环境。同时，情境可以彻底激活学习者的学习兴趣，使学习者能够自发地、主动地开始投入学习，能够进入理想的学习状态，能够实现高效率、高迁移、高投入的智力提升与情感发展，因此，对学习生态的作用和意义是无可替代的。情境与学习生态之间彼此作用、相互影响，恰当的情境可以很好地推动学习、学习生态的发展，同样，学习生态实际运作与实践过程中产生的突出情境问题又可以很好地促进情境的完善和优化。

f. 技术。随着技术在课程及其学习中的不断扩散和渗透，课程及其学习受到了一系列的影响与变革：一是人们对于课程的理解发生了改变；二是课程形态被新的课程目标、表征与组织、课程内容呈现等形塑着；三是课程运作被新的教学范式、师生关系、学习环境等重构着；四是学习方式和人们对学习的理解都被改变着。然而，技术除了带来一系列积极的变化，也带来了一些新的困扰，比如学习目标过于偏重片面知识学习，学习过程不够灵活、过于程式化操作，学习主体不够突出等。究其原因，是因为过于强调技术，而没有真正有机融合技术、课程及其学习。因此，技术与学习生态的关系如果不从整体、和谐、包容的生态视角认识和理解，就会导致技术无法真正融入课程及其学习生态，成为一个孤立实体，甚至会干扰生态。

（2）学习生态理论模型。学习生态是一个由生物因素、非生物因素彼此影响、相互作用的复杂生态整体，其中，生物因素包括学生、教师及其他参与者，非生物因素包括学习理念、学习内容、学习情境、现代信息技术、教学法等。各种因素之间的关系如下：学习理念是目标，缺少学习理念的引导，学习生态就如漂泊的浮萍，将失去方向；学习内容是前提，缺少内容的凝聚，学习生态就如空中楼阁，将失去基点；现代信息技术是支持，缺乏现代信息技术的支持，学习生态重构就如纸上谈兵，将成为空谈；教学法、学习情境、社会交互是方法、策略与路径，缺少教学法、社会交互与学习情境，学习生态就如驶错方向的列车，背道而驰，将失去意义；缺少师生的积极参与，学习生态就如同槁木死灰，将失去生机。因此，构成学习生态的各个因素是相互关联、相互影响、相互制约的，不能孤立地优化或改进任何单一因素，而应该以整体的、过程的、关联的视角去认识和理解这些因素，建立如图5-2所示的学习生态理论模型。

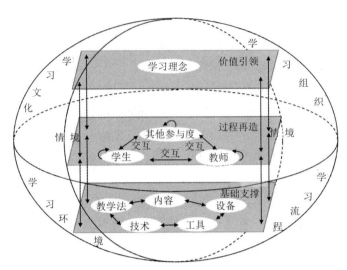

图 5-2 学习生态理论模型

学习生态理论模型是指在现代信息技术环境支持下，对学习生态进行设计、优化、重构的思考框架，而并非一个对学习生态建构和优化的过程模型。不能基于学习生态理论模型去推断学习生态的构造是有特定顺序的，而应该将学习生态理论模型视为一个思考维度框架，用来持续优化学习生态。学习生态中的两种生物因素和六种非生物因素之间的彼此关联、相互影响的关系在学习生态理论模型中得到了很好的呈现，教师可以更直观地审视和反思在优化学习生态的实践过程中所涉及的各类因素，同时更精准地定位学习生态系统中可能进一步优化的因素，也就是说，在一定技术环境的支持下，可以实现定位具体维度、具体层面、具体关系，持续优化学习生态。由此可见，学习生态理论模型可以更好地指导教师设计、描绘和优化学习生态，从而可以更好地适应不同学习者的学习需要。一言以蔽之，基于信息技术环境支持的学习生态优化理论模型，需要研究者从多个维度去调控与优化学习生态，具体包括学习理念、学习内容、学习情境、学习技术、教学法、社会交互、学习者与教师等维度，从而可以更好地综合认识和全面思考学习生态设计，重构与优化理论框架。

(3) 学习生态理论模型应用原则。学习生态是一个复杂的系统，既涉及了学习者、教师、其他参与者等生物因素，也涉及了学习内容、学习资源、现代信息工具、各种新媒体、学习活动、学习环境等非生物因素。因此，学习生态的重构与优化过程既包含了物的改进，也涉及了人的变化；不仅需要重组学习结构，还需要再造学习流程。其中，物的改进包括学习内容、学习资源和学习环境等，人的变化包括学习理念、学习方式与行为、意识等。因此，不可能按照线性的、规律性的视角去优化学习生态，而应该按照非线性、偶然性、随机性、不可预测性的视角去优化学习生态。准确把握和预知学习生态的全貌不能从单一层面或维度去认识学习生态，而应该将多种关系、多种要素整合，形成合力，共同优化学习生态。一言以蔽之，为了促进学习生态的和谐发展，在实践中，应该始终坚持整体性、关联性、过程性、非均衡性等原则，应用理论模型优化学习生态。

①坚持整体性原则。学习生态是一个复杂的、整体的系统，因为其受多种因素彼此关联、相互作用、相互影响。因此，完善和优化学习生态需要协调多种因素相互协作、共同进化、共同提升，而基于改进一个或多个因素的视角去优化学习生态显然是不可行的。

②坚持有机联系性原则。学习生态是一个内在有机关联的整体，其本身及所有要素均彼此关联、相互影响。也就是说，某一个或几个因素的改善或优化并不能全面优化学习生态。以信息技术为例，虽然学习资源、信息获取方式受到了信息技术在学习中渗透和扩散的影响，但是信息技术却不一定能够带去学习质的飞跃。

③坚持动态过程性原则。学习生态是一种过程，不是一种已完成的状态，意味着学习生态永远处于一种未完成的状态，永远处于不断优化与完善的过程。当前状态受到前一状态的影响，是优化、改善前一状态自然生成的结果，同时，当前状态的优化、改善，又会影响下一状态，成为下一状态的前身，学习生态的优化一直处于现在进行时状态。

④坚持因素权重非均衡性原则。学习生态的优化路径及其关键因素受到具体的信息技术环境、学习课程、学习者、教师等方面的影响，是一个动态发展的优化过程。也就是说，学习理念、学习内容、当代信息技术、社会交互、学习情境、教学法、学习者、教师等因素对学习生态优化的影响程度，需要根据具体的课程、学习生态的具体客观实际来决定，从而可以确定哪些是关键因素，哪些需要重点优化与突破，哪些是次为重要的因素等。

4. 学习生态重构策略

学习生态虽然是一种融洽、和谐、优化抵达最佳状态的过程，但始终需要以具体的课程、学习实践为遵循。也就是说，通过选择、控制和协调学习所相关的各种生态因素，使课程及学习生态得到改变，并逐渐趋于最佳的理想状态，当然，实现这一目标离不开有意识、有计划、有目的地运用各种现代信息技术工具与手段。学习生态是一种在现代信息技术环境下课程与学习领域的社会人造系统，其优化的过程需要依托生态学领域的生态规划理论，也需要考虑具体课程与学习的特殊性与具体设计理论。因此，提出了现代信息技术环境下，如图5-3所示的学习生态重构框架，具体包括确立生态目标、聚焦敏感因素、优化生态结构、促进生态化学习和完善评价、反馈与调节等环节。

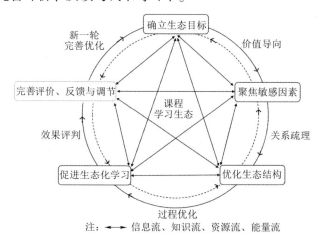

图 5-3 学习生态重构框架

（1）确立生态目标。学习生态目标是要实现的预期，是学习生态的最终归宿。确立目标是调控、优化和建构学习生态的实践起点，决定着其他各个环节的方向和品质，应该从学习理念、诉求着手。

①分析学习内容，确立学习理念。确立学习生态目标的首要任务在于分析主要知识和技

能在内容体系中的地位、前后联系与发展历程。其次是将与该内容相适应的学习理想构思并描绘出来，探寻理想的学习理念。也就是说，学习生态优化目标的形成，需要有以下条件：学习理论能体现坚守、学习观，学习状态应体现的核心价值能清晰厘定，学习原则和规律能遵守，基本信念能践行与坚守。

②探析学习诉求，确定生态目标。学习理念是一种决定着学习目标是否能够实现的客观规律与原则，是一种在整个学习实践全过程需要践行和坚守的基本信念。学习理念蕴含了学习实践的价值追求、学习本质的规定。由于不同课程或同一门课程不同学习内容的知识类型存在差异性、多样化等特点，因此，不能简单地用"获得""参与""创造""建构"等其中的某一种去描述学习理念，而应该综合其中的几种去描述学习理念。需要注意的是，特殊情况下也能用一种学习理念描述学习理念，比如，不同的学习时段或学习内容，一般倾向于用一种学习理念去描述。总的来说，有所倾向、有所侧重是学习生态的构建、优化和调控需要遵循的基本原则。

学习生态目标的形成过程是一个复杂的过程，具体包含了学习内容分析、学习理想展望、学习理念确立、生态诉求探析、优化目标形成等过程。学习生态目标的形成需要以学习的需要为前提，能够在学习生态构建的实践中发挥指导和服务作用，能够为具有融洽、和谐、自在氛围的学习生态有机体的形成，促进个人和谐持续性发展和深度学习的学习状态的达成提供价值引领和目标。

（2）聚焦敏感因素。学习生态是否能够从现实状态逐渐走向理想状态，取决于学习生态的各种要素、结构与关系是否能够得到改良、改善和改变。因此，一旦确定了学习生态实践的理想与目标，当然，前提是有现代信息技术环境的支撑，就需要将影响学习生态发展的敏感性因素充分聚焦，并且逐步改良、改善和改变各敏感性因素，从而优化甚至重构各要素之间的关系、功能、运作及生态结构。

①厘清障碍，聚焦敏感性因素。学习生态的敏感性因素是指能够最大限度影响生态关系、功能、运作形态与生态结构的关键性因素，这些因素单个的或多个的改变与改善，可以优化整个学习生态的实践与运作形态，甚至可以重建整个学习生态的实践与运作形态。确定影响学习生态优化的敏感性因素，具体来说分为以下几个方面：一是需要清晰地理解与认识某一具体取向理想学习生态形态与目标，前提是在现代信息技术环境支持下，确定整体学习生态优化目标与实践取向；二是需要深入分析并罗列有利于突破障碍与超越的因素，前提是充分结合学习生态优化理论模型和生态现状；三是需要确定各敏感性因素的权重比例与大小，前提是充分分析各因素与障碍之间的亲疏关系、作用力大小与位置等。

②厘定核心，确定优化路径。敏感性因素得到确立以后，以敏感性因素为基础的实践路径才能得以形成，前提是需要紧密结合学习实践诉求与学习生态优化。学习生态要素优化路径和组合方式，与敏感性因素、生态取向和生态实际紧密相关，具体来说，分为下面几种优化路径：一是如果学习生态优化以"获得"为取向，那么围绕着课程内容的"传递——获取"展开便是学习生态的优化路径；二是如果学习生态优化以"建构"为取向，那么围绕着建构个体自我及其环境展开，也就是通过对学习内容、教学法、学习情境、社会交互、现代信息技术等敏感性因素的优化，促成知识意义生成与知识建构的生态发展便是学习生态的

优化路径,当然,适宜的建构资源、现代信息技术与工具支持、其他各种环境条件的支撑是关键;三是如果学习生态优化以"参与"为取向,那么其优化路径需要紧紧围绕着参与支持环境的建构和社会活动的组织两个方面展开,也就是通过优化技术、情感等敏感性因素,将沟通渠道和社会参与情境提供给学习。

(3) 优化生态结构。理想学习状态的形成,需要学习生态为学习提供知识、信息、工具及资源等支撑条件。学习生态优化实践的本质诉求与核心任务是促使学习生态从现实状态走向理想状态,也就意味着,学习生态的关系、要素、结构需要得到持续改进。因此,通过学习生态目标与理想的确定、敏感性因素的聚焦、学习生态要素优化路径的确立,紧随其后的任务是学习生态关系、因素和结构策略的探寻,学习生态过程的设计,适宜的给养生态与环境的支撑,学习组织方式和流程的设计等。这里需要强调的是,"学的逻辑"始终是设计和优化学习生态的前提和准则,也就是遵循人们关于人类学习的基本规律、行为规则等的认识和理解及其对学习实践的内在规定性。唯有上述条件得到满足,生态化学习展开的融洽、和谐、自在的理想境界才可能依托于学习生态得以真正实现。

① 以"学的逻辑"优化敏感因素。优化敏感因素是指基于学习生态的优化取向、目标与障碍,聚焦了敏感因素后,借助学习生态理论模型深度分析并确定敏感因素的优化内容,探索优化的过程与步骤。在聚焦了敏感性因素之后,主要解决优化什么、怎样优化、能带来什么作用和影响。因此,敏感因素优化主要有优化任务与内容、步骤和方法、审视目标是否达成等。

② 以"学的逻辑"设计学习过程。开展生态化学习的前提条件是需要能够优化学习生态因素、结构与关系,以提供适宜的环境支撑。在前提条件得到满足以后,也就是学习生态因素等得到优化以后,下一步的重点就是设计学习任务与活动流程等学习过程,从而可以使学习生态运作得以优化,使理想的生态化学习状态得以实现。值得注意的是,需要以学习生态优化的核心理念及其内隐的"学的逻辑"为根本遵循,对学习内容分析、学习准备清晰、学习任务设计、学习组织实施策略设计等学习过程进行设计,在学习展开的实践过程中探寻适宜的支撑环境、恰当的生态化运作路径,使学习的理想状态得以真正达成,具体实践操作流程如图5-4所示。

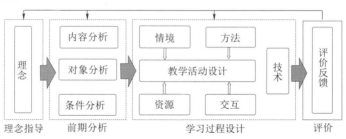

图 5-4 生态化学习设计流程

(4) 促进生态化学习。学习生态优化的目标是使学习能够真正成为润泽生命、养育人性、转识成智的过程,要达成这一目标,需要满足以下一系列条件:一是适宜性学习环境的创设,前提是需要依托于课程内容的选取、学习资源的优化、适宜现代信息工具的提供等条件;二是创新性实践活动的开展,前提是促进生态化学习的学习流程和学习过程的创新;三是有助于知识理解与迁移、高阶思维发展的学习状态的达成,前提是思维发展融于知识学习、体验生发融于经验获得、意义创生融于符号习得。因此，在学习生态敏感性因素得以确定和优化、学习过程得以设计以后，生态思想与理念的指导则成为关键，需要以"整体关联、和谐共生、动态生成"为根本遵循，使得学习支撑环境得以持续优化，使得学习过程与文化得以持续动态更新与创新，使得生态化学习得以持续延续，从而使学习生态运作的理想状态得以达成。

①建构学习环境。学习环境对于学习而言无疑是至关重要的，只有当学习充分浸润在适宜的环境中，才可能更好地实现其在环境中有目的的感知、参与、交流、反思、构建、生成和创造，使个体的学习意向更为强烈、学习行为更为主动、学习过程更为有效。因此，需要尽可能地为学习构建一个适宜的支撑环境，促使有效学习行为的自主开展，当然，前提是需要充分利用现代信息工具、相关学习资源及方法手段。

②创造学习过程。在学习中，学习者往往有着不同的知识、经验和学习意图。具有不同知识、经验和意图的学习者往往有着不同的理解、有着不同的感知、有着不同的认识，其诱发的学习行为、学习活动均存在很大的差异性、独特性，这就很好解释了学习是一个充满不确定性、偶发性的复杂过程，也是一个动态的、开放的、多样的、持续生成与迭代更新的过程。因此，无法在复杂、动态变化的学习过程中"预见"各种学习事件的发生，需要在具体实践中，将"非线性、偶发、独特、不可逆"等视为前提，整个学习的过程，需要将有序性结合无序性、理性结合非理性，这样才能科学、动态地把握学习过程中的多种可能，摒弃单纯预设的想法。

③创生学习文化。文化以原则、规范和符号为外显表现形式，以意义、观念和价值为内隐蕴含，是人类经历漫长历史过程所凝结而成的共同的意义体系、相对稳定的生存方式。文化是解释学习活动的第四个维度，为学习的发生创造了背景。因此，不仅需要改变学习流程、学习支撑环境等外显形态，而且需要改变蕴含着思维体系与内隐理念的学习文化，才能逐步实现学习的生态化转变，达成理想的生态化学习状态。也就是说，只有真正以生态思想、生态课程观及其学习意蕴为根本遵循，建设学习文化，才能真正使学习得到改变，从而真正引导学习为人的全面发展服务，达到理想的应然状态，当然，前提是必须破除当前存在的"学习过程程序化、知识学习片面化、学习意义被消解、学习主体性被遮蔽"等困境。

（5）完善评价、反馈与调节。一般而言，评价是指按照一定标准，判断事物是否达到理想目标，是一个价值判断的过程，其主要目的是促进行动，其中，标准是通过系统地收集、分析、整理相关证据而来，绝非随意生成。以此推之，学习生态评价是用预期理想目标作为标准，对经过生态优化实践后的学习生态状态作出判断，从而可以为后续学习生态优化提供依据。学习生态的评价一般基于生态样态和生态运作两个维度，其中，评价学习生态核心要素、样态优化状况属于生态样态评价，评价学习生态的实施状况，尤其是生态化学习的具体达成状况属于生态运作评价。

①明确反馈调节要点。学习生态优化的最终目的是使理想的学习状态得以达成，具体来说，理想学习状态是指知识符号联结逻辑形式、价值联结意义，从而实现符号习得与思维逻辑的发展、意义与价值共生，当然，前提是需要生态因素得以改进、生态结构得以优化、生态运作得以重构、学习的支撑给养环境与生态得以构建。总的来说，学习生态评价需要对学

习生态的起点状态、当前状态和最终的理想目标状态进行对比、分析，找到之间的差异性，从而可以基于此对当前学习生态的优化程度进行判断，对未来抵达理想学习状态的策略和路径有一个相对准确而又清晰的把握和了解。

②实施评价并反馈。学习生态优化程度的判定、考察与分析需要借助学习生态评价框架，从学习理念、学习内容、学习情境、社会交互、现代信息技术、教学法等方面进行。通过找到学习生态发展实际状态与理想状态之间的差距，可以为进一步优化学习生态样态提供优化策略与反馈信息。学习生态运作评价是对具体的学习实施过程进行评价，具体来说，主要从学习内容、学习活动设计、学习策略安排、学习过程组织、学习资源与环境支撑等方面，对学习生态的现实状态和理想状态进行判别。

总之，实践框架在现代信息技术环境下的学习生态优化过程中发挥了重要作用，具体来说，包含以下几个方面：一是确立了生态优化目标，目标在学习生态优化过程中发挥着引领作用，是后期开展学习生态优化实施的基点；二是聚焦了敏感性因素，着力于敏感性因素可以实现学习生态优化实践过程中关键问题、重点问题的突破，可以大幅推动学习生态优化实践的持续有效运作；三是优化了学习生态结构，为生态运作提供了可行的路径和操作方案，其核心是"聚焦敏感因素、设计学习过程、优化生态结构"；四是促进了生态化学习，学习生态优化的核心是生态化学习的核心，在学习全面变革的过程中发挥了关键作用；五是完善了评价、反馈和调节，可以促进学习生态的进一步发展和优化，前提是根据理想的学习生态目标对当前生态发展程度进行有效评判。值得强调和引起注意的是，学习生态优化的各实践环节相互之间是彼此关联、相互影响、互动交融与动态变化的，比如生态系统中存在大量动态流动，生长在各要素、结构、系统之间的能量、信息与知识等，因此，生态系统中不能用简单的线性思维去处理现代信息技术环境下学习生态的生长与发展，需要始终以非线性、动态、开放、整体、变化的思维为根本遵循。

5.4 完善教学条件

教学条件是学习生态的重要组成部分，然而以往高职电子商务专业群人才培养对物质设备和自然资源条件不够重视，缺乏物质生态环境的稳定保障和依托，制约了高质量的教学和创新型人才的培养。实际上，物理环境是否平衡与协调，直接影响教学手段的运用和教学效能的提升。本书重点讨论智慧教室、实训基地和双创基地，发挥"人尽其才、物尽其用"的功效，实现人力和物力资源最大效益的发挥。

1. "人工智能+"智慧教室

智慧教室是指为教学活动提供智慧应用服务的教室空间及其软硬件装备的总和，是在物联网、云计算、大数据等新兴信息技术的推动下，教室信息化建设的新形态[1]。当前，高职院校智慧教室建设，主要是对传统演示型多媒体教室的优化改造，其基本思路是坚持以人

---

[1] 聂风华，钟晓流，宋述强. 智慧教室：概念特征、系统模型与建设案例［J］. 现代教育技术，2013，23（7）：5-8.

本，以建构主义和具身认知等为理论指导，同时在人机互动、环境心理学等相关理论和智能技术、人机交互等技术的支持下，充分发挥课堂组成各要素的作用，基于 PST（空间—技术—教学法）框架一体的设计原则，突破原有多媒体教室过于依托单一技术所带来的限制，为师生创建更为灵活、更多用途的教学与学习空间，实现将新技术融入教育，改革教学模式，创造面向未来的互动教学环境。

（1）智慧教室基本框架。本书选用图 5-5 所示的设计方案①，智慧教室框架指向的是为学生学习提供所需的智慧支持（包括学习空间与软硬件设施），以大数据技术为核心关联，实现教学资源的智慧整合、教学活动的智慧服务、教学过程的智慧记录与评价，建构以大数据空间为核心的"虚实结合"的创新型智慧教室。

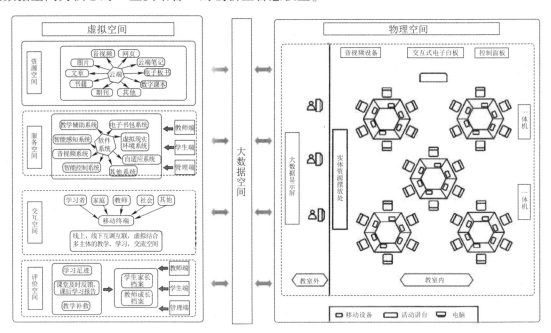

图 5-5　智慧教室构成

①虚拟空间：

a. 资源空间。智慧教室资源空间要为学生提供全面性和个性化的资源支持。在资源来源方面，资源空间基于云端，利用大数据、云计算等技术，为学生收集、处理和呈现所需的学习资源，以满足智慧教室内开展多样化教学活动的要求。在资源内容方面，创新型智慧教室可以通过云端获取并组织个性化学习资源，既减轻了学生上、下学的书包压力，又能获得更多、更优质的学习资源。此外，还可以通过本地上传个人学习笔记，共享学习资源。

b. 服务空间。新兴技术的蓬勃发展，使得创新型智慧教室的服务空间成为为深度教学提供综合性教学支持的智慧软件系统。该空间包括智能控制系统、音视频系统、基于情景感知技术的智能感知系统、教学辅助系统、电子书包系统、虚拟现实环境系统、自适应系统以及其他能够支持深度教学的子系统，比如 SDPPT（Speech-Driven PowerPoint，语音识别演

---

① 卜彩丽，高欣玉，陈军，等. 深度学习视域下高校智慧教室功能优化设计研究［J］. 数字教育，2020，6（5）：25-30.

示文稿制作)系统、手势控制系统等①。服务空间分为三大端口,包括教师端、学生端与管理端,对不同端口的人员开放不同的权限。

c. 交互空间。有研究显示,智慧教室内有效的教学交互会对深度学习产生显著的积极影响②。借助互联网相关技术,智慧教室摆脱了空间限制,连接了虚实空间。与传统教室相比,面向深度学习的智慧教室内教学交互参与主体更多、范围更广、灵活性更强。交互空间使学习者、家庭、教师、社会和其他主体可通过移动终端的连接进行互通互联,为深度学习的发生创造一个多主体的教学、学习、交流空间。

d. 评价空间。面向深度学习的智慧教室的评价空间有两个重要特征:及时与全面。及时,是指评价空间在教学过程的数据收集过程中发现的问题,会及时生成课堂问题报告发送给教师端,帮助教师了解学生学习情况,调整教学策略,或直接提示学生进行自我补救行为;全面,是指评价空间可利用技术手段收集全面、有效的行为痕迹,生成教学分析报告,为评估教学效果与学习效果提供科学数据。评价空间根据师生数据,建立和储存学生成长档案与教师成长档案,管理、教师和学生三个端口具有查看指定部分内容的不同权限。

②物理空间。智慧教室空间构成首先离不开一个相对固定的物理空间,提供与虚拟空间内的技术和系统相应的硬件配置。物理空间主要包括教室内外的各种智慧教学与管理设备。根据深度学习的教学需要,教室内的智慧教学设备包括以下几个:交互式电子白板,满足教学与交互的双重需求;控制面板,可依据传感器设备或人为操作,一键开关教室设备、智能调控教室光电与温度湿度环境;音视频设备,既可播放音视频,也可进行录课、视频会议等活动;活动讲台与活动桌椅,可根据教学交互需要自主调整摆放;教室外配备教学管理设备,管理人员可通过电脑远程集中监控教室,查看教室内的环境与设施使用报告、教学行为报告等,也可通过大数据显示屏直接查看,为教师进行研课、议课提供数据报告,助力教师专业发展。

③大数据空间。面向深度学习的智慧教室的大数据空间是连接智慧教室虚拟空间与物理空间的重要枢纽,也是联系贯通智慧教室的重要部分。大数据空间的一个重要作用就是形成教学数据,助力教学的开展。大数据空间可从虚实空间中采集、整合各类数据,发现教学问题,提供可行性解决方案,评估教学效果,具有提高教学质量、优化教育资源配置、科学辅助教学和实现深度学习等重要作用。课前,教师可利用大数据选取适合本班的教学内容与资源、教学方法与策略等。在教学过程中,教师利用大数据选择适当的教学交互方式,并对学生学习行为进行跟踪、分析与诊断,教师可根据诊断结果及时调整教学内容与进度,实施差异化、个性化教学。课后,系统会自动生成教学录像,大数据空间会根据录像自动生成学习报告,教师可查看学生学习报告,继续进行课后教学补救。大数据空间还可根据课堂数据进行深度学习评价,生成教师与学生的成长档案,供师生与管理人员查看。

(2)智慧教室主要功能。通过分析面向深度学习的智慧教室的功能建设总体框架,在

---

① CHEN C D, CHANG Y H, CHIEN Y T, et al. Incorporating a Smart Classroom 2.0 Speech – Driven PowerPoint System (SDPPT) into University Teaching [J]. Smart Learning Environments (S2196 – 7091). 2015 (2):7 – 17.

② 陈蓓蕾,张屹,杨兵,等. 智慧教室中的教学交互促进大学生深度学习研究 [J]. 电化教育研究,2019 (3):90 – 97.

吸收国内外智慧教室建设经验并考虑国内高校学生深度学习特征和深度学习条件的基础上，本书设计了面向深度学习的智慧教室的功能模型。该功能模型旨在打造以大数据为链接的集资源、服务、交互和评价于一体的创新型智慧教室。

①资源利用层。资源利用层是面向深度学习智慧教室的第一个基础功能，主要包括四大功能。

a. 资源获取功能。教师可借助电子或实体资源进行备课工作，便捷获取教学资料，选取适配的教学策略；学生可自主获取学习资源进行主动性学习。

b. 资源推送功能。系统根据课程内容与实时教学进度，利用大数据进行资源筛选和重组，为教学活动提供精准的信息资源，师生之间也可相互推送，也允许师生对资源内容进行编辑，以提高资源的利用率和适配度。

c. 资源共享功能。师生之间、生生之间可共享笔记，同屏播放资源。

d. 资源上传功能。学生可以上传个人学习笔记以及教师的电子板书，进行讨论与交流；上课形成的教学视频也可在教师审核后上传云端；另外，师生也可直接对获取到的资源进行收藏与标记，上传到个人学习空间，创建个人学习足迹。

（2）应用服务层。应用服务层是面向深度学习智慧教室的第二个基础功能，主要是为深度学习提供教学支持，辅助教学管理。管理端主要针对教学管理工作，管理人员可通过应用服务层进行分类管理。师生端主要针对课堂教学，可根据实际教学需要使用所需系统。教学辅助功能可辅助教师智能备课，在课堂上为教师提供所需的虚拟教具，并根据学生实际学习情况智能调整教学内容或进度；视频会议功能可以远程互动，提高学生的社会性经验；录播课程可记录整个教学过程，形成优质教学资源；电子书包功能可为学生呈现数字化学习资源，可作为学生自主学习和协作学习的工具；虚拟现实功能是基于全息投影、AR 和 VR 等技术，为情境化学习、探究式学习等提供技术支持；智能感知功能可以感受学生学习状态，评估学生学习情况以及课堂教学预期效果；自适应功能能够采集课堂教学过程中的信息数据，根据师生的教学过程的动态变化，预测教学效果，为教学提供更加科学化的决策方式。另外，服务应用层也可对教室环境进行指挥控制，助力网络维护与设备维护工作。

（3）社区交互层。社区交互层是面向深度学习智慧教室的第三个基础功能，主要包括保障良好的教学交互与建立学习社群功能。高交互是实现深度学习的重要条件。教学交互借助无线网络技术和自适应交互系统技术，实现人机、师生、生生、师师、远程等多主体的良性交互。建立社群的目标是借助移动设备，构建贯穿学习者、家庭、教师、社会和其他人的多主体交互网络，包括学生交流社群、教师交流社群和社会交流社群等。

（4）反馈评价层。反馈评价层是面向深度学习智慧教室的特色部分，主要功能是进行课堂反馈与课后评价，并建立学生成长档案与教师成长档案。反馈评价层依据大数据采集课堂教学信息，及时评价学生深度学习情况，汇聚反馈数据，发现学生问题，帮助教师实现精准教学决策，并进行即时教学补救。课后生成深度学习教学诊断报告，帮助教师关注学生的深度学习情况，进行个性化课后教学补救。这种教学补救可将诊断报告推送给学生个人，让学生自主进行学习补救，帮助深度学习更好实现。反馈评价层还能结合过程性评价与总结性评价，生成学生成长档案与教师成长档案，评估深度学习的实现情况。

(5) 大数据层。大数据层是面向深度学习智慧教室的核心部分,主要功能是大数据分析与大数据管理。大数据层重点关注智慧教室功能的整体性与效能性,串联并整合其他四个层面的数据信息。在大数据分析功能中,大数据层可进行数据采集、数据挖掘,并对数据进行分析,在教学过程中适时推送教学资源或推送问题反馈,并根据学生学习问题为教师提供科学性的教学决策,预测深度学习效果。大数据管理则是对人员、资源和管理等数据进行分类管理,并建立相应的数据库,为教学过程的不断发生提供更加精准的数据基础。以大数据空间为核心的"虚实结合"的智慧教室涵盖了深度学习教学内容呈现、教学过程支持、良性教学交互、过程性评价等功能,这些功能为师生的大数据提供来源,并应用大数据优化教学决策,提高深度教学质量。各子模块相互关联、共生协调,为实现智慧教室内的深度学习提供所需的智慧支持。

(3) 打造多类型教室。①灵活多变的互动教室。首先,互动教室桌椅均是可拼接、可移动,而且融合了多种类型(如图5-6所示),完全打破了传统教室固定桌椅的布局;其次,互动配置了手机互动系统、人机交互式显示设备等。基于此,师生教与学的过程中可以利用互动教室的软硬件,最大限度地实现师生互动、生生互动、人与资源的互动等。

图5-6 灵活多变的互动教室

②多屏研讨教室。教学空间设计了全新的教学形态(如图5-7所示),一是摒弃了传统教室的讲台,将讲台放置于多边形教室的中央,能够让教师在教学过程中更好地扮演导演与组织者的角色;二是手机互动系统、触摸一体机、多屏互动系统等智能设备的配备,能够让学生更好地开展小组研讨、分享、头脑风暴等教学活动。

图5-7 多屏研讨教室

③多视窗互动教室。传统的教学内容演示方式,在这里被多视窗演示系统和超大屏显示设备所取代(如图5-8所示)。该系统可以优化教学内容的呈现方式,能让高难度的复杂问题多个维度地展示出来,能可视化地调度多种教学资源,能支撑复杂的教学过程,能对比展示多种教学资源,从而可以大幅提高学生的学习效果和学习兴趣。比如,医学类课程可以让病变前后器官、组织、细胞的对比很好呈现出来,艺术类课程可以将同一首音乐基于不同的故事背景进行对比呈现等。

图5-8 多视窗互动教室

④远程互动教室。如图 5-9 所示,配置远程互动系统、专业摄像机、组合教室大屏等,可以实现沉浸式互动环境的创设,实现多地域、多校区、多教室的教学资源共享。

图 5-9　远程互动教室

⑤网络互动教室。该教室依托于网络互动系统、高性能配置的教师机与学生机,能够实现强大的互动功能(如图 5-10 所示)。首先是师生互动,教师机与学生机收发资料畅通无阻,且学生还能接受教师一对一的指导与学习反馈;其次是生生互动,学生之间可以相互展示学习资源;最后是人机交互,教师机与学生机都能快速响应各种指令,无任何延时,有利于在线测试、动画游戏等多种活动的开展。对于软件类、设计类的课程,引入这样的参与式、互动式教学,将大大提升学生学习效果及学习兴趣。

图 5-10　网络互动教室

⑥专用研讨室。其最大特点是拥有若干个独立讨论区域，是通过玻璃隔断将大教室分割而成，每个独立区域均配备了投屏系统、触摸一体机、书写板、活动桌椅等（如图5-11所示）。专用研讨室的良好环境，更有利于师生课前课后学习研讨活动、学生创新创业活动、大型社团活动等的开展。

图5-11 专用研讨室

2. 共建共享型生产性实训基地

生产性实训基地对职业院校来说有着非同寻常的意义：一是可以大幅提高学校的办学水平、产教深度融合的程度；二是可以大力推进人才培养模式的创新与改革；三是可以解决高职院校实训基地建设经费不足、实践教学力度不够、校企合作流于形式、人才培养与产业发展需求脱节、社会服务能力欠缺等问题。学校与行业企业加强合作，共建共享型生产性实训基地，能让学生在校期间，就能感受到真实的职业环境、体验到真实的职业岗位，有利于学生提高学习的主动性、好奇心，从而使学校的人才培养质量和办学水平得到进一步提升，能够为行业、企业提供更精准的人才服务。

（1）生产性实训基地的类型。高职院校生产性实训基地，可以按投资主体、建设场所、实现功能等三种情况分类。

①按投资主体分类[①]。学校自建、企业出资和校企共建是高职院校生产性实训基地按投资主体分类的三种类型。生产性实训基地完全由学校自建，教学功能会尤其突出，也就是说学校自建的生产性实训基地能够很好地满足教师教学需要。这是由学校的教学基因所决定的。但是也存在一系列学校难以解决的问题，比如生产功能欠缺、投资成本高、技术更迭滞后、设备维护难且利用率低等。生产性实训基地完全由企业出资，生产功能会更加突出，也就是说企业出资建设的生产性实训基地能够很好地做到生产经营对接市场实际需求，产品升级与技术迭代快。这是由企业的生产经营基因所决定的。因此，学生能够在实训过程中接触

---

① 陶泽荣. 高职经管类专业生产性实训基地建设的探索与思考［J］. 职教通讯，2017（12）：49-51.

到行业的最新技术，了解行业的发展趋势，但是同样存在一系列矛盾和冲突，比如如何平衡企业盈利性与学校公益性、企业生产与学校教学之间的矛盾等。生产性实训基地由校企共同出资建设，会兼顾教学功能与生产功能，能够很好避免上述问题与矛盾冲突，是未来的主要发展方向。

②按建设场所分类[①]。校内生产性实训基地和校外生产性实训基地是高职院校生产性实训基地的两种类型。校内生产性实训基的主要优势在于地域优势，因为是将生产性实训基地建在校园内，所以能够很好地融合教学与生产。校外生产性实训基地的产生，是由于有些专业对生产性实训基地的环境、面积、投资费用等要求都很高，不适宜建在校内，需要建设以企业为依托的校外生产性实训基地[②]。

③按实现功能分类。基于仿真操作的生产性实训基地与基于真实生产的生产性实训基地是高职院校生产性实训基地按实现功能分类的两种类型。基于仿真操作的生产性实训基地是仿照企业的真实生产流程开发的仿真实操平台，能够全面呈现企业完整的生产过程，并让学生模拟各种操作。这样的仿真平台在一定程度上可以提高学生的职业技能，但是囿于平台真实性、竞争性，不能很好培养学生的严谨、求真、务实的工作能力，也不能很好地培养学生的安全意识、环保意识及规范意识等职业素养[③]。基于真实生产的生产性实训基地给学生提供了与现实生产相同的工作岗位，实现了"真题真做、实战训练"，更能增强学生的切身体验和技能获得感。

（2）共建共享生产性实训基地的必要性：

①共建共享生产性实训基地是校企深度融合的载体。培养适应经济社会发展的高素质技术技能型人才是职业教育的历史使命，这就对职业教育提出了新要求，要求高职院校将办学建在产业链上，将专业设在产业上，将课程开在职业上，将技能练在岗位上。上述办学目标的实现离不开职业院校和企业的深度合作，离不开在人才培养的过程中全面融入产业对人才在技术技能、职业素养等方面的要求。通过生产性实训基地能够有效实现专业对接产业、课程内容对接职业标准、教学过程对接生产过程，能够很好地满足职业教育内涵发展、产教融合的诉求。

②共建共享生产性实训基地是提升人才培养质量的有效途径。职业院校学生专业技能和职业素养的培养需要借助于生产性实训基地提供的真实岗位体验、工作环境。究其原因，学生通过实际工作岗位的真实体验，能够直观地感受到该岗位所必须具备的能力，能够接触到企业的最新技术，能够体验到企业的真实工作环境与氛围，能够身临其境地感受到未来所将要从事的工作岗位等。这样的实践过程，对于提高学生专业技能、职业素养都大有裨益，让学生明白自己未来需要什么样的职业岗位，不需要什么样的职业岗位，可以大幅度提高人才培养质量，为企业提供更加稳定的、高质量的人才。

③共建共享生产性实训基地是实现人才高效配置的必然要求。随着科学技术日新月异的发展与更迭，我国经济持续高速发展，目前已步入提质增效的新阶段，产业结构的优化升级对人才也提出了新的需求。职业院校作为行业、产业、企业高素质技术技能人才的输出供给

---

① 汪震，田兴强. "校企共建共管型"生产性实训基地建设模式研究 [J]. 教育教学论坛，2016（33）：160-161.
② 汪长明. 职业院校校企共建生产性实训基地措施的探索 [J]. 职教通讯，2017（17）：8-11.
③ 黄永茂，郝宏强，等. "六位一体"生产性实训基地的研究与实践 [J]. 技术应用与研究，2017（4）：19-20.

方,如何让人才更好地适应产业的发展、企业的需求,已经成为当前职业教育亟须破解的难题。生产性实训基地整合了校企双方的优质资源,一方面高职院校教师可以为企业开展新兴技术研发、产品研发等,帮助企业提升市场竞争力,另一方面生产性实训基地为学生提供了行业的最新发展动态、企业的最新技术,学生通过在生产性实训基地的实习,能够更好地获得自身的个性发展,更明确地定位自己,更明确未来的职业发展方向。校企协同开设生产性实训基地,能够为行业、产业、企业的转型升级提供人才支撑,能够更好地实现人才在产业中的最优配置。

(3) 共建共享型生产性实训基地的策略 "生产性、共享性、先进性"应该成为高职院校建设共建共享型生产性实训基地的基本原则,校企合作模式、师资培养、体制机制、实践教学等方面都需要校企双方进行系统探索和实践。

① 多元主体,共建共享型生产性实训基地。生产性实训基地建设大抵分为以下几种模式:一是引企入校。高职院校需要创新多种方式吸引企业,一般来说,学校主要通过场地、技术、人才、学校品牌等方面吸引企业投资进驻学校。二是引人才入校。高职院校在引企入校的同时,还可以制定相关激励政策,将企业的高端技术技能型人才、领军人才引入学校,指导学生参与各类项目、开展各类活动,并用精湛的技艺、高尚的人格感染学生,激发学生。三是引生产设备入校。部分生产性实训基地对场地面积、设施设备都有着较高的要求,学校需要企业投入场地和设备,也就是说,学校投入部分生产设备与企业共同建设校外生产性实训基地。生产性实训基地对于高职院校来说有着不可替代的作用:一是可以让学生能够在校期间接触到真实的工作环境和工作岗位,能够让学生的专业技能、职业素养得到全面提升;二是学校最大限度地发挥自身和企业的优势,实现了双方资源的有效利用,大大降低了学校的资金压力,同时,学校作为校企合作的主体,能够实时监控、保障学生在生产性实训基地的实习效果,高效率、低投入、实境化的建设目标得以实现。

② 多措并举,保障生产性实训基地的良性运行。健全的制度保障是生产性实训基地良好运行的前提,因此,学校需要重视顶层设计,校企协同创新体制机制,同时从功能定位、建设方案、企业文化融入等方面切实做好规划,为实训基地的长期可持续发展提供全方位的制度与政策保障。同时,校企双方成立理事会也是必不可少的,理事会相当于一个协调、决策和议事机构,指导实训基地建设,保障实训基地生产、教学、技术研发、社会服务等有序运行。实训基地的有序运转离不开良好的政策环境与制度保障,校企双方需要签署相关协议,制定相关制度,保障和约束校企双方的权利,明确校企双方的职责与义务。

③ 多维并行,建设知行合一的实践体系。生产性实训基地集生产职能和教学职能于一身,为学生技能的提升与知识的应用提供了一个很好的平台。高职院校生产性实训基地的实践教学模式可以按照以下五个结合进行:行业标准结合教学标准、兼职教师结合专任教师、生产项目结合教学项目、企业管理结合实习管理、企业评价结合教学考核(如图 5-12 所示)。高职院校将适应专业发展需要的实践教学体系构建在生产性实训基地上,最大限度地实现了教学与生产、教学课堂与生产场所、技能培养与岗位体验等方面的有效并行,高职院校"以人为本、知行合一"的办学理念得到了充分体现。

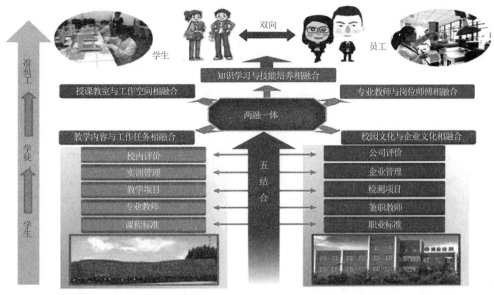

图 5-12 生产性实训基地 "五结合" 模式

④多元互聘,构建专兼结合的师资团队。学生的技能培养既需要有生产性实训基地顶尖的设施设备、前沿的生产技术等作为硬件保障,也需要有一批责任心强、理论功底深厚、业务水平高超的师资队伍作为软件保障。因此,高职院校需要高度重视师资队伍建设。具体来说,师资队伍建设可以采用以下几种方式:一是通过挂职锻炼,培育专任教师的实际业务水平,定期选派教师深度参与企业的岗位任职、科技研发、技术服务等;二是通过兼职互聘、柔性引进等方式,引进行业企业的技术能手、技艺工匠等,使他们将宝贵的生产经验、精湛的技艺、奉献精神、工匠精神等融入教学,传承给校内学生。只有创新采用多种形式整体提升师资队伍,才能更好地培养学生的实践技能、职业素养。

3. 创新创业孵化基地

培养学生的创新创业能力,既要学习创业知识、掌握创业技能,又要进行创业模拟实践。创新创业的"基因"需经过"孵化","孵化"的场所可以是课堂、宿舍,或者是实验室、实训中心,以及餐厅门口、体育场馆休息区,或者是大学生活动中心、人才培养模式创新实验区,政府举办的创业园、科技园、动漫产业园[①]。实践表明,最有效的是创新创业孵化基地,可以分为校内基地和校外基地两大类,按照建设和运作的模式归纳为工作室模式、参赛牵引模式、模拟对抗模式、平台交流模式、项目驱动模式、订单介入模式,构成既结合学校实际、具有可操作性,又具有长效作用的运行机制[②]。

(1) 工作室模式。在传统意义上,工作室指艺术家的音乐创作室、绘画创作室、摄影创作室等。在创业管理学中,又赋予了工作室不一样的意义,代表一个组织和环境,是由一个人或几个人、一个机构或几个机构所建立的。工作室模式是大学生创业孵化校内基地的一种特有模式,是指高校结合专业的特点,在专业学院、专业研究机构成立工作室,或以科研课题为单位成立工作室,组织学生开展创业演练和创业实践。工作室就是大学生创业的孵化

[①] 黎博,张川,黄德林. "四结合"构建高校双创孵化基地研究[J]. 职业技术教育,2019,40 (14):61-63.

[②] 代君,张丽芬. 大学生创业孵化基地的建设模式[J]. 江西社会科学,2014,34 (11):248-252.

基地。在工作室里,学校免费提供场地,学生在工作室内设计并实施创业项目。工作室模式的大学生创业校内孵化基地的运行以产业需求为依据,结合学校专业设置和办学条件的实际,以某个专业为平台,独立成立工作室,或以多个专业跨学科联合为平台,创设联合工作室,通过"一套人马、两块牌子"的实行,专业、实验室和工作室共同搭建校内创新创业平台,建设校内创新创业基地,为在校大学生提供创业服务。这种创新模式,在一定程度上可以降低成本、提高成功率。

(2) 参赛牵引模式。参照国际成功经验,高职院校深化人才培养模式改革又有了新方向——积极组织大学生参与各种类别的创新创业大赛。高等职业院校在建设大学生校内创新创业孵化基地机制的时候应紧紧围绕参赛,也就是说,高校的创新创业部门或教学管理部门,从学生参赛的准备阶段、参赛的具体过程、到最终参赛成果的创业项目转化阶段,都应有一套完整的运行机制。具体来说,在参赛的准备阶段,着力培养大学生的创业决策能力、市场需求分析能力;在参赛的具体过程中,侧重培养学生的策划能力、团队精神、遵纪守法意识、供应链管控等各种综合运用各种专业知识、创业知识的能力;在最终参赛成果的创业项目转化阶段,鼓励学生在日常生活和工作中灵活融入自己的创意设计、创新产品,促进创业成果的实际转化与应用。

(3) 模拟对抗模式。创业教育是一个长期发展、循序渐进的过程,当前大多数高职院校的创业教育还处于初级阶段。基于客观实际,"模拟对抗模式"在高职院校中应运而生,该模式是模仿军事领域中红军对抗蓝军、沙盘推演的做法。具体来说,高职院校通过团组织和大学生活动中心,组织学生在校内开展模拟创业,训练学生的创新创业能力。在具体实施过程中,需要将学生分成多个创业小组,在创业设计方案论证会上,一部分组的学生充当"客户"的角色,一部分组的学生充当"设计者"的角色,设计者需要深刻理解客户对于造价成本、设计风格的具体要求,制作设计方案,并恰到好处地解读设计创意,最大限度地获取"客户"信任与认可。

(4) 平台交流模式。平台交流模式是指高校搭建虚拟或真实的服务平台,为大学生提供有效的项目推荐服务、交流指导,其主要作用是解决学生从业信息积累不足、信息获取途径有限、经验不够等问题。平台交流模式有利于行业、企业、社会创业专家提供创业信息供给、创业具体指导,疏通堵点,解决痛点,助力学生创业。

(5) 项目驱动模式。各大高职院校积极响应教育部设置的"大学生创新创业计划",将创新创业项目作为提升学生创新创业能力的突破口和重要抓手。具体做法是,各大高职院校在校内创设一大批创新创业项目,由指导老师带领学生深度开展项目,当项目经历了落地、生根、发芽、开花、结果等孵化过程之后,校内孵化的企业可以在学生毕业时,和学生共同走入社会,从而可以帮助更多人就业,真正实现"以创业带动就业"。

(6) 订单介入模式。高校在学校内部创设人才培养模式创新试验区、创新创业孵化基地,并将经济技术开发区、高新技术开发区的资源,对接于技术密集型、知识密集型产业与现代服务业企业的项目,学生根据行业、企业、社会公众的实际需求,充分发挥自身的潜力与才华,研发、制作新工艺、新产品。